Bauwelt Fundamente 145

Herausgegeben von
Ulrich Conrads und Peter Neitzke

Beirat:
Gerd Albers
Hildegard Barz-Malfatti
Elisabeth Blum
Eduard Führ
Werner Sewing
Thomas Sieverts
Jörn Walter

Gerhard Matzig

Vorsicht, Baustelle!
Vom Zauber der Kulissen
und der Verantwortung
der Architekten

Bauverlag
Gütersloh · Berlin

Birkhäuser
Basel

Umschlagseite vorn: „Nanpu Bridge" aus der Serie Shanghai Sequences (2008),
Foto: Klemens Ortmeyer, courtesy of Heiner Wemhöner

Umschlagseite hinten: „Blick vom Waldrestaurant Steinmeyer auf Herford",
aus der Serie ‚Herford-Sequenzen' (2008),
Foto: Klemens Ortmeyer, courtesy of Heiner Wemhöner

Seite 5: „Blick vom Parkhaus Radewig auf Herford",
aus der Serie ‚Herford Sequenzen' (2008),
Foto: Klemens Ortmeyer, courtesy of Heiner Wemhöner

Bibliographische Information der Deutschen Nationalbibliothek
Die Deutsche Nationalbibliothek verzeichnet diese Publikation in der Deutschen National-
bibliographie; detaillierte bibliographische Daten sind im Internet über http://dnb.d-nb.de
abrufbar.

Dieses Werk ist urheberrechtlich geschützt. Die dadurch begründeten Rechte, insbesondere
die der Übersetzung, des Nachdrucks, des Vortrags, der Entnahme von Abbildungen und
Tabellen, der Funksendung, der Mikroverfilmung oder der Vervielfältigung auf anderen
Wegen und der Speicherung in Datenverarbeitungsanlagen, bleiben, auch bei nur auszugs-
weiser Verwertung, vorbehalten. Eine Vervielfältigung dieses Werkes oder von Teilen dieses
Werkes ist auch im Einzelfall nur in den Grenzen der gesetzlichen Bestimmungen des Urhe-
berrechtsgesetzes in der jeweils geltenden Fassung zulässig. Sie ist grundsätzlich vergütungs-
pflichtig. Zuwiderhandlungen unterliegen den Strafbestimmungen des Urheberrechts.

Der Vertrieb über den Buchhandel erfolgt ausschließlich über den Birkhäuser Verlag.

© 2011 Birkhäuser GmbH, Postfach, CH-4002 Basel, Schweiz und Bauverlag BV GmbH,
Gütersloh, Berlin

bau | | | |**verlag**

Gedruckt auf säurefreiem Papier, hergestellt aus chlorfrei gebleichtem Zellstoff. TCF ∞

Printed in Germany
ISBN: 978-3-0346-0695-0

9 8 7 6 5 4 3 2 1   www.birkhauser.com

Inhalt

Kein Vorwort – lieber: vor Ort 8

1   Architektur und die Zukunft der Zunft 11
    Die Zukunft der Zunft 11
    Im Reich der Untoten 14
    Mehr Bau als Kunst! 18
    Marmor, Stein und Eisen 20
    Die Dinosaurier sind unter uns 23
    Die Rückkehr des Ingenieurs 26
    Die Galle des Architekten 29
    Die Väter der Kulisse 33
    Eine Pose ist eine Pose ist eine Pose 35
    Der Friede von München 38
    Der Hauch des Architekten 41
    Spektakel des Alltags 45
    Endlich Pause 49
    Die Form folgt der Macht 52
    Architektur des Wissens 55
    Wettrüsten am Bau 58
    Deutschland erbaue! 61
    Denken müssen wir selbst 64
    Helles Deutschland 68
    Vom Erfinden des Glücks 71

2   Die Stadt – eine Geschichte von Siegern und Verlierern 75
    SimCity ist überall 75
    Vom König lernen 77
    Götterdämmerung 81
    Reiche Stadt, armes Land 84
    Das Townhouse 87
    Das Individuum schlägt zurück 91
    Runter von der Holztribüne 95

Ich chille, also bin ich 98
Gottes unheilige Untermieter 102
Rundum schlecht 106
Stadt, Land, Hunger 110
Weg damit! 113
Event, Event, ein Lichtlein brennt 118
Der Fluch des Events 120

3   **Mobilität: Auto, Motor und Gott** 123
Schneller, höher, weiter, irrer 124
Alle Räder stehen still 127
Eine schwarze Messe zu Ehren Velozifers 130
Auto, Motor und Gott 133
Wir Kellerkinder vom Bahnhof der Zukunft 137
Bahnhof verstehen 140

4   **Wohnen et cetera** 145
Bauherren am Gängelband 145
Das Gemütchen kühlen 148

Nachruf auf das Auge 151
So was von Regal 152
Tintentod 155
Schicke Kiste 158
Die Pappe ist Programm 161
Wo die wilden Kerle wohnen 164

Bauwelt Fundamente 168

Kein Vorwort – lieber: vor Ort

Es ist ein Tag, klar und kühl, an dem die Alpenkette besonders gut zu sehen ist – zu sehen aus dem 19. Stockwerk des Süddeutschen Verlags am Stadtrand von München. Hier oben in den Räumen des Feuilletons ist auch die Architekturkritik der Zeitung beheimatet. Seit 15 Jahren schreibe ich für die *Süddeutsche* über Häuser und Städte, über Architekten und Bauherren, über das Gelingen und Scheitern. Vor allem aber über das große „Warum?" Das Wer, das Wo, das Wann, das Wie: So beginnen die wichtigen Fragen im Journalismus. Mir am liebsten ist jedoch das Warum – die Frage, die man am seltensten beantworten kann.
Die Berge in ein paar Dutzend Kilometern Entfernung vor Augen, steht dieses Warum plötzlich im Raum H.19.148. Das Warum sieht aus wie eine ganze Gebirgskette und wirft die Frage auf, ob man es wirklich tun soll. Ob man dieses Gebirge betreten soll.
Warum, frage ich Peter Neitzke, der aus Zürich anruft, warum sollte irgendjemand meine gesammelten Architekturaufsätze aus 15 Jahren *Süddeutsche Zeitung* lesen wollen? Wollen Journalisten, daß etwas bleibt von dem, was sie ins Blatt setzen? Das Wesen des Zeitungsartikels ist es ja, daß er heute als hochbedeutend und natürlich „weltverändernd" geschrieben wird – damit morgen der Fisch darin eingewickelt werden kann. Auch zum Fensterputzen lassen sich Feuilletonseiten verwenden. Nichts, man weiß es, ist so alt wie die Zeitung von gestern.
Ich habe in München Architektur und Politische Wissenschaften studiert. Vor allem aber habe ich das Handwerk des Journalisten erlernt. Manchmal begegne ich ehemaligen Studienfreunden, oft zeigen sie mir dann stolz ihr neuestes Werk, eine Doppelhaushälfte oder einen ganzen Wohnblock. Ein Bürogebäude, ein kleines Museum oder sogar ein Flughafenterminal. Manchmal begegne ich auch den üblichen Verdächtigen der sogenannten Star-Architektur. Die Doppelhaushälften sind dann Villen und die Wohnblöcke mitunter Stadtviertel. Bisweilen, in China etwa, geht es um ganze Städte. Aber jenseits der Maßstäblichkeit (oder der Hybris): Es ist der Hochbau, der die Welt verändert. Im Guten wie im Schlechten, im Großen wie im Kleinen. Manchmal beneide ich die Architekten um dieses Bleibende in ihrem Tun. Ich habe mich allerdings dem Satz- und nicht dem Hochbau verschrieben. Ich bin Journalist, kein Architekt. Als Architekturkritiker möchte ich mich nicht gerne beschreiben. Ich will eigentlich gar nicht beschrieben werden, ich will der sein, der beschreibt – und fragt.

Deshalb interessiert mich das Werden noch mehr als das Bleiben, das Warum mehr als das Wie. Deshalb interessiert mich das fertige Haus, die klassische Architekturkritik also, nur am Rande. (Und käme die Kritik daran ohnehin nicht immer zu spät?) Das aber, was das Haus in der Straße, dem Viertel, der Stadt und der Welt tut, wie und warum und wozu es hineingeraten ist in die Gesellschaft: Das sind die Fragen einer Architekturkritik, die man womöglich eher als Kulissenschauerei, als Baukulturbefragerei und letztlich einfach als journalistische Neugier betrachten sollte. Ich weiß bis heute nicht, wer das gesammelte Werk eines SZ-Kulissenschauers lesen sollte. Aber die offenen Fragen gehören nun mal zu den schönsten Motiven im Satzbaugeschäft.

Peter Neitzke möchte ich für seine Anregung und die Mühe der Herausgeberschaft danken. Meinem Freund Klemens Ortmeyer für drei Motive aus seinem architekturfotografischen Werk, zu sehen auf den Umschlagseiten und vorn im Buch. Seine Bilder schätze ich ebenfalls ihrer Neugier und Warumhaftigkeit wegen.

15 Jahre Architekturkritik, von Montag bis Freitag – und wenn man Pech, nämlich Sonntagsdienst hat: auch am Sonntag. Und doch sind es am Ende nur vier Kapitel, die für sich sprechen sollen. Kapitel zur Verfaßtheit der Architektenschaft und den Bedingungen der Baukultur, zur Stadt und der darin lebenden Stadtgesellschaft, zum Wohnen und zur Mobilität. Bei der Durchsicht meiner Texte hat sich gezeigt, daß ihr erwünschtes oder auch nur erträumtes Bleiben weniger interessant sein könnte als das Bleiben der Zusammenhänge und Motive, denen die Texte ihre Existenz verdanken. Diese Motive sind nur in ihrem zeitlichen Zusammenhang begreifbar. Den Lesern wird es nicht leicht gemacht: Vorsicht, Baustelle!

Am Ende des ersten Kapitels sind zwei Nachrufe zu lesen, einer auf Günter Behnisch, einer auf Margarete Schütte-Lihotzky. Ich habe in den letzten Jahren viele Nachrufe geschrieben, doch diese beiden sind mir besonders wichtig. Behnisch, der große Nachkriegsmoderne, und Schütte-Lihotzky, die große Wegbereiterin der Moderne, eint eines: Sie waren bedeutende Sehnsuchtsmenschen der Architektur. Utopisten. Suchende. Ich glaube, auch ihnen waren die Fragen wichtiger als die Antworten. Beide, der eine berühmt, die andere halb vergessen, fehlen der Welt.

Im Journalismus gibt es die Behauptung, daß spätestens im zweiten Absatz etwas Dramatisches oder Sensationelles geschehen muß, um den Leser bei Laune zu halten. Insofern ist die Abfolge meiner architekturkritischen Texte, die ja nicht einmal eine Architekturkritik umschreiben, geradezu tollkühn. Fast so kühn wie der Name einer von mir sehr verehrten

Reihe, in der außer dem Bau auch die Welt aufscheint. Und dazu noch die Behauptung, man könne dieser Welt etwas Fundamentales geben: die *Bauwelt Fundamente*. Ich weiß nicht, ob das nun auch im Falle dieses Buches stimmt. Es ist wie bei den Bergen, die ich sehe, wenn ich aus meinem SZ-Büro in die Welt schaue: Man kann aus der Ferne einfach nicht begreifen, wie hoch und bedeutend, wie unbegreiflich oder selbstverständlich, wie schroff oder einladend sie wirklich sind. Und welche Relevanz sie jenseits ihrer schieren Masse besitzen. Aber diese Berge sind eines, zum Glück: Sie sind da.

1 Architektur und die Zukunft der Zunft

Frank Lloyd Wright befand sich im Zeugenstand vor einem amerikanischen Gericht und wurde gefragt, welchen Beruf er ausübe. Sinngemäß antwortete er, er sei der bedeutendste Architekt der Welt. Später wurde ihm dieser nicht eben bescheiden klingende Satz im Freundeskreis zum Vorwurf gemacht. Wright soll geantwortet haben: „Ich mußte das sagen, denn ich stand unter Eid." Diese Szene ist in einigen Variationen überliefert, aber die Variationen laufen stets auf eines hinaus: auf die Hybris eines Berufsstandes, der in der Moderne den Mythos vom genialischen Künstlerarchitekten pflegte wie nie zuvor. Doch dieser Künstlerarchitekt ist mittlerweile etwas in Verruf geraten. Abzulesen ist das an der aktuellen Krise eines Berufsstandes, der sich seiner Bedeutung nicht mehr uneingeschränkt sicher sein kann – aber auch an der veränderten gesellschaftlichen Rezeption architektonischer Werke. Der Beruf des Architekten wandelt sich, angetrieben von mancherlei Fliehkräften, wie nie zuvor. Aber auch das macht ihn zu einem der schönsten und spannendsten Berufe der Welt, wobei das Verhältnis von Beruf und Berufung immer wieder neu bestimmt wird.

Die Zukunft der Zunft
Zwischen Anmaßung und Dienstleistung: Was ist ein Architekt?
SZ vom 4. Juni 1999

Wenn man die berühmteste Blondine des Jahrhunderts ist und sich ein Haus bauen möchte, dann blättert man nicht lang im Branchenverzeichnis. Man ruft einfach den berühmtesten Architekten des Jahrhunderts an. Also rief Marilyn Monroe Ende der fünfziger Jahre Frank Lloyd Wright an. Wright war fast 90, aber kurz zuvor hatte er noch etwas klargemacht: Er sei, blaffte, keineswegs der berühmteste Architekt des Jahrhunderts – „ich bin der berühmteste Architekt, der jemals gelebt hat". Man hätte also wissen können, wie die Sache ausgehen würde.
Arthur Miller, damals Ehemann der Monroe, erinnert sich in seinen Memoiren daran: „Als wir Wright an einem grauen Herbstmorgen in

Manhattan abholten, legte er sich prompt auf den Rücksitz und schlief tief und fest auf der zweistündigen Fahrt nach Roxbury. Dort führte ich ihn den langen, steilen Hang zur Anhöhe hinauf, auf der das Haus stehen sollte. Oben angekommen, drehte er sich mit dem Rücken zum Wind, pinkelte mit dem großartigen Blick vor Augen und sagte: ‚Ja. Ja, o ja.‘ Er sah sich rasch um und eilte wieder hinunter. Ich glaubte, es sei an der Zeit, darüber zu sprechen, wie wir das Haus haben wollten. Aber ich sah, daß ihn diese Information nicht im geringsten interessierte.“

Natürlich wurde das Haus nie gebaut. Der Entwurf, im Grunde eine impressionistische Buntstiftzeichnung, besteht in erster Linie aus einem gewaltigen Schlafzimmer, gedacht womöglich als Hommage an die Träume des Kinos, dazu aus einem Wohnzimmer, dessen gigantische Kuppel wie von Hinkelsteinen getragen erscheint – und aus einem irrsinnigen Pool. Miller schätzte damals, daß das gesamte Vermögen des Ehepaares gerade für eine erste Anzahlung auf den Pool reichen würde.

Wenn in diesen Tagen wieder irgendwo irgendeines dieser allgegenwärtigen Symposien veranstaltet wird, wo die hiesige Architektenzunft auf ihre Zukunft als Dienstleister eingeschworen werden soll, wo die anscheinend nötig gewordene Mutation vom genialischen Raumschöpfer, vom unnahbaren Welterfinder zum nüchternen Projektentwickler, zum dienstbaren Facility Manager, zum zuverlässigen Baukoordinator begreiflich gemacht werden soll – dann sollte man die Geschichte von Wright erzählen. Dazu würde man allerdings sagen: „falsch“. Danach wird das Schild „richtig“ herausgeholt – wozu die Geschichte von Norman Foster erzählt wird, wie er den Reichstag in Berlin baute.

Vor einigen Tagen wurde sie bereits im Fernsehen erzählt. Der Reporter zu Foster: „Geplant hatten Sie ein großes flaches Dach, gebaut aber eine Kuppel …“ Foster: „Der Bauherr wollte das so.“ Reporter: „Und die Innenraumgestaltung, die sollte ganz nüchtern sein, eher grau, silbern, jetzt scheint alles blau zu sein …“ Foster: „Der Kunde …“ Reporter: „Aber Sie sind doch der Architekt!“ Foster: „Aber der Kunde ist König.“

Das ist denkwürdig. Einmal geht es um ein privates Wohnhaus und um die intimste Lebensgestaltung darin: Die Bauherren haben nichts zu melden. Das andere Mal geht es, bei aller politisch-historischen Bedeutung, um einen öffentlichen Bau: Der Bauherr, austauschbar und anonym wie es Gremien sind, bestimmt auch noch die Farbe der Sitzbezüge. Natürlich ist der Vergleich absurd. (Natürlich ist die Kuppel schön.) Aber in beiden Fällen geht es um die jeweils auf ihre Art zweifelhafte architektonische

Haltung gegenüber dem Bauherrn, in beiden Fällen geht es zudem um die in ihrer Zeit unzweifelhaft Großen der Baukunst. Nur meint der eine: Der Kunde ist nichts, ich bin der König. Und der andere sagt: Ich bin nur ein Diener, „aber der Kunde ist König." Spätestens jetzt wird in der Baubranche ein Gesinnungswandel deutlich. Es scheint jener zu sein, der von der scheinbar elitären Anmaßung der Baukunst zur gesellschaftlich gewürdigten technischen Dienstleistung führt. Und der so verständlich ist wie töricht.

„Der Architekt als Dienstleister": Kein anderer Begriff wird derzeit so häufig benötigt. Benötigt, um das Wesen eines ins Gerede – beinahe schon: in Verruf – geratenen Berufsstandes neu zu bestimmen. Beispiele dafür gibt es genug. Etwa die jüngste Ausgabe der Fachzeitschrift *Bauwelt* – sie widmet sich dem „neuen Architekten". Im Editorial heißt es: „Wir konstatieren die Entwicklung vom Baukünstler zum Dienstleister". Und im aktuellen *Deutschen Architektenblatt* wird darüber nachgedacht, warum wohl in verschiedenen Landesbauordnungen der Begriff „nach den Regeln der Baukunst" gegen jenen von „den Regeln der Technik" ausgetauscht wurde.

Warum? Vielleicht, weil es inzwischen der – immer auch auf die pure Schönheit zielenden – „Baukunst" angelastet wird, daß der Architekt gesellschaftlich zunehmend ins Abseits driftet. Dunklen Stimmen zufolge sollen von den rund 150 000 Architekten und Architekturstudenten hierzulande höchstens 20 000 eine berufliche Zukunft haben. Der Grund: mangelnde Nachfrage nach Baukultur – sagen die einen. Und die anderen sagen: mangelndes Image. Der Architekt, Künstler im schwarzen Rolli, immer zu spät, immer visionär, nie sparsam, würde demnach nicht mehr wahrgenommen als Garant von Dauerhaftigkeit und Standfestigkeit, von Terminsicherheit und günstigem Kosten-Nutzen-Verhältnis.

Vor Jahren wurde einmal untersucht, wie der Architekt in der Öffentlichkeit gesehen wird. Das Ergebnis geht in Richtung „Ignoranten". Aber das ist nicht gerade neu. Schon Gustave Flaubert notierte, freilich in ironischer Absicht: „Architekten – alles Schwachköpfe – sie vergessen immer die Treppe in den Häusern." Neu ist aber, daß die Architekten in ihrer Not ausgerechnet die Dienstleistungsgesellschaft entdeckt haben.

Das ist schon ein sprachliches Mißverständnis. Denn schließlich stellen die Architekten etwas her: Häuser, Flughäfen, Reichstage. Und ihr Dienst läge eben darin, daß die Sache gut und richtig gerät. Und schön. Zweitens geht es auch um ein historisches Mißverständnis: Denn seit Vitruv gilt der

Architekt der Gesellschaft als Gratwanderer zwischen der Kunst und der Technik, als Advokat der Schönheit wie des Nützlichen. Daß der Architekt seit jeher eher „Dienstleister" als Vermittler und Berater im Reich der gesellschaftlichen und der geometrischen Räume ist, das lehrt schon ein Stich von Philibert Delorme aus dem Jahr 1567. Es ist die Allegorie vom schlechten und guten Architekten. Der gute Architekt hat drei Augen und vier Ohren und an den Füßen Flügel. So sehen gute Dienstleister im Prinzip auch heute aus.

Der Boom all der architektonischen Dienstleister, der Do-it-yourself-Entwurfsprogramme im Internet, der Fertighäuser und der alten Idee vom partizipatorischen Bauen, der Boom von Büchern, die „Marketing und Öffentlichkeitsarbeit für Architekten und Planer" oder „Der Architekt als Unternehmer" heißen – alles gut und schön. Die Architekten sollen ruhig beweisen, daß sie auch rechnen können. Schön auch, daß sich nicht mehr alle Architekten für die „Titanen der Welt" oder für die „Rivalen des Schöpfers" halten (Claude-Nicolas Ledoux).

Doch wer sich umsieht, der stellt fest, daß die Bau-Welt kaum an der Rivalität zur Schöpfung leidet. Sondern an der Häßlichkeit des Gebauten. Und das liegt auch daran, daß sich die meisten Architekten eigentlich immer schon auf die Position der reinen Dienstleistung zurückgezogen haben. Daß sie ohnehin meist nur das bauen, was in unseren Köpfen ist: also die merkwürdigen Königreiche der Kunden. Ihr Dienst läge eher darin, Schlimmes zu verhindern – und Schönes zu bauen.

Im Reich der Untoten
Architektur heute: Von der Leid- zur Leitwährung – und zurück
SZ vom 16. Februar 2002

Es war der 15. Juli 1972, es war in St. Louis, Missouri – es war einmal in Amerika. Später erinnerte man sich an diesen Tag. Einige erzählten, es sei zuerst sehr heiß gewesen an jenem Nachmittag, sehr blau und sehr schön. Dann aber sei der Zorn herabgestiegen aus der Hitze des Tages und habe eine ganze Welt sehnsuchtsvoller Utopien mit einem Schlag vernichtet. Um 15.32 Uhr sei alles vorbei gewesen. Das sagen einige: und zwar die Architekten. Andere Zeugen aber – Nicht-Architekten, Nicht-Architekturkritiker und Nicht-Architekturhistoriker – behaupten, daß jener Tag zwar häßlich fahl begonnen habe, aber um 15.32 Uhr sei nach Jahren der dunkelkalten Depression endlich wieder einmal die Sonne zu sehen gewesen.

14

Und der Mississippi habe wunderbar glücklich ausgesehen. „Die moderne Architektur", hat Charles Jencks einige Jahre später geschrieben, „starb in St.Louis/Missouri am 15. Juli 1972 um 15.32 Uhr, als die berüchtigte Siedlung Pruitt-Igoe oder vielmehr einige ihrer Hochhäuser den endgültigen Gnadenstoß durch Dynamit erhielten."

Pruitt-Igoe: Das war eine legendäre Siedlung, die aussah, als wäre die „Charta von Athen" zu Stein, Stahl und Glases Bruder erstarrt – zu 33 identischen, je elfgeschossigen Wohnscheiben, die in den fünfziger Jahren von den Architekten Hellmuth, Yamasaki und Leinweber zu einer gigantischen Raumskulptur und 2 780 Wohnungen zusammengefiebert wurden; zu einem Hitzetraum aus Rationalismus, Funktionalismus, Pragmatismus und Behaviorismus; zu Fanal und Fanfare, welche den Menschen in St.Louis und anderswo solange das Glück von einem besseren Leben infolge einer besseren Architektur entgegenbrüllten – bis diese Hybris durch den explosiven Unmut der darin eingepferchten Bewohner in jene Staubschichten gerammt wurde, aus dem sich die moderne Architektur einst erheben wollte.

Einst nämlich, zu Beginn des letzten Jahrhunderts, erklärte Le Corbusier den Menschen, sie sollten doch nicht länger leben wie buckligdumme Esel – sie sollten lieber gerade Straßen für die Erde und riesige Wohnmaschinen für den Himmel errichten, und das alte Zentrum von Paris, das müsse endlich mal jemand zerbomben. Einst: Das war, als Adolf Loos seine Schrift *Ornament und Verbrechen* verfaßte; und das war auch jene Zeit, als Frank Lloyd Wright den Rückspiegel seines Autos abschrauben ließ – weil er nicht sehen wollte, „wo ich herkomme", sondern nur, wohin er fahren würde: in die Zukunft, welche ganz gewiß eine der modernen Architektur und des modernen Menschen in seinen modernen Wohn- und Welträumen sein würde. Und ja auch zu sein hätte.

Charles Jencks hat in seiner Schrift *Die Sprache der postmodernen Architektur* übrigens auch noch Oscar Wilde zitiert, wonach „Erfahrung" jener Name sei, „den wir unseren Fehlern geben". Und der Fehler der modernen Zeit: dieser sei eben die zeitgenössische Architektur, deren Formwille mit der vormodernen Vergangenheit weder kommunizieren könne noch wolle – so daß sich eine große Einsamkeit in die Herzen der Menschen gesenkt hätte, eine große, gewaltige „Unwirtlichkeit" Mitscherlicher Dimensionen. Und für Bertolt Brecht war die kapitalistische Hölle erst recht eine im ortlosen Jenseits: Seine Hölle sieht aus wie die Häuser und Straßen von Los Angeles. Tom Wolfe wiederum spricht vom apokalyptischen Wahnsinn, vom sinnlichen „Entzugskoma" angesichts einer Architektur, die nichts anderes vermag als dies zu sein: etwas „Helles & Grelles & Reines & Feines & Leeres & Hehres". Und natürlich etwas entsetzlich Totes.

Wobei Jencks' Totenschein, ausgestellt im Jahr 1977, ja selbst schon so alt ist, daß man ihn für tot halten könnte. Aber das erstaunliche (oder eben doch nur zwangsläufige) Gegenteil ist richtig: Erst hat man nur die avantgardistische Moderne des Städtebaus in jenem Schauprozess von St. Louis hingerichtet – doch jetzt sind die Architekten der Gegenwart ganz offenbar auch selbst an der Reihe. Und zwar ganz gleich, ob der Fluchtpunkt ihres Tuns auf die Reanimation der Moderne oder auf deren endgültige Überwindung zielt. Also auf die bekannte Phalanx der Ismen, auf Postmodernismus, Dekonstruktivismus, Dynamismus oder Biomorphismus – welche sich allesamt auf die Moderne beziehen.

Welche Auseinandersetzung über die Zukunftsfähigkeit architektonischer Gegenwart man auch betrachtet auf dem Terrain öffentlicher Bau-Rezeption – die Moderne als Projekt der Avantgarde mag schon vor 30 Jahren gestorben sein, doch erst jetzt kann man den endgültigen Bankrott der ganzen dazugehörigen Zunft vermelden.

Denn erst jetzt wendet sich neben der üblichen Mehrheit auch die intellektuelle Avantgarde gegen eine einstige architektonische Avantgarde, die zur öffentlich beschimpften Baumasse wie zur Misere der Jetzt-Zeit gefroren scheint: beispielsweise zur so genannten Investoren-Architektur, die nachts von feindlichen Bombern über den deutschen Großstädten abgeworfen wird. Oder zum so genannten Berliner Schloß, das schon deshalb wiedererfunden werden müsse, weil die Formen und Former der Gegenwart nicht in der Lage seien, dem Horror vacui im Herzen der ornament- und dementsprechend trostlosen Stadt beizukommen. Oder zu jener sich im Bau befindlichen neoneospätklassizistischen Villa, die in München gleichfalls herumschreit: „Die Gegenwart ist tot". Oder zu den „vorpatinierten" Kupferdächern, die man sich auf der Denkmalmesse in Leipzig kaufen kann. Oder auch zum Weinschrank „Cabana" (Massivholz: „antik gebeizt"; Beschläge: „authentisch verwittert"). Wir schreiben das Jahr 2002: Soviel Sehnsucht nach Vergangenheit war nie und auch so wenig Bedarf am Werk der Raumausstatter einer Zukunft, die diesen Namen verdiente.

Die Moderne ist tot – und den Architekten geht es auch ziemlich schlecht: Von hundert Einfamilienhäusern, die in Deutschland errichtet werden, stammen keine fünf von einem Architekten. Kein Wunder. Und von

100 000 deutschen Architekten sollen in ein paar Jahren noch 10 000 oder 20 000 übrig sein. Kein Wunder. Und für vier Quadratmeter Automobilität gibt man 50 000 Euro aus, höchstens fünf Mal soviel will die bauherrliche Allgemeinheit für ungefähr 40 mal soviel Architektur- Immobilität ausgeben. Das alles ist kein Wunder.

Als eine Art wunderliche Koinzidenz erscheint allenfalls, daß eben zu jener Zeit, da die totale architektonische Schwindsucht der Gegenwart zu diagnostizieren ist, zugleich auch der komplette Architektur-Hype vermeldet werden kann. Verblüffend: Gerade jetzt wird die Baukunst als „kulturelle Leitwährung unserer Zeit" ausgerufen. In Rotterdam zeigt eine Ausstellung derzeit Architektur und Popvideo „als Waffenbrüder". Von den Verlagen wurden sogar noch ganz andere Waffenbrüder entdeckt: In dem Buch *Carchitecture* liegt das Glück auf der Straße – und sieht aus wie eine Architektur der Zukunft, die schon deshalb enorm ins Gaspedal steigen muß, damit sie nicht von ihrer Vergangenheit eingeholt wird – Endstation Parkbucht. Oder der Pritzker-Preisträger Rem Koolhaas, der für Prada entwirft – wobei es anläßlich der entsprechend populären Lektüre seines neuen Buches *Shopping* schon mal zu schlimmen Verwechslungen kommt, und zwar zwischen dem allgemeinen Architecture-Shopping und der allgemeinen Shopping-Architektur. Oder die belletristische Literatur, die immer öfter den Architekten auch als großartige, schwarzgewandete und saabfahrende Kunst-Figur entdeckt („Ausschreibung für einen Mord"). Oder die Werbung, die kaum noch Investment-Fonds oder Yoghurt-Becher ohne Hinweis auf eine Architektur-Kulisse à la Brasilia verkaufen kann. Und das wichtigste Kartenquartett unserer Zeit ist den Plattenbauten in Ostberlin gewidmet – womit die Architektur beweist, daß sie die Ironie, deren Ende allseits postuliert ist, schon wieder eingeführt hat in den Diskurs um Images, Corporate-Identity, um Locations und Lifestyle.

Wie kann es aber sein, daß die Kurslinien der Moderne und des Moderne-Erbes so sehr auseinanderfallen? Wie kann das Tote so vital erscheinen? Vielleicht ist es einfach so, daß sich die Kurse auf der anderen Seite des Mondes treffen; dann wäre das eine zugleich auch das andere, das Hoch bedingte dann das Tief – und die Architekten befänden sich als Zunft auf jener Umlaufbahn, von der sie nie wieder zur Erde zurückkehren können, auf der es beim Bauen immer noch um Ästhetik, Ökonomie und Ökologie geht. Sie können nicht zurück – es sei denn: als Untote.

Mehr Bau als Kunst!
Warum wir eine brauchbare Architektur wollen
SZ vom 21. Juli 2003

Aus dem Dilemma kommt New York nicht heraus. Für Ground Zero will man zu viel und zu wenig: Still soll es sein am Ort der Toten – aber auch laut und vital, der Lebenden und der Geschäfte wegen. Und zwar schnell, inklusive des 541 Meter hohen Babel-Turmes. Diese Mischung aus Dominanz, Demut, Dienstleistung und dem Investoren-Drängen ist das eigentliche Problem. Der Begriff dafür: Hybris minus Gedenkaufwand. Statt der eiligen Ground-Zero- Bewältigung hätte man sich die Tollkühnheit leisten sollen, noch Jahre mit einem Loch voller gedenkstättenwidriger und renditeabweisender Schmerzen zu leben. Doch unsere Zeit hat keine Zeit.

Das Problem wird in einigen Jahren sichtbar sein: in Form einer Architekturparodie der zwangsverehelichten Büros von Daniel Libeskind und David Childs. Das Erschreckende an diesem Paar: Es besteht weder aus Vernunft – noch aus Liebe. Am Ende wird es jedoch die Libeskind-Architektur sein, die auf der Strecke bleibt. Warum? Die Antwort darauf ist das, was über den aktuellen Streit hinausweist: zurück in die Geschichte des Bauens und nach vorne in die Zukunft der Architektenzunft.

Am Fall Libeskind läßt sich das Siechtum der zeitgenössischen Baukultur darstellen, die an ihren Extremen krankt: an einer spektakelhaft scheiternden Logo-Architektur auf der einen Seite – und auf der anderen Seite an einer siegreichen, dabei aber kulturarmen Lego-Architektur. Das Bauen unserer Tage zerfällt in eine überindividualisierte Stahl-und-Glas-Egozentrik und in eine charakterlose Backstein-Meterware. Baukultur ist weder das eine – noch das andere. Aber beide Motive bedingen einander. Genau daraus besteht die Tristesse der Architektur des Jahres 2003. Libeskind und Co. haben daran ihren Anteil.

Man kann sich vorstellen, wie Ground Zero aussehen wird: Libeskind steht für eine chiffrenhaft-artifizielle, narzißtische Architektursprache, von der man nicht weiß, ob er sie unter ihrer semantischen Takelage und ihrer ins Unendliche perpetuierten Labelhaftigkeit ernst nimmt. Er fabuliert von einem „Park der Helden" und schwadroniert von einem „Park des Lichts", er glaubt an einen „Freiheitsturm" und an ein „Museum der Hoffnung". All seine mit Symbol-Ornamenten überladenen Projekte gleichen sich in ihrer intellektualisierten Verschraubtheit – wobei sie eine vorgebliche Einzigartigkeit behaupten. Libeskind (et al.) ist ein Philosoph,

18

ein Skulpteur, ein Visionär und Avantgardist – oder wird als solcher habituell von seiner Warenzeichenschutz-Gemeinde verehrt. Childs (et al.) glaubt an Bruttogeschoßflächen, Kostenkalkulation, Baumanagement. Er ist nur ein Architekt, dessen Kritikerschar nicht müde wird, die offensichtliche Alltäglichkeit seiner Bauten als „alltäglich" zu enthüllen. Libeskind will Kunst bauen. Childs will Häuser bauen. Wer hat Recht? Erstaunlicherweise ist es der Mann, der gegen die aufgepumpte Popularität von Libeskind nur eine gestenlos ökonomische Effizienz aufbieten kann: Childs. Er hat aus zwei Gründen Recht. Der eine ist simpel und gehört nach New York – der andere ist ein komplizierter Teil der Bauwelt.

Erstens: Man kann nicht in einem Mahnmal arbeiten und wohnen. Daß Libeskind etwa seinen „Freedom Tower" exakt 1776 Fuß hoch sein läßt (das Jahr der Unabhängigkeitserklärung): das ist Kitsch. Daß der „Park des Lichts" alljährlich am 11. September zwischen 8.46 und 10.28 Uhr „schattenfrei" bleiben soll (der Zeitraum zwischen den beiden Terror-Attacken): das ist ebenso Kitsch. Einer, der genaueren Berechnungen nicht mal Stand hält.

Zweitens – und dies führt von der Besonderheit des Falles hin zum allgemeinen Desaster am Bau: Es sind gerade die leuchtturmhaften Kunstversuche von Libeskind, Hadid, Eisenman und anderen Fixsternen des Architekten-Himmels, die das populäre Architektur-Mißtrauen nähren. Denn auch als Raum gewordene Symbole (Gesellschaftskritik, Polit-Parolen, Natur-Feiern, Technik-Verherrlichungen...) funktionieren die Häuser nur so lange, wie die Bedeutungsträger selbst funktionieren: also in ihrer profanen Existenz samt Boden, Wand und Dach. Das ist selten der Fall auf dem Spielplatz der Avantgarde: mal aus konstruktiven, mal aus wirtschaftlichen, mal aus stadträumlichen, mal aus sozialräumlichen Gründen. Weshalb die Leuchtturm- Botschaft der Baukunst gelegentlich in sich zusammenfällt und das Gegenteil von Wegweisung bewirkt: Abkehr und Orientierungslosigkeit.

Dann wünscht sich das Publikum solchen Scheiterns etwas „Solides": zum Beispiel etwas derart Absurdes wie das Berliner Schloß als Historien-Fake. Die architektonisch-konstruktive Lösung zentraler räumlicher Herausforderungen wird der Architektur abseits der Baumarkt-Abteilungen nicht mehr zugetraut. Schlimmer noch: Auch die Kompetenz in Fragen der Identifikation und Stadtraumbildung wird den Architekten abgesprochen. Tatsächlich steckt die allgemeine, die alltägliche Architektur infolge Nachfragemangels in einer gewaltigen Sinnkrise – nur haben das noch nicht alle architektonischen Kreise bemerkt. Mit deren Ignoranz ist die Krise der Baukultur aber ursächlich verbunden. Man macht es sich also zu leicht, wenn man lediglich auf den Dumpfsinn der Investoren gegenüber der hell strahlenden Architekturschöpfung zielt. Gerade die Marken-Architekten sollten über den unfaßbaren Bedeutungsverlust jener Architektur nachdenken, die einmal als „Mutter aller Künste" gelten durfte. Schon Claude-Nicolas Ledoux, Architekt im 18. Jahrhundert, bezeichnete sich als „Titan der Erde" – aber erst seine modernen Kollegen haben das ernst genommen. Norman Foster wollte gegen den Deutschen Bundestag Klage führen, weil sich Wolfgang Thierse die falschen Polstersessel ins Büro stellen ließ. Oder Dominique Perrault, der Erbauer der französischen Nationalbibliothek: der ließ sich seine absurde Rundum-Verglasung nicht ausreden. Die Folge: haustechnische Bauschäden, „Mängel"-Streik der Bibliothekare, Hohn und Spott. Oder Daniel Libeskinds Jüdisches Museum in Berlin: als Mahnmal groß – als Museum klein. Oder Richard Rogers' gefeierte Lloyd-Versicherung in London: Der Bauherr ist ausgezogen – wegen astronomischer Wartungskosten. Oder Jean Nouvel, der „Meister der Entmaterialisierung": Tatsächlich sind kurz nach der Eröffnung seines Berliner Kaufhauses die Glasscheiben auf die Passanten heruntergedonnert. Die Liste der Ikonen-Peinlichkeiten ist beliebig lang.

Adolf Loos hat die Frage, ob ein Haus Kunst oder ein Haus sein soll, vor einem Jahrhundert entschieden: „Das Haus hat allen zu gefallen. Zum Unterschiede vom Kunstwerk, das niemandem zu gefallen hat. Das Kunstwerk wird in die Welt gesetzt, ohne daß ein Bedürfnis dafür vorhanden wäre. Das Haus deckt ein Bedürfnis. Das Kunstwerk ist niemandem verantwortlich. Das Haus einem jeden ..." Als Architekt war Loos ein Visionär. Dagegen sehen die Kunstarchitekten wie Krämer aus.

Marmor, Stein und Eisen
Was der Pfusch am Bau mit der Krise der Architektur zu tun hat
SZ vom 27. November 1998

Als Sam Gleig die Fahrstuhlkabine betrat, war er ein Wachmann des neuesten Hochhauses von Los Angeles. Als sich die Fahrstuhltüren wieder öffneten, war er ein toter Mann. Dem übrigens nicht einmal seine 9-Millimeter-Pistole etwas genützt hätte, denn Sam Gleigs Gegner war nicht aus Fleisch und Blut, sondern aus Stahlbeton und Sicherheitsglas: Es war das Haus selbst – und der Architekt war der Mörder. Das Waffenarsenal bestand aus Computereinheiten, Elektro- und Wasserversorgungslinien und aus jenem hinterhältig sich beschleunigenden Fahrstuhl, bei dem es die Insassen sind, die zur Kanonenkugel werden.

Ein Computerfachmann, zuständig für die künstliche Intelligenz des Hauses, wird aufgefunden, die Augen „tot wie durchgebrannte Glühbirnen"; ein Polizist, der die Vorfälle untersucht, wird von der sich selbst reinigenden Sanitäranlage ertränkt; eine Frau verreckt im Pool, wo sich im Wasser tödliche Dämpfe gebildet haben. Erst nach einem ganzen Haufen weiterer Leichen in diesem bizarren Thriller namens „Game over" (Philip Kerr) muß auch der ahnungslos mit Hilfe seines grausigen Werks metzelnde Architekt dran glauben: „Stumm wie ein gefallener Engel" stürzt er vom Dach seines berstenden Hauses – mitten hinein in die apokalyptische Explosion seiner Schöpfung, wo er zu Staub zermahlen wird. Niemals zuvor ist in der Geschichte der Architekturkritik ein tadelnswerter Architekt so vollkommen vernichtet worden.

Das Leben ist nicht so teuflisch wie in dieser Fiktion. Architekten sind gemeinhin keine Phantasten mit Hang zum Killer-Dasein, sondern ordentlich diplomierte „Ingenieure der Fachrichtung Architektur". Aber dennoch geschehen seit einiger Zeit auch in der Welt der Schwerkraft merkwürdige Dinge. Wobei diese nicht von der Mordkommission, sondern nur von der Kommission „Pfusch am Bau" zu untersuchen sind: ein Scherbengericht, welches die Architektur der Gegenwart verhandelt.

Zuletzt, Ende Oktober, sind 800 Mitarbeiter der für 2,4 Milliarden Mark von Dominique Perrault in Paris erbauten Bibliothèque Nationale in einen „Mangelstreik" getreten. Warum? Weil das nationale Renommier-Projekt schon wenige Wochen nach seiner Fertigstellung, wie Le Figaro schrieb, „zum nationalen Alptraum" wurde. Dem Renommieren folgte das Renovieren. Die Mängelliste der Zeitung: „Unfallgefahr durch das bei Regen spiegelglatte Tropenholz der Esplanade", das zu „Knochenbrüchen und Prozessen" führe, „Wassereinbruch durch Risse im Gemäuer", „bröckelnder Beton", „erste Roststellen".

Dabei ist die Nationalbibliothek nur der Höhepunkt einer Misere, die fast alle neueren Pariser Prestige-Bauten erfaßt zu haben scheint. Schon vor Jahren wurde gemeldet: „An der Bastille-Oper rutschen die Steinplatten aus der Fassade", „unter der Grande Arche in La Défense knicken die Marmorstufen ein". Und nicht mehr von der architektonisch gefeierten, mit Preisen überschütteten „Cité de la Musique" von Christian de Portzamparc war öffentlich die Rede, sondern von der dortigen „Wassereinsickerung" und von „Betonfeuchtigkeit".

Häme gegenüber der französischen Fünf-Sterne-Architektur verbietet sich. Vor Jahren schon ist das von Norman Foster für Duisburg spektakulär inszenierte „Haus der Wirtschaftsförderung" in die Schlagzeilen geraten. Nicht aufgrund des futuristischen Glas-Gehäuses, sondern weil die Fassadenteile auf die Passanten herabdonnerten. Und in Halstenbek ist dem Hamburger Architekten André Poitiers im Sommer bereits zum zweiten Mal kurz vor der Vollendung eine ungewöhnlich konstruierte Glaskuppel eingekracht. Beim zweiten Mal war es vermutlich nur den Warnungen eines Architekturphotographen zu danken, daß es später keine Toten gab. „Wie von einer gewaltigen Faust" sei die Kuppel eingedrückt worden, erzählt dieser. Danach hat es noch Minuten gedauert, bis die Konstruktion über der darunterliegenden Sporthalle unter Ächzen endgültig nachgegeben hat. Der Fall liegt mittlerweile bei der Staatsanwaltschaft. Keine vier Wochen nach Halstenbek mußte man sich auch in Berlin fragen, was es zu bedeuten habe, wenn eine einhundert Kilo schwere, dreieinhalb Quadratmeter große Glasscheibe aus dem fünften Stock zu Boden fällt. So geschehen in der Friedrichstraße am 11. August. Der Bau stammt von Jean Nouvel, der gelegentlich über die „Entmaterialisierung der Architektur" doziert.

Es geht nicht nur um Pfusch, um Bau-Routine, um eine der Nostalgie geschuldete, gegen das zeitgenössische Bauen gerichtete Abwehrhaltung. Es geht um die Baukultur selbst. Je öfter die Bleche, Ziegel und Glasplatten wegfliegen, je öfter sich also Bauten der Gegenwart als mehr oder weniger verletzlich oder – im Gegenteil – als gefährlich herausstellen, desto deutlicher macht sich die grassierende Legitimationskrise der Gegenwarts-Architektur als Folge gerade ihrer technischen Fahrlässigkeiten bemerkbar.

In einem technischen Zeitalter, welches sich vordergründig durch eine besonders rückwärtsgewandte Sehnsucht nach der „Solidität" des Alten, nach vertrauenerweckender Patina auszeichnet, würde man beispielsweise der allgemein erhofften Kopie des Berliner Schlosses jedwede bauliche Parodontose verzeihen. Der kompromißlos technisch präsentierte Architektur-Vertreter der Gegenwart wird jedoch erbarmungslos gerade auf seine Maschinen-Präzision und technische Vollkommenheit hin überprüft. Und das muß man sich auch gefallen lassen. Schließlich müssen die Häuser nur beweisen, was sie selbst nach allen Seiten hin lautstark behaupten: technische Baukunst zu sein.

Es sind nicht nur die Fassaden, die in Berlin, Duisburg und anderswo herabbröseln – es ist das Fundament der technischen und gesellschaftlichen Baukultur, welches, als Folge davon, gefährliche Brüche aufweist.

Bekannte, ja berühmte Architekten, deren Schöpfungen nach wenigen Wochen bröckeln, müssen im Kontext einer zunehmend komplexen Bau-Organisation, undurchschaubar werdender Bau-Verantwortung und dem Schwund handwerklicher Bau-Standards zwar nicht als Täter beschuldigt werden; aber Opfer ihrer eigenen, manchmal fehlerhaft erdachten, manchmal mangelhaft erbauten oder betreuten Objekte sind sie stets. Architekten haften auf jeden Fall: für den Imageschaden. Wenn in London dem Architekten der kürzlich erst streitbar diskutierten spiralförmigen Erweiterung des Londoner Kunstgewerbemuseums, Daniel Libeskind, vorgeworfen wird, seine Konstruktion sehe eigentlich aus wie ein „zusammenbrechendes Kartenspiel" – dann geht es um jene billig zu habende Polemik, die sich besonders gut aus herabgefallenen Glasscheiben zusammensetzen läßt.

Andererseits darf man auch nicht vergessen, daß beispielsweise das Dach des Münchner Olympiastadions nur der Abdruck eines tollkühnen Experimentes ist. Als es gebaut wurde, wußte kein Mensch, ob man es überhaupt würde bauen *können*. Die baugeschichtliche Evolution hätte sich nicht ereignet ohne einstürzende Neubauten: ohne griechische Tempel, die eher versucht als berechnet wurden; ohne gotische Kathedralen, deren Irrwitz so etwas wie Russisches Roulette für Dombaumeister war. Und wie schön ist denn unsere Welt, deren Ästhetik zumeist dem Fundus der „bewährten" Bau-Historie oder den Norm-Tabellen der Technischen Überwachungsvereine entstammen? Also: Wie viel Glasbruch dürfen wir uns nun leisten?

Das Dilemma besteht darin: Vor einer wattierten Welt voller dicklicher Sicherheitskonstrukte können uns nur Architekten bewahren, die etwas wagen. Doch um damit erfolgreich zu sein, müssen sie sich auch Gedanken über jene Rezeption ihres Tuns machen, die daraus resultiert, daß manche Werke auch so befragt werden können: Ist da ein Haus – oder Mist gebaut worden?

Die Dinosaurier sind unter uns
Vom Ende der Bauten mit dem Wow!-Faktor: Das ikonische Bauen der Stararchitekten könnte zum Kollateralschaden der Finanzkrise werden
SZ vom 6. November 2008

Gestern, am Mittwoch, wurde bekannt, daß BMW angesichts eines drastischen Gewinnrückgangs in diesem Jahr 65 000 Fahrzeuge weniger als geplant produzieren wird. Weniger bekannt sein dürfte dagegen das Interview mit dem britischen Architekten David Chipperfield, das am gleichen

Tag von Bloomberg.com veröffentlicht wurde. Wobei der zeitliche Zufall viel zu schön und zu interessant ist, um nicht auch eine Koinzidenz anderer Art zu beinhalten.

Denn Chipperfield sagt in diesem Interview – als Folge der globalen Finanz- und Wirtschaftskrise – das Ende der „Architektur mit dem Wow!-Faktor" voraus. Also das Ende von Häusern, die man seit einigen Jahren so heftig diskutiert, daß die Debatten schon allerlei weiches Vokabular entstehen ließen. Wow!-Faktor-Bauten kennt man auch unter den gleichfalls unscharfen Begriffen „Corporate Architecture", „ikonisches Bauen", „Signet-Architekturen" oder „Signature Buildings". Häuser sind das, die so identitätsstiftend und unvergleichlich sein sollen wie eine persönliche, charaktervolle Unterschrift. Der Bau ist das Ereignis, die Baukultur ist die der Eventgesellschaft. Wow eben.

Man denke zum Beispiel an die „BMW-Welt", entworfen von den österreichischen Architekten Coop Himmelb(l)au, die vor fast genau einem Jahr in München eröffnet wurde. Gekostet hat das Erlebnis- und Auslieferungszentrum – offiziell – 500 Millionen Euro. Konzipiert wurde der riesenhafte, durchaus ansehnliche Bau für jährlich 850 000 Besucher. Um aber auf die Koinzidenz zurückzukommen: Wenn BMW nun sehr viel weniger Autos produziert und sehr viel weniger auszustellen hat – was bedeutet das für ein ganz bewußt offen, ja wie ein Marktplatz konzipiertes Gehäuse, das darauf angelegt ist, die Übergabe eines Autos als gemeinschaftliches Ritual und kulturelle Übereinkunft fast in Form einer heiligen Eheschließung zu zelebrieren? Oder kann man sich Elektro-Minis anstelle PS-mächtiger 7er-BMWs vorstellen? Wenn eine Branche vor einem Paradigmenwechsel steht – als wie dynamisch werden sich dann ihre Ikonen des Dauerhaften erweisen?

Das Problem des Ineinanderfallens von Renditeverfall, Zukunftsängsten, Krisenstimmung und der Identitätskrise gerade der um Identität bemühten Großbauten betrifft nicht nur BMW – oder andere deutsche Autohersteller, die vor einer Krise stehen, „die alles übertrifft, was wir bisher kennen" (BMW-Konzernchef Norbert Reithofer). Es gilt natürlich auch für alle anderen Branchen – exakt in der Reihenfolge, in der die Wirtschaftskrise als Systemkrise um sich greift. Und dementsprechend gilt es für all die Branchen-Statussymbole, die bevorzugt architektonischer Natur sind. Auch andere Kulturbereiche werden derzeit vom Sog der sich auftuenden schwarzen Löcher, in denen Phantasie-Beträge und Maßstäblichkeit verschwinden, erfaßt. Aber der Architektur als natürlichem Produzenten räumlich wirksamer Abbilder und zugleich als natürlichem, nicht fiktionalem Verbündeten der Realwirtschaft, fällt in diesem Reigen wiederum die Rolle der Zeichenhaftigkeit zu. Die Architektur der Marken handelt mit Zeichensystemen und den Mitteln der Rhetorik: Sie wäre deshalb nicht nur wegen in Zukunft fehlender Geldmittel betroffen – sondern auch als Zulieferbranche der Symbolik selbst.

Es ist aber auch deshalb so bezeichnend, daß nun gerade die Auto-Branche in Bedrängnis geraten ist, weil ihr zu verdanken ist, daß sich das weltweite Phänomen der Signet-Bauten auch in Deutschland etablieren konnte. Für Porsche haben von Gerkan, Marg und Partner (gmp) gebaut, für Mercedes Ben van Berkel – und von Zaha Hadid stammt ein spektakulärer BMW-Appendix in Leipzig. Im Zuge dieser Entwicklung (die sogar einen eigenen Namen hat: „Carchitecture") werden aber auch alle anderen Status-Konstrukte betroffen sein: all die Häuser, die so erstaunlich, formradikal oder auch nur telegen und medientauglich sind, daß sie selbst wie Marken wirken. Wie Marken, bei denen es fast schon egal ist, um welches Produkt es sich handelt. Übersetzt in die Sphäre der Baukultur: Es geht um Häuser, die so bildmächtig geworden sind, daß man nicht mehr danach fragt, was sie kosten, was sie wollen oder wozu man sie eigentlich erdacht hat. Und: Ihre Existenz ist untrennbar mit einer gleichfalls recht jungen Erfindung verbunden – mit jener des sogenannten Star-Architekten.

Die jüngere Geschichte der emblematischen Bauten beginnt bei Frank Gehrys Guggenheim-Dependance für Bilbao und endet vorläufig bei Prestige-Vorhaben wie der Elbphilharmonie in Hamburg (Herzog & de Meuron). Es gibt, zumal in Deutschland, auch ältere Vorläufer des Phänomens: etwa die Fagus-Werke von Walter Gropius oder die AEG-Turbinenfabrik von Peter Behrens. Aber der mediale Kurzschluß, der aus Architektur einen Werbeträger seiner selbst macht, hat sich erst jetzt ereignet. Als Zaha Hadid mit dem Bau der Innsbrucker Bergisel-Sprungschanze beauftragt wurde, mußte sie nach dem Willen der Stadt zusichern, etwas „Unverwechselbares" zu errichten.

Auch Städte bedienen sich der Signature-Buildings. Aber auch den Städten (wie den Bauherren großer Museen oder Opern) wird das Geld dafür in Zukunft fehlen. Ein Schaden muß das allerdings nicht in jedem Fall sein. Denn die extrem teuren Vorzeigebauwerke sind zumeist autistischer Natur, sie fühlen sich keiner Geschichte und keinem Ort verpflichtet. Sie können selten in Würde altern und sind wegen ihrer hochspezifischen, möglichst skulptural wirksamen Architektur auch nicht umnutzbar. Es sind Dinosaurier – vom Aussterben bedroht. Wenn das zugunsten eines alltagstauglicheren Bauens geschieht, vollzieht sich nichts anderes als die Evolution am Bau. Die Spektakel, Schauwerte und Superlative wären dann letztlich nur eines: zu schwach.

Die Rückkehr des Ingenieurs
Auf der „Bau 2007" kann man die Zukunft der Architekten besichtigen
SZ vom 15. Januar 2007

„Was für ein Examen haben Sie abgelegt, wenn die Frage erlaubt ist?" Das will der Doktor Krokowski in Thomas Manns Roman *Der Zauberberg* von Hans Castorp wissen. Der antwortet: „Ich bin Ingenieur." Worauf sich Dr. Krokowskis Lächeln zurückzieht, ja es „büßte an Kraft und Herzlichkeit etwas ein". Ob die Protagonisten Castorp, Ulrich (*Der Mann ohne Eigenschaften*) oder Faber (*Homo faber*) heißen: Der Ingenieur dient in der Literatur als Allegorie für Vernunft und Fortschritt. Dr. Krokowskis Reich aber ist das des Verborgenen, Vergessenen, Vergangenen. Dagegen steht der Ingenieur – wie Settembrini meint – „als Mann des praktischen Genies" für die Zukunft. Nun muß man sich nur noch Paul Hubschmid als Ingenieur Harald Berger im *Tiger von Eschnapur* vorstellen, wie er – filmisch angeleitet von Fritz Lang – sämtliche Frauenherzen bricht und nebenher ein paar ordentliche Krankenhäuser erbaut: Dann dürfte man die Bestandteile versammelt haben, die den Ingenieur im Maschinenraum des 20. Jahrhunderts wie in keiner Epoche zuvor als schillernde und gerade deshalb als roman- oder filmcharaktertaugliche Figur ausweisen. Das Ingenieurswesen war symbolträchtig.

Nun ist von diesem Titel, den man seit Leonardo da Vincis Zeiten als Zeug-, Kriegs- oder Festungsbaumeister kennt, wieder viel die Rede – wenngleich in einem pazifistischen Sinn. Zum einen deshalb, weil er ganz allgemein als Bau- oder Geoingenieur, als Informationssystem- oder Raumfahrttechniker, als Mechatroniker oder Kybernetiker zunehmend fehlt in Deutschland: Nach Angaben des Vereins Deutscher Ingenieure (VDI) können derzeit 22 000 Ingenieurstellen nicht besetzt werden. Das entspricht letztlich einer ausbleibenden Wertschöpfung von 3,7 Milliarden Euro. Aber die Spezies gerät dieser Tage auch unter dem Begriff des bauenden Ingenieurs in den Fokus: auf der „Bau".

Das ist die bedeutsamste Fachmesse der Bauwirtschaft, die sich nach einer gespenstisch langen Flaute, nach elf Jahren, erstmals wieder im Aufschwung befindet. Die „Bau", auf der es unter anderem um intelligente Gebäudehüllen, Fassadensteuerungssysteme, Solartechnologie, Planungssoftware, neue Materialien oder innovative Fügetechniken geht, ist ein einzigartiger Abenteuerspielplatz der Ingeniosität am Bau. Wobei in diesem Jahr in den Messehallen im Osten Münchens auch etwas ausgestellt wird, was – nach einer langen Zeit der gesellschaftlichen Entfremdung – gewiß niemand dort vermutet hätte. Es ist kaum weniger als dies: die Zukunft einer Architektenschaft, die in der Gesellschaft neuer Vakuumdämmsysteme oder multifunktionaler Membranstrukturen eher ungern anzutreffen ist.

Bei der letzten „Bau" im Jahr 2005 waren nur zehn Prozent der fast 200 000 Fachbesucher Architekten. Wenn die Baukünstler Deutschlands aber noch halbwegs bei Trost sind, dann besuchen sie die diesjährige Messe möglichst geschlossen. Denn die Zukunft dieser sensiblen Zunft entscheidet sich weder auf der Architekturbiennale in Venedig noch auf dem Architektenweltkongreß: sondern inmitten einer reinen Ingenieurswelt. Architekten, die in Deutschland ihre Ausbildung (noch) als „Diplom-Ingenieure der Fachrichtung Architektur" beenden (demnächst: als Bachelor oder Master), müssen sich ernsthaft daran gewöhnen, daß die Bauwelt zu ihren Ursprüngen zurückkehrt: ins Reich der Technik. Die Idee der „Urhütte" als Keimzelle allen Bauens und aller Baukultur ist untrennbar mit ihrer Konstruktion verknüpft.

Man müßte das gar nicht thematisieren, wenn sich die Berufsbilder von Architekten und Ingenieuren bis auf den heutigen Tag nicht so dramatisch auseinandergelebt hätten. Vor zweitausend Jahren wäre diese Unterscheidung noch völlig undenkbar gewesen. Marcus Vitruvius Pollio, besser bekannt als Vitruv, der mit den legendären *Zehn Büchern über Architektur* eine der frühesten Architekturtheorien verfaßte (*De architectura libri decem*), war selbstverständlich Ingenieur und Architekt: In Rom war Vitruv beteiligt am Bau des Wassernetzes, für das er sogar Rohrsysteme erfand; und in Fano entwarf er die Basilika von Fanum Fortunae. Vitruv ist das Urbild eines technisch wie ästhetisch, akademisch wie handwerklich, praktisch wie theoretisch tätigen Baumeisters.

Dieses Ideal ist es auch, das in den Allegorie-Stichen über den „guten" und den „schlechten Architekten" nach Philibert Delorme im 16. Jahrhundert zum Ausdruck kommt. Dem schlechten Architekten fehlen auf diesen Bildern Augen, Ohren und Nase zur Sinneswahrnehmung, er hat keine Hände und stapft durch eine versteppte, kulturlose Landschaft. Der gute Architekt vereinigt dagegen alle Disziplinen des Bauens in sich. Er ist ein, wie man heute sagen würde, holistischer, „ganzheitlicher" Baumensch, dem die Form so viel wie der Inhalt bedeutet.

Spätestens im 20. Jahrhundert ist diese notwendige, die Architektur als „Mutter aller Künste" (Vitruv) auszeichnende Anmaßung den Architekten ausgetrieben und durch eine viel närrischere, eindimensionalere Einbildung ersetzt worden. Le Corbusier, einer der großen Begründer der klassischen Moderne, schreibt im Jahr 1922: „Die Durchbildung der Form ist der einzige Prüfstein für den Architekten. Dieser erweist sich an ihr als Künstler oder als einfacher Ingenieur." Und Bruno Taut sekundiert 1936: „Es scheint demnach, daß der gute Architekt ein Mann ist, der es in erster Linie mit der Proportion zu tun hat." Zehntausende von jungen arbeitslosen Architekten, die derzeit wie keine anderen Akademiker von Arbeitslosigkeit und mangelnder gesellschaftlicher Reputation betroffen sind, können sich bei Corbusier und Taut bedanken. Nicht alle „Diplom-Ingenieure", die unsere Technischen Universitäten verlassen, sind in der Lage, ein Gartenhäuschen gebrauchstauglich zu entwerfen. Wenngleich die Proportionen meist sehr fein gelingen.

Das zurückliegende Jahrhundert stand im Zeichen der Künstler-Architekten, die stets bemüht waren, sich so technikfrei wie nur möglich zu präsentieren. Frank Lloyd Wright, zum Beispiel, erbaute einmal ein Privathaus, durch dessen Dach es schon nach wenigen Wochen hereinregnete. Der Bauherr rief ihn an – nur, um sich am Telefon von Wright anblaffen zu lassen: „Es regnet ins Eßzimmer? Dann stehen sie nicht blöd rum: Verrücken Sie doch den Tisch."

Damit ist es nun nicht mehr getan. Die Bauaufgaben der Zukunft verlangen der Gesellschaft mehr als nur Tischerücken ab: Sie fordern wieder die ganze und ungeteilte Architektur, die dem Künstler abermals den Techniker in Personalunion zur Seite zwingt. Die Stichworte dafür sind: Smart houses, Kommunikationssysteme, energieeffektive Architektur, Bauen im Bestand sowie eine Architektur, die auf die Frage, wie man Flüchtlingslager und Notunterkünfte errichtet, Antworten kennt. Ob unsere Zivilisation im Shoppen und die wahre Architektur aus Prada besteht – danach mag Rem Koolhaas fragen, der sich „nicht als Architekt" sieht. Ein Architekt wie Cameron Sinclair dagegen, der sich transportable Aids-Kliniken für Afrika oder Tsunami-Flüchtlingslager für Sri Lanka ausgedacht hat, zieht schon heute die relevanteren und interessanteren Architekturbegabungen an als die sogenannte Denkfabrik von Koolhaas, bei dessen Häusern man immerzu die Schrauben anziehen möchte.

Die Zeit von Zaha Hadid, die kein Haus bauen kann, ohne ihre „Philosophie" in mehrtägigen Pressekonferenzen zu erklären – obwohl man die dort versammelten Lifestyle-Journalisten vor allem mit bunten Bildchen erfreut –, dürfte ebenso vorbei sein wie die Ära des Jean Nouvel. Der schafft Wohnbauten, in denen die Anbringung von Bildern oder Gardinen vertraglich untersagt wird. Wenn seine Baukunst aber schon unter der Wucht einer womöglich geschmacklosen Inneneinrichtung zusammenbricht, wie soll sie dann einer Zukunft gewachsen sein, in der es geradezu schicksalshaft um Schadstoffreduzierung, Energiebaukunst und Nachhaltigkeit, zugleich aber auch um ein multimedial aufgerüstetes, flexibles Leben gehen wird?

Die intelligenten Häuser von morgen erfordern eine intelligente Architektur, die nicht nur sinnlich-ästhetisch, sondern auch geistig-technisch zu verstehen wäre. Gefragt sind die Nachfahren von Buckminster Fuller und Frei Otto: ingeniöse Architekten. Das sind Entwerfer wie Werner Sobek, die sich nicht allein dem Design, sondern auch dem Engineering verpflichtet fühlen. Und es ist ein bislang ungeliebtes Fach wie Haustechnik, das – geadelt zum Klima-Design, wie es etwa von Gerhard Hausladen gelehrt wird – zu den wichtigsten Disziplinen der Baukunst zählt. Zu Recht. Wenn sich die Architekten nicht auf ihre Ingenieurs-Herkunft besinnen, werden sie als Fassadenmaler und Corporate-Identity-Makler enden. In den USA ist die Schrumpfnatur solcher Formalisten, die sich einst wie Claude Nicolas Ledoux zu „Titanen der Erde" erklärten, schon heute zu besichtigen.

Die Galle des Architekten
Unter deutschen Kuppeln: Darf Norman Foster den Abgeordneten ihre Gummibäume verbieten?
SZ vom 27. November 1999

Wenn das Leben ein Buch wäre, dann müßte sich Sir Norman Foster irgendwann in diesen Tagen zu nachtschwarzer Stunde dem Berliner Reichstag nähern. Er würde aus dem Schattenriß des Brandenburger Tores gleiten und ein langes Cape sowie einige Stangen Dynamit tragen – den Hut tief in die Stirn gedrückt. Und sein Gesicht trüge die Züge eines entschlossenen Mannes, der tut, was er tun muß: nämlich den Reichstag in die Luft jagen.

Das literarische Vorbild für diese Szene entstammt dem wunderbar naiven und dabei höchst lehrreichen Buch von Ayn Rand. Es heißt *The Fountainhead* und ist 1943 in New York erschienen. Angeblich, das sagen die Biographen, ist das Werk zu verstehen als eine Art Liebeserklärung der Autorin. Ihr Held, ein Architekt namens Howard Roark, soll dem genialen, von Ayn Rand so heftig (wie erfolglos) verehrten Frank Lloyd Wright nachempfunden sein. Der hat zwar einmal gesagt, daß nur ein „ausgemachter Idiot" so handeln würde „wie diese Karikatur eines Architekten" – aber die Wirklichkeit darf versuchsweise dennoch mit ihrer Karikatur zur Deckung gebracht werden.

Howard Roark widerfährt also etwa Folgendes: Er entwirft ein Hochhaus; er findet seinen Entwurf genial; das Hochhaus wird gebaut – aber nur bis zur Hälfte; dann kommt der Bauherr, ein mächtiges Unternehmen, auf die Idee, das Hochhaus weniger genial als vielmehr schrecklich banal zu finden; Howard Roark wird also gefeuert, das Hochhaus wird umgestaltet, anders gebaut, verändert, verunglimpft, zerstört; so sieht das jedenfalls Howard Roark, folglich geht er guten Gewissens zu nachtschwarzer Stunde auf die Baustelle, samt Cape und Dynamit – und jagt das ganze Ding in die Luft. Wobei er sich vollkommen im Recht wähnt, schließlich geht es um sein Werk, um seinen Geist, seine Seele – es geht um seine Kunst.

Norman Foster, dem man in Berlin vor kurzer Zeit den Pritzker-Preis, also eine Art Nobelpreis der Architektur, zugedacht hat, Norman Foster will den von ihm gründlich umgestalteten und mit einer spektakulären Glaskuppel überwölbten Reichstag natürlich nicht zerstören; er möchte den Bau – sein Werk! – aber offenbar gegen dessen Nutzer und Bewohner verteidigen – wie es scheint, durchaus im Geist des Howard Roark. Insofern holt das Leben die Fiktion ein – und die Architektur überholt die Karikatur.

Der im *Spiegel* dargestellte „Kleinkrieg um Gebrauchswert und Geschmack", der Streit um das Interieur des Reichstags, hat etwas von einer einzigartigen Posse, welche jedem Beobachter der Architektenszene aber merkwürdig vertraut vorkommen muß. Angeblich geht es darum: „Politiker und Beamte finden das Interieur des Reichstags weder schön noch praktisch. Aber Architekt Foster will sein Kunstwerk nicht verändern lassen." Konkret heißt das: Die Reichstags-Bewohner wollen, erstens, zusätzliche Stühle haben, postiert hinter den Reihen der Regierungsbank; zweitens soll der Sanitätsraum im Erdgeschoß umgebaut werden, weil Notfall-Patienten sonst nur „extrem umständlich" von dort in einen Krankenwagen zu befördern seien; drittens wünscht man sich im SPD-Fraktionssaal Wandschmuck, also Bilder; viertens sollen im Ostflügel wie auch in der westlichen Lobby bequeme Sitzgruppen installiert werden; und Wolfgang Thierse – fünftens – will sich von Foster nicht länger das erwünschte Zimmergrün verbieten lassen. Foster dagegen spricht weder von Sanitätsraum, Bildern oder Zimmergrün – sondern von (Bau-) Kunst und Urheberrecht. Mit diesem Hinweis blockt der britische Architekt offenbar alle praktischen oder auch nur in Richtung „Gemüt" zielenden Wünsche der Nutzer seit Wochen ab. Was den *Spiegel* gleich in Deckung gehen läßt: „So rührt der Baumeister ans Funktionieren der parlamentarischen Demokratie." Die Sprengkraft der Causa „Zimmergrün" ist also nicht zu unterschätzen.

Über Geschmack, heißt es, kann man nicht streiten. Über Schönheit und Ästhetik schon eher. Über die Kunst bestimmt. Die Frage ist aber, ob man über Stilfragen der Architektur vor Gericht streiten kann. Wohl kaum. Dennoch scheinen die Chancen unglaublicherweise gar nicht so schlecht zu stehen, daß der Fall „Foster vs. deutscher Souverän" doch noch vor Gericht verhandelt wird. Schließlich wurden für den Ostflügel des Reichstags bereits schwarze und rote Polstersessel angeschafft (allerdings keine goldenen, wie man abschließend vermuten könnte). Die aber findet Foster scheußlich. Gegen diese „illegale Selbsthilfe" will er anscheinend sogar die Kontrolleure von der Bauaufsicht aufmarschieren lassen. Foster lenkt zwar auch ein: mit einem versöhnlich gemeinten Entwurf einiger Sitzgelegenheiten – die aber werden von Bundestagsbeamten dem Vernehmen nach als „häßliche Steintröge" bezeichnet. Die Frage lautet nun: Kann es sein, daß der Architekt tatsächlich vorschreiben darf, wie man sich einrichtet im eigenen Haus? Und dahinter verbirgt sich noch eine andere Frage: Warum sieht es eigentlich immer so aus, als seien Architekten und Auftraggeber natürliche Feinde, wenn es um Fragen der Schönheit geht?

Richard Meier zum Beispiel. Dessen erster Auftrag: ein Haus für seine Eltern. Er plante es, baute es, die Eltern zogen ein. Und Richard Meier kam zu Besuch. Es kann nicht lange gedauert haben, bis er den Aschenbecher entdeckte, den entsetzlichen: Er warf ihn seinen Eltern an den Kopf. Oder Jean Nouvel: Der hat einmal eine Wohnanlage geschaffen („Nemausus"), mit Wänden aus Sichtbeton. Vertraglich zugesichert war, daß die Bewohner weder Vorhänge noch Bilder anbringen durften. Oder Mies van der Rohe. Der hatte sich einmal unerwartet kurzfristig angemeldet, zu Besuch in dem von ihm errichteten *Haus Tugendhat*. Aus reiner Angst ließ Herr Tugendhat den eigenmächtig aufgestellten Flügel eiligst wieder abtransportieren. Und die Stühle durften auch nicht irgendwo anders stehen als geplant: Mies soll ernsthaft über das Festschrauben von Möbeln nachgedacht haben. Über die Besitzer moderner Häuser, über ihre Angst und Demut vor dem Architekten, dem Schöpfer, hat Tom Wolfe in seinem Buch *From Bauhaus to our house* nachgedacht: „Ich habe erlebt, wie die Besitzer an den Rand des sinnlichen Entzugs-Komas getrieben wurden. Verzweifelt suchten sie ein Gegengift, waren um Gemüt bemüht und mußten doch nach Farbe darben. Sie versuchten, die obligatorischen Knautschkissen aus Thai-Seide in jeder nur vorstellbaren rebellischen irisierenden Schattierung von Magenta, Rosa und tropischem Grün zu begraben. Aber der Architekt kam zurück (er kommt immer zurück) wie das Gewissen eines Calvinisten ....“

Und Adolf Loos erzählte gern die Geschichte von dem Mann, der sich ein schönes Haus bauen läßt: ein Gesamtkunstwerk. Der Architekt baut ihm also ein Haus und richtet die Zimmer ein, er entwirft die Vorhänge, die Bettwäsche, die Kleidung, den Aschenbecher und die Zündhölzer. Alle sind zufrieden. Dann kommt der Architekt eines Tages zu Besuch. Der Mann öffnet ihm die Tür, der Architekt erstarrt: „Die Pantoffeln ...“ „Das sind die, die Sie mir gegeben haben“, sagt der Mann ängstlich. „Aber doch nicht für dieses Zimmer, verdammt ...“

Übrigens wird von Loos in gewisser Weise auch die Frage entschieden, wer denn nun Recht hat, Foster oder die Reichstag-Nutzer. Das heißt allerdings: Was die Architektur denn nun eigentlich ist, Kunst oder keine Kunst. Er schreibt: „Das Haus hat allen zu gefallen. Zum Unterschiede vom Kunstwerk, das niemandem zu gefallen hat. Das Kunstwerk ist eine Privatangelegenheit des Künstlers. Das Haus ist es nicht. Das Kunstwerk wird in die Welt gesetzt, ohne daß ein Bedürfnis dafür vorhanden wäre. Das Haus deckt ein Bedürfnis. Das Kunstwerk ist niemandem verantwortlich, das Haus einem jeden. Das Kunstwerk will die Menschen aus ihrer Bequemlichkeit reißen. Das Haus hat der Bequemlichkeit zu dienen. Das Kunstwerk ist revolutionär, das Haus konservativ.“ Das müßte sogar auf den Reichstag anwendbar sein, ganz unabhängig von der Frage nach der Bestuhlung für die Konservativen. Oder anders gesagt: Wenn Fosters Architektur ein paar falsche Sessel, einige falsche Grünpflanzen und die üblichen falschen Postkarten und falschen Poster und falschen Bilder an den Wänden nicht aushält – dann ist vielleicht die ganze Architektur nicht richtig.

Die Väter der Kulisse
Star-Architekten machen die Städte austauschbar
SZ vom 2. Februar 2009

Was haben Bad Oeynhausen, Untereisenheim und München gemeinsam? Sie spielen in einer Liga – was Prominenz-Architektur mit eingebautem Spektakelwert angeht. In Bad Oeynhausen, der lieblichen Kurstadt am Südrand des Wiehengebirges im ostwestfälischen Kreis Minden-Lübbecke, steht seit geraumer Zeit ein von Frank O. Gehry veredeltes Blockheizkraftwerk. Untereisenheim, das Weinparadies an der Mainschleife, punktet dafür mit einem von Friedensreich Hundertwasser gestalteten Weingut. Und München balzt um Norman Foster, den man sich gleich im Doppelpack gönnen möchte. Beim umstrittenen Umbau des Lenbachhauses soll Foster demnächst demonstrieren, daß er von den stadträumlichen Zusammenhängen an Ort und Stelle nicht viel begriffen hat. Und nun hat auch noch das Deutsche Museum glücklich vermeldet, daß es gelungen sei, den vielgerühmten Baukünstler aus Londondubaimoskau als Berater zu gewinnen.

Wenn der Museumschef erzählt, daß er mit dem „Partner" Foster öfter mal an einem Tisch sitze, dann ist der Stolz auf diese unerhörte Nähe zu den Größten der Großen der Baubranche kaum zu überhören. Der Starkult in der Baukultur wird immer geräuschvoller und läßt sich von PR-Umtriebigkeit nicht mehr ohne weiteres unterscheiden.

Im Zeitalter der Verstädterung, in dem die Wertschöpfung einiger Städte schon so manches nationale Bruttoinlandsprodukt hinter sich läßt, geraten die urbanen Zentren in eine Konkurrenzsituation, die auch eine mediale ist. Auch sie unterliegen offenbar der „Ökonomie der Aufmerksamkeit" (Georg Franck). Deshalb entdecken die kommunalen Entscheider zunehmend die Bedeutung der „Corporate Architecture". Sie kaufen sich architektonische Labels, damit in der Zeitung stehen kann: Die Stadt A habe den „Star-Architekten" B verpflichtet, der übrigens auch schon in C gebaut habe, während in D noch überlegt werde, ob man sich den E, der aber gerade mit F verhandelt, leisten könne. Die Stars müssen dann nur noch zusehen, daß die Vielfliegermeilen nicht verfallen.

Es muß komisch sein, wenn sich auf dem deutschen Städtetag die Bürgermeister treffen, um sich gegenseitig zu übertrumpfen: Christian Ude kann etwa zwei Herzog-und-de-Meurons, zwei Coop-Himmelb(l)aus und demnächst vielleicht einen gebauten und einen beratenden Foster ins Feld führen, während Düsseldorf (Kö-Bogen, auch das eine aktuelle Sensationsmeldung) um Libeskind buhlt, Wolfsburg aber schon lange eine Hadid besitzt.

Architektur ist eine internationale Kunst: Warum also sollte sich die Globalisierung ausgerechnet auf diesem Terrain zugunsten eines Regionaldenkens zurücknehmen, das ja auch immer furchtbar provinziell wirkt? Vielleicht deshalb, weil uns schon der „International Style" austauschbare Stadtansichten in aller Welt beschert hat, weil Bauen immer nur im lokalen Kontext mit viel Ortskenntnis zu wahrer Größe findet – und vielleicht auch deshalb, weil man den Jetset der Architektur erfahrungsgemäß eher zu Presseterminen als zu Planungsgesprächen motivieren kann. Die Ausführung der Schauwert-Architektur wird außerdem oft delegiert an lokale Statthalter aus der zweiten Reihe – als sei der Bau selbst eine lästige Zutat zur Star-Architektur, die auch immer öfter aus suggestiven Computersimulationen und später aus wenig überzeugenden Details besteht.

Die in aller Welt herumgereichten Promi-Architekten garantieren nicht immer großartige Architekturleistungen: Die Schuhkollektion, die Zaha Hadid gerade für Lacoste entwirft, muß man erst mal abwarten. Ihre Möbel sind schon überflüssig genug, in Berlin aber steht seit langem ein Hadid-Wohnblock, der zu den häßlichsten und dysfunktionalsten Architekturen der Stadt gehört. Auch die Firma Nestlé ist mit der Schokoladenverpackung, die sich Jean Nouvel für die ehrwürdige Marke Cailler ausgedacht hat, gestrandet: Der Umsatz brach um die Hälfte ein, denn kaum jemand wollte die Nouvel-Schokolade. Vielleicht wären manche Bauten von Hadid, Nouvel & Co. besser, wenn die Architekten nicht so sehr damit beschäftigt wären, als Partner für dies und das an irgendwelchen Tischen in aller Welt herumzusitzen.

So lange Norman Foster noch keinen Herrenduft entwerfen muß, wird er hoffentlich noch etwas Zeit für seine Beratungstätigkeit am Deutschen Museum in München erübrigen. Als Model für Rolex soll er sich ja auch wieder zugunsten der Architektur zurückgenommen haben. Kommt Zeit, kommt Rat: Das ist dem Deutschen Museum zu wünschen. Und dem Lenbachhaus ebenso. Dort sollte man sich die Foster-Pläne mal etwas genauer ansehen. Nicht jedes Label schmückt auf Dauer.

Das mußten übrigens auch einige Mitglieder des Deutschen Bundestags erfahren, die es mal gewagt hatten, sich die Möbel im von Norman Foster umgebauten Reichstag selbst auszusuchen. Foster sah sein Urheberrecht geschmälert und klagte gegen den Deutschen Bundestag auf Unterlassung. Marken wissen eben, wie man zur Marke wird. Schade, daß jetzt auch eine Stadt wie München, die selbst eine Marke ist und über viele herausragende Architekten verfügt, auf die Kulissenschieberei der internationalen Architekturmarken hereinfällt.

Eine Pose ist eine Pose ist eine Pose
Vom Baukünstler zum Dienstleister am Bau – und wieder zurück?
Der Beruf des Architekten ist in der Krise und wandelt sich wie nie zuvor

SZ vom 8. März 2006

„Sehr geehrte Frau K., sehr geehrter Herr K.", so höflich liest sich das unter der Rubrik „Projekte" auf der Homepage des Münchner Architekten Robert Meyer, „ich komme oft an Ihrem Anwesen in der Rosenheimer Straße 2 vorbei [...], und so blicke ich mit Wehmut auf Ihr etwas verwaistes Dachgeschoß. Ich stelle mir vor, welch einmaligen Blick man von dort oben hat [...] Deshalb könnte hier auch eine besondere Maßnahme angemessen sein. Ich habe mir erlaubt, eine Photomontage beizulegen."

Dieser für eine jüngere deutsche Architektenschaft gar nicht untypische Brief weist auf drei Tendenzen hin. Erstens auf die katastrophale Situation der Architektenschaft, die auch als Krise der Baukultur zu sehen ist. In den letzten zehn Jahren hat sich die Zahl arbeitsloser Architekten verfünffacht. Zwei Drittel der meist mittelständisch organisierten Büros kämpfen gegen den Bankrott. Absolventen erhalten keine Jobs. Der Berufsstand steckt in seiner tiefsten Krise.

Zweitens sind davon besonders jüngere Architekten betroffen. Gerade diejenigen Architekten kommen der Gesellschaft abhanden, die in der Lage wären, das komplexer werdende Bauen sowohl durch eigene Formfindungen als auch durch eine gelassenere Haltung traditionellen Lösungen gegenüber zu meistern. Dabei könnte man zum Beispiel der schläfrigen Stadt München – Stichwort: Renaissance der Stadt – die Umsetzung der Initiative von Robert Meyer durchaus wünschen. Die urbanistischen Herausforderungen der künftigen Stadtgesellschaft verlangen nach Talenten, deren architektonisches Interesse über das Vorstellungsvermögen orientierungsloser Stadtbaureferate hinausreicht.

Drittens aber: Gerade diese jüngeren, sich unkonventionelle Chancen suchenden Architekten gehen zunehmend in eine Art Verkaufs-Offensive. Gut so. Allerdings geschieht dies zum Entsetzen einer älteren und sehr viel satteren Architektengeneration, die noch mit einem Satz groß geworden ist, der sämtliche Fragen nach der Kommunikation von Angebot und Nachfrage auf so ritterliche wie lebensfremde Weise beantwortet: „Der Architekt wirbt nur durch sein Werk." Mit anderen Worten: Er baut ein Haus. Das Haus ist großartig. Das wissen aber nur wenige. Deshalb setzt sich der Architekt hin – wie Gary Cooper in der Filmrolle des Baukünstlers Howard Roark (*The Fountainhead*) – und wartet stumm leidend auf neue Kundschaft. Monatelang. Stumm. Leidend. Das ist nicht standesbewußt, sondern närrisch – und stammt aus dem Jahr 1949. Mit den Notwendigkeiten von heute hat das nichts zu tun.

Deshalb schreiben die Architekten der Jetztzeit zu Recht merkwürdige Briefe, sie nutzen Online-Auftritte, interessieren sich für die Exportmöglichkeiten von Architektur, vernetzen sich, besetzen Nischen, interpretieren ihr Berufsbild offen, professionalisieren ihre Entwurfs-Präsentationen, beschäftigen PR-Fachleute oder bilden sich selbst weiter auf dem Terrain von Marketing und Öffentlichkeitsarbeit. Erst vor einiger Zeit hat etwa die Bayerische Architektenkammer ihren Mitgliedern das Seminar „Pressearbeit für Architekten" angeboten, in dem auch über die Möglichkeiten der Werbung informiert wurde. Das Interesse war gewaltig. Noch vor ein paar Jahren wäre das undenkbar gewesen. Ein Skandal. Ein Bruch mit dem überkommenen Architektenimage, das vor allem aus Kommunikationsverweigerung bestand. Obwohl der Beruf des Architekten seiner Natur nach so beratend und kommunikativ ist wie kaum ein anderer. Als der Chefredakteur des *Deutschen Architektenblattes*, Oliver G. Hamm, seinem Stand in diesem Zusammenhang öffentlich eine „autistische" Neigung attestierte, empörte sich sogleich die gesamte Funktionärselite gegen solch ungeheure Nestbeschmutzung – was aber nur den Autismus der Funktionäre illustriert. Eben weil die Architektenschaft die Kommunikation mit der Gesellschaft so lange und so gründlich verweigert hat, und weil daraufhin das Produkt Baukultur auch nicht mehr im Zuständigkeitsbereich der Architekten (sondern in dem der Projektentwickler und anderer Baumanager) nachgefragt wurde – deshalb besteht jetzt dieser enorme Nachholbedarf nach betriebswirtschaftlichen Grundkenntnissen, der das Image der Architekten mit Gewalt verschiebt.

Tatsächlich verändern sich Bild und Selbstbild der Architekten seit einigen Jahren dramatisch: weg vom autonomen Baukünstler – hin zum kommunizierenden, werbenden Baumanager. Weg vom theoretischen Entwurf als zentrales Element der Architektur – hin zur Baupraxis. Weg von Fragen der Ästhetik – hin zu Fragen der Technik, der Termine und der Kosten. Noch nie zuvor ist das über Jahrtausende gewachsene Berufsbild des Architekten derart heftigen Veränderungen ausgesetzt gewesen.

Dabei ist der allein am kreativen Prozeß orientierte Künstlerarchitekt, dem alle Praxis und Vermittlung fern liegen, ohnehin ein Sehnsuchtsbild späterer Generationen. Das beste Beispiel dafür ist Le Corbusier, der so umsichtig (und PR-süchtig) war, auf die Fotografien Einfluß zu nehmen, die von ihm veröffentlicht wurden. Als er in den fünfziger Jahren die legendäre Wallfahrtskirche Ronchamp errichtete, sich also von seinem bis dahin gepredigten rationalen und geometrisierten Baustil zugunsten eines plastischeren und organischeren Bauens verabschiedete, sorgte er dafür, daß diese Kehrtwendung medial angemessen begleitet wurde. Plötzlich waren von ihm, dem vorher allzu „korrekt gekleideten Pfeifenmännchen" (Tom Wolfe) Bilder im Umlauf, die ihn in Badehose und beim Studium von Muscheln zeigten. Als Naturburschen. Oder Frank Lloyd Wright, dem die Hauptfigur in *Fountainhead* gewidmet war. Er bemerkte zu dieser naiven Robin-Hood-Interpretation des Bauens: „Ein Idiot würde sich so benehmen – aber kein Architekt." Das Bild des störrisch-genialischen Einzelgängers verdankt sich also nur der Autosuggestion einer Branche. Dennoch haben in der Vergangenheit viele Architekten genau diesem Klischee gehuldigt. Um jetzt endlich – und als späte Antwort auf die Krise der Baukultur – auch das genaue Gegenteil davon mit aller Entschlossenheit zu entdecken: das Selbstbild vom Architekten als „Dienstleister". Das Pendel schlägt zurück. Und zwar abermals viel zu heftig.

Es ist gut, daß Architekturbuchverlage hilfreiche Titel wie beispielsweise „Marketing und Öffentlichkeitsarbeit für Architekten und Planer" (Christian Marquart) entdeckt haben. Bisweilen hat man jedoch schon Mühe, neuere Schriften zu Ästhetik und Theorie in den Architektur-Regalen zu entdecken, weil diese vollgestellt sind mit Betrachtungen zum „Corporate-Identity-Wert von Architektur" oder mit Lebenshilfe zum Thema „Büroorganisation". Gut auch, daß die Universitäten endlich die Architektenausbildung um Fächer wie Baumanagement oder Medienkunde bereichert haben – schlecht aber, wenn dadurch das Fach „Entwerfen" zu kurz kommt. Gut schließlich, daß sich bereits ganze PR-Agenturen auf Architekten spezialisiert haben, die den Medien aufgeschlossen gegenüberstehen. Schlecht, wenn es keine Inhalte und Haltungen gibt, die im Sinne der Medien „rübergebracht" werden können. Erst muß der Architekt etwas haben, um es „verkaufen" zu können. Eine Idee zum Beispiel, eine Vorstellung von der Baukunst der Gegenwart.

Es ist zu begrüßen, wenn sich Architekten unter wirtschaftlichem Druck öffnen und zunehmend für die technischen, ökonomischen und auch medialen Bedingungen der Baukultur begeistern. Aber auch diese Bedingungen zielen auf die Herstellung von Baukunst, die einst als „Mutter aller Künste" gelten durfte. Die neue Lieblingsvokabel der Architektenschaft, die „Dienstleistung" am Bau, wird von der Gesellschaft nicht automatisch gewürdigt. Auch das Gegenteil könnte der Fall sein: Je weniger Respekt der Bauherr vor der künstlerischen Kompetenz seines Dienstleisters hat, desto weniger fragt er diese Fähigkeit nach. Desto eher wird er den Architekten so behandeln: als seinen Diener. Die besten und schönsten Häuser werden aus dem Verhältnis „Herr und Knecht" jedoch nicht entstehen.

Der Friede von München
Ist die Eiszeit zwischen Architekten und Bauherren vorbei?
SZ vom 13.10. 2010

„Architekten, alles Schwachköpfe! Vergessen immer die Treppen im Haus!" Das hat Gustave Flaubert gesagt über einen Berufsstand, den er scheinbar nicht mochte. Seit anderthalb Jahrhunderten taucht dieses Zitat regelmäßig auf in vielen essayistischen Abrechnungen mit der Architektenschaft als solcher – zusammen mit den Schmähungen ihrer manchmal nur treppen-, manchmal auch geistlosen Werke. Allerdings läßt sich Flaubert auch anders lesen. Nicht die Architekten hält er dann für Schwachköpfe, sondern er beschreibt die Rezeption ihres Tuns als einfältig. Flauberts Zitat ist insofern pure Ironie und karikiert einen von einem komplexen baukulturellen Verständnis befreiten, simplifizierten Diskurs. Nicht um die Treppen im Haus, sondern um die Meinung auf der Straße geht es dem Schriftsteller. So gesehen sind es also nicht die Architekten, die schon immer Schwachköpfe waren, sondern es ist – bisweilen – die Diskussion ihres Tuns, die sich offenbar nicht immer so ganz auf der Höhe der Zeit befindet.

Die Redaktion der in München erscheinenden Zeitschrift *Das Haus* (etwa: „Welcher Wohntyp sind Sie – Unser Test hilft Ihnen beim Einrichten") hat sich bisher weder in der Flaubert-Forschung noch in der Architekturkritik einen Namen gemacht. Aber Europas größte Bau- und Wohnzeitschrift, mit einer verkauften Auflage von 1,9 Millionen Exemplaren, bringt ihrem eher an der Praxis denn an der Theorie interessierten Millionenpublikum derzeit trotzdem eine bemerkenswerte Studie und darin eine spektakulär erscheinende Zahl nahe. Eine Zahl, die an Flaubert erinnert – beziehungsweise daran, wie haltbar liebgewordene Mißverständnisse und gepflegte Feindbilder sind. Das gilt, muß man sagen, auch für den Autor dieser Zeilen.

Wie oft wurde schon die Zahl weitergereicht, die eindrucksvoll zu bestätigen scheint, daß sich Architekten und Bauherren als einander fremde Galaxien gegenüberstehen, als schwache Opfer auf der Bauherren- und als schwachköpfige Täter auf der anderen Seite? Diese Zahl ist: Fünf. Mit durchschnittlich fünf Prozent wird, seit einer maßgeblichen und immer wieder gern zitierten Erhebung der institutionellen Architektenvertretungen vor vielen Jahren, der Anteil von Objekten im privaten Hausbau angegeben, die von einem Architekten betreut werden. Anders gesagt: 95 von 100 realisierten Wohnbauten haben folglich noch nie einen architektonischen Entwurf und dazu eine architektonisch motivierte Bauleitung gesehen.

Eine repräsentativ von Ipsos durchgeführte Befragung im Auftrag der Münchner Zeitschrift widerspricht nun aber dieser Angabe auf fundamentale Weise. Die Frage „Wem würden Sie die Planung Ihres Hauses anvertrauen?" beantworten 72,8 Prozent demnach so: „natürlich einem Architekten oder Bauingenieur". Und auch wenn die Einschränkung „oder Bauingenieur" zu denken gibt (zu einem Zeitpunkt, da der Titel „Ingenieur" in der Architektenausbildung gerade zugunsten all der Masters und Bachelors und leider zuungunsten der Vernunft abgeschafft wird): Wenn die Befragung tatsächlich repräsentativer Natur ist und die Zahl korrekt ermittelt wurde, zeigt sich hier ein Sinneswandel, der die bisher diskutierten Zusammenhänge in der Baukultur nahezu auf den Kopf stellen müßte.

Denn in Umkehrung zum Flaubert-Zitat gilt in Architektenkreisen bisher, daß Bauherren meist Schwachköpfe sind, jedenfalls im privaten Bereich. Weil diese sich eben – so die Sicht der mitunter arbeitslosen Architektenschaft – bevorzugt klobige, aus dem Fundus der Bau-Supermärkte und nach Bauträgerkatalogen zusammengeschraubte, alsbald lindgrün oder zartrosa geputzte Walmdachvillenkarikaturen in die totgeweihte Suburbia-Tristesse der Städte stellen ließen. Falsch gedacht? Dem Augenschein nach neigt man eher der deprimierenden 5- als der hoffnungsfrohen 73-Prozent-Variante zu.

Die meisten Einfamilienhäuser oder Doppelhaushälften, ob prunkvoll oder bescheiden, kommen dem Wanderer in den Welten von Waldtrudering oder

Kleinmachnow vor wie architekturfreie Zonen, in denen die Regeln der Maßstäblichkeit, der Proportionalität, der Materialgerechtigkeit oder der Dezenz nicht gelten. Und da ein Architekt, der – in der Theorie! – solches gewährleisten könnte, nicht notwendig ist zur Erlangung des Baurechts, spart man sich eben oft dessen Honorar, das rund zehn Prozent der Bausumme ausmacht. Außerdem gibt es ja auch noch dieses Klischee: Architekten verwirklichen nur sich selbst und haben überdies keine Ahnung von Konstruktion, Kosten und Terminen. Kraft dieser Annahme investieren viele Bauherren lieber in ein hilflos überdimensioniertes Crushed-Ice-Kühlmonster als neues Statussymbol der zwar schlecht ernährten, dafür aber paradoxerweise großküchenverliebten Gegenwart.

Wenn man aber die behaupteten 73 Prozent der potentiellen Architekturbegeisterung versuchsweise und entgegen aller bestehenden Empirie ernst nähme? Dann müßten sich Gründe finden lassen, die das neue Vertrauen in die Architektenschaft erklären. Und es gibt sie.

Erstens: Kein Bauherr, der bei Trost ist, realisiert Häuser – ohne der Energieeffizienz besondere Beachtung zu schenken. Mit der Solarröhre auf dem Dach ist es aber nicht getan. Häuser müssen wieder holistisch, in ganzheitlicher Weise als strukturelle Einheit von Grundriß, Funktion und allen konstruktiven Elementen begriffen werden – um wahrhaft energieeffizient zu geraten. Alles andere ist Green Glamour und Öko-Ornamentik. Der Beratungsbedarf ist daher inmitten einer immer unübersichtlicher werdenden Technologie-am-Haus-Landschaft gewachsen. Den Architekten wächst so eine neue Aufgabe zu, die allein von Energieberatern nicht mehr gelöst werden kann.

Zweitens haben die Architekturschulen auf diesen Bedarf reagiert. Architekturstudenten, die früher das Fach „Haustechnik" so zuverlässig verachtet haben wie die „Bauphysik", lassen sich heute zu Klima-Designern weiterbilden.

Drittens haben die Architektenkammern, die man lange für verzopfte Überbleibsel eines antiquierten Standesdenkens gehalten hat, maßgeblich für ein besseres Berufsbild der Architekten gesorgt. Durch Werbefreiheit und Weiterbildung (in Richtung Dienstleistungsgesellschaft) konnten sich manche Architekten vom im 20. Jahrhundert gesetzten Bild des genialischen Künstlerarchitekten erfolgreich verabschieden. Das Klischee, wonach Architekten nicht rechnen könnten und statt vernünftiger Häuser eine Art schlecht bewohnbare Kunst hervorbrächten, darf mittlerweile meist als solches gelten: als Klischee.

Viertens: Die Architektur wurde schon zum Ende des letzten Jahrhunderts als ikonisch aufgeladenes Leitmedium einer nach Bildern dürstenden Gesellschaft ausgerufen. Aber erst jetzt, da die in dieser Ära geschaffenen „Star-Architekten" als Lieferanten der Signature Buildings einer nächsten Generation weichen, zeigt sich die Strahlkraft der suggestiven, emotionalisierenden Architekturverheißungen. Der Kurzschluß von computergenerierten, immer raffinierter werdenden Formverheißungen und einer an identitätsstiftenden Bauten Mangel leidenden Globalismusgesellschaft der Allerweltshaftigkeit tut ein Übriges. Und dazu kommt noch das Streben einer (womöglich schon wieder über-)individualisierten Zeit, in der Häuser das sein dürfen, was sie ihrem Wesen nach tatsächlich sind: Unikate. Unikate allerdings, die einen Entwurf benötigen, einen Plan, der das Unikat einbindet in das, was derzeit gleichfalls wiederentdeckt wird: die Schönheit der Regelhaftigkeit und städtischer Absprache. All das sind Spekulationen. Aber wenn es so käme? Wäre es schön.

Der Hauch des Architekten
Was hat uns bloß so ruiniert? Über den Untergang eines einst glamourösen Berufsbildes
SZ vom 13.12.2008

Die Bühne war in Purpur getaucht. Man wurde geblendet hier oben – von den Scheinwerfern des Beleuchters, aber womöglich auch von der strahlenden Erscheinung der Moderatorin. Die Halle lag jedenfalls im Dunkel der Erwartung, und als endlich das Dutzend der And-the-Oscar-goes-to-Erwählten auf der Bühne stand, mit wackligen Beinen, geröteten Gesichtern und ein wenig desorientiert, weil man kaum etwas sehen konnte, da ließen sich die Architekten gerne in eine manierliche Formation bringen. Sauber aufgereiht für die Kameras. Fürs Publikum. Und, ja, für die Baukunst auch.

Der Hauptgewinner aber des diesjährigen „Renault Traffic Future Award", der gerade in Berlin mit Pomp verliehen wurde (dem französischen Unternehmen Renault sei Dank für diesen deutschen Preis), konnte nun nicht mehr an sich halten vor Glück. Der Ingenieur, soeben ausgezeichnet für seine „wunderbare" und „schöne" Brücke, nahm die solcherart lobende Zeremonienmeisterin stürmisch in den Arm, griff sich auch das Mikrophon und hauchte: „Ja … danke … aber Sie, Sie sind noch viel schöner als meine Brücke." Sapperlot. Beifall. Ein irrlichternder Preisträger. Und eine

Moderatorin, die sich dem Zugriff dann doch entwinden wollte. Das sah komisch aus, denn schließlich überragte sie, das langbeinige Event dieses Events, den beinahe zierlichen Baumeister um Haupteslänge. Für einen Augenblick sah es so aus, als ob sich die kleine ältere Architektur und die große jüngere Schönheit im Clinch miteinander befänden.

Es wäre falsch, würde man sagen, daß dieser Preis für innovative, ökologisch vorbildliche Verkehrsbauwerke, der sich als einer der glamourösesten Architekturpreise inmitten einer sonst mausgrauen Architektenschaft etablieren konnte, daß dieser Preis eine Art Hollywood für Arme markiert. Mit rotem Teppich, Fanfaren und Blitzlichtgewitter.

Richtig ist: Es ist Hollywood für die Ärmsten der Armen.

Die Ärmsten wußten das. Denn am Tag vor der Preisverleihung wurden in Berlin in einer ungleich unglamouröseren Veranstaltung die neuesten Zahlen zum Zustand, nein, zum Verfall einer Branche bekannt. Diese Zahlen legen den Gedanken nahe, deutsche Architekten unter Kulturschutz zu stellen. Kein anderer Beruf in Deutschland ist so sehr und so nachweislich in seiner Existenz bedroht wie der des Architekten. Glamour und Horror liegen in Berlin und anderswo für die Baumeister derzeit also auf zeichenhafte Weise nahe beieinander. Wobei für den Horror der „Ausschuß der Verbände und Kammern der Ingenieure und Architekten für die Honorarordnung e. V." zuständig ist. Wie der Name ja schon sagt: Horror.

Dieser Ausschuß, der sich nach bürokratischem Wahnsinn anhört, kämpft allerdings seit Jahren zu Recht darum, die stagnierenden Gehälter der Architekten vom Gesetzgeber aufbessern zu lassen. Während die Politik in Form des Wirtschaftsministeriums seit Jahren darum kämpft, die letzte Bastion gegen den Bankrott der Architektenschaft, die „Honorarordnung", erstens europakompatibel zu machen. Und zweitens aufzuweichen. Das Bauen soll schlicht billiger und anspruchsloser werden – und warum soll man eigentlich auch noch Architekten fürs Denken bezahlen, wo doch Stahl und Zement schon teuer genug sind? Gegen solches Banausentum haben die Architekten nun erschreckende Zahlen vom IFB (Institut für Freie Berufe, Nürnberg) vorgelegt.

Die deutsche Automobilbranche hat gerade eben Großalarm ausgelöst, weil der Absatz von Autos im November um 17,6 Prozent eingebrochen ist. Nahezu unbekannt außerhalb der Architektenzirkel ist aber, daß 40 Prozent aller deutschen Architekturbüros im Jahr 2007 Verluste gemacht haben. Wobei die verbleibenden 60 Prozent der Büros nur marginale Gewinne erzielen konnten. Der grausame Witz dabei: 2007 war für die Architekten noch ein gutes Jahr.

Die Prognosen für die Zukunft sind inmitten einer schon wieder delirierenden Bauwirtschaft dramatisch. Das wird Folgen haben für einen Beruf, der in der Allgemeinheit als glamourös angesehen wird, in Wahrheit aber zunehmend ein Fall fürs Sozialamt ist. In keinem anderen akademischen Beruf gibt es so viele Arbeitslose und so niedrige Gehälter, so viel Existenzangst, so viel Bankrott, so viel Prekariat und so viel gescheiterte Lebenspläne. Die Bundesagentur für Arbeit betitelt einen Bericht über den Arbeitsmarkt für Architekten so: „Traumberuf mit düsteren Aussichten". Und Ullrich Schwarz von der Hamburgischen Architektenkammer kommentiert die Einkommenssituation: „In Wirklichkeit ist alles noch viel schlimmer." Nach Angaben des BDA, Bund Deutscher Architekten, steht die Hälfte aller deutschen Büros „wirtschaftlich am Abgrund".

Das Wort Architekt, das sich aus „arche" für Anfang und aus „techne" für Kunst ableitet, einer der ältesten und angesehensten Berufe der Welt, legt demnach eher das Ende und die Kunst des Überlebens nahe. Senenmut, ägyptischer Architekt, der vor dreieinhalbtausend Jahren gelebt hat, konnte noch von sich sagen: „Ich war der Größte der Großen im ganzen Land." Und Vitruv, römischer Architekt im ersten Jahrhundert vor Christus, durfte die Architektur noch als „Mutter aller Künste" bezeichnen. Ulrich B., 42 Jahre alt und als diplomierter Architekt im Jahr 2008 sowie in München zu Hause, sagt: „Ich fahre jetzt Taxi – und das ist ein Glück." Ulrich B. ist das arithmetische Mittel aus Nina J., Andrea S. und anderen Beispielen. J. hat dem *Spiegel* erzählt, daß sie als Architektin für 600 Euro brutto im Monat in Stuttgart in einem großen Architekturbüro arbeitete. Sie zeichnete Pläne für Bahnhöfe, Flughäfen und Bürogebäude. Dann wurde sie entlassen. Ihren Platz bekam jemand, der noch billiger war. S. erzählte der Zeitschrift *Abi*, dass sie in Hannover und Oslo studiert und Praktika bei Baufirmen und in Architekturbüros gemacht habe, dann habe sie für ein ganzes Jahr einen Job mit Mini-Gehalt in Braunschweig „ergattert", bevor man ihr wegen mangelnder Auftragslage gekündigt habe. Sie sagt: „Ich bin mir nicht sicher, ob ich das mein Leben lang machen möchte." Ulrich B. aber, der seinen Namen gleichfalls nicht in der Zeitung lesen möchte, ist ausgestiegen aus der Architektur. Taxler, findet er, seien wesentlich besser dran.

Ganz falsch ist das nicht, ganz richtig auch nicht. Als Architekt kann man – in einer Spitzenposition – auch mal bis zu 8 000 Euro brutto verdienen. Aber auch 600 Euro, wobei man inzwischen als junger Architekt, wenn überhaupt, nur befristet eingestellt wird. Wer das Glück einer Festanstellung hat und einige Jahre im Beruf ist, kann mit 2 000 bis 3 000 Euro brutto rechnen. Aber auch mit überdurchschnittlicher Arbeitslosigkeitsgefahr. Während die Arbeitslosenquote der Akademiker in den vergangenen Jahren zwischen drei und vier Prozent lag, waren schon vor neun Jahren 12,2 Prozent der Architekten arbeitslos. 2001 waren es 13,5 Prozent. 2003 16,1 Prozent. Und 2005 dann 16,6 Prozent.

Seither geht es immer weiter bergauf mit den Zahlen und bergab mit den Architekten. Ulrich B. beschreibt es so: „Man arbeitet überdurchschnittlich viel, 50, 60 Stunden in der Woche, auch am Wochenende, verdient unterdurchschnittlich wenig – und man ist froh, wenn man eine Tiefgarage zeichnen darf."

Das ist weit entfernt von dem Berufsbild eines Claude-Nicolas Ledoux, französischer Architekt im 18. Jahrhundert, der meinte, Architekten seien die „Titanen der Erde". Was ist da los? Wie konnten die Titanen so herunterkommen? Dafür gibt es eine einfache und zwei komplizierte Erklärungen. Einfach sind zunächst die Zahlen.

In Deutschland gibt es nach Angabe der Bundesarchitektenkammer 109 770 Architekten, Landschaftsarchitekten, Innenarchitekten und Stadtplaner. Diese Zahl beschreibt einen unerhörten Ausleseprozeß der letzten Jahre, denn noch vor zehn Jahren waren mehr als 140 000 Architekten gemeldet. Zugleich liegt in der immer noch hohen Architektendichte Deutschlands ein Grund für das Dilemma. Nirgendwo auf der Welt gibt es mehr Architekten pro Einwohner. Allein in Bayern arbeiten mehr Planer als in ganz Frankreich. Belgien, Griechenland, die Niederlande, Norwegen, Österreich, Polen, Portugal, Russland und die Türkei verfügen zusammen nicht über so viele Architekten wie Deutschland alleine. Und jedes Jahr beginnen trotz der düsteren Aussichten weitere 6 000 junge Menschen mit dem Architekturstudium.

Der Grund für diesen besonderen Architektenboom ist in der Geschichte zu finden: Nach dem Zweiten Weltkrieg und nach der Wiedervereinigung gab es in Deutschland viel zu planen. Architekten wurden gebraucht. Heute ist Deutschland sozusagen ausgebaut. Und im Ausland, wo deutsche Baukultur mitunter stark nachgefragt wird, liefert man sich eine Konkurrenz mit dem Rest der Welt, wobei auch die intellektuelle Entwurfsleistung (wie eben Kinderspielzeug aus China und Fleisch aus Irland) im Sinne des globalistischen Furors gar nicht billig genug sein kann.

Die zweite Begründung für das absterbende Titanentum nimmt sich gegen die Nacktheit der Zahlen vielschichtiger aus. Und leider ist damit auch die

Erkenntnis verbunden, daß die Architekten nicht schuldlos sind an ihrer Situation: Nach Jahrzehnten der guten Geschäfte hat man im Land des Bauhauses ein paar wesentliche Trends schlicht verschlafen. Allzu lange haben sich Architekten als reine Baukünstler gesehen und die Kreativität ihres Tuns über alles gestellt. In der Bauwirtschaft kommt es aber auch auf Kosten und Termine an. Wer schon einmal mit einem Architekten zu tun hatte, der weiß, wie schwer es einigen Titanen fällt, sich auf derartige Niedrigkeiten einzulassen. Auch haustechnische Belange, in Zeiten schwindender Ressourcen von enormer Bedeutung, wurden lange in unseren Architekturbüros wie auch an den Universitäten vernachlässigt. Diese drei Anforderungen – Häuser kostensicher, termingerecht und energieeffizient zu planen – hat man lange in arroganter Weise den Ingenieuren überlassen. Das rächt sich jetzt.

Drittens kommt die Gesellschaft ins Spiel. Privatleute, Kommunen und Unternehmen beauftragen, sobald es um Prestigeprojekte geht, gerne die „Stars" der Branche, um sich unverwechselbare Bauten zu kaufen, die einen krachenden Auftritt hinlegen. Das BMW-Werk in Leipzig, Zaha Hadid, schon gesehen? Sobald es aber um alltägliches Bauen geht, und daraus besteht Baukultur, kann es im Land der Discounter und Schnäppchenjäger nicht billig genug sein. Die Türen und Fenster läßt man deshalb nicht mehr vom Architekten planen, sondern von der Gattin des Marketing-Chefs im örtlichen Baumarkt.

Deshalb hier noch die traurigste Zahl von allen: 95 Prozent aller deutschen Einfamilienhäuser wurden nicht von einem Architekten entworfen.

Spektakel des Alltags
Die Architektur ist endlich Leitkultur – zum Leidwesen aller
SZ vom 13. Juni 2008

Eine Schlüsselszene, die den Aufstieg der Architektur während des vergangenen Jahrzehnts zur dominanten Bildwährung unserer Zeit illustriert, stammt aus Leipzig. Aus dem Jahr 2005. In der Halle des neuen Kunst-Museums steht, festlich eingedeckt und mit Kerzenlicht erleuchtet, ein gut und gerne 20 Meter langer Tisch. Davor, wie höfisch aufgereiht und in Demut verharrend: Dutzende Fachjournalisten aus allen möglichen Ländern. Die meisten schreiben für Zeitschriften, die an Orten erscheinen, wo sich derzeit das Geld und die Sehnsucht nach Avantgarde und Lifestyle besonders innig auf sehr dickem Papier begegnen, zum Beispiel in Rußland.

Ein paar Architekturkritiker europäischer Tageszeitungen hat man allerdings auch eingeladen, um das neue, von Zaha Hadid entworfene BMW-Werk nicht nur dem Hochglanz zu überlassen. Aber die dreitägige Veranstaltung, ein immens teurer, in dieser Weise noch nie dagewesener PR-Architektur-Rummel, dient dennoch vor allem dem Glamour. Es ist bemerkenswert, wie sich die Journalisten von ihren Plätzen erheben, als endlich die verspätete Zaha Hadid samt Entourage wie eine Königin in die Halle rauscht. Alles schweigt. Einige Kollegen verbeugen sich in Richtung der voluminösen Star-Architektin aus London. Sie nimmt die Huldigungen der Journalisten ein bißchen abschätzig entgegen. Am nächsten Tag, bei der eigentlichen Pressekonferenz, läßt sie ihre deutschen Statthalter agieren und hält sich im Hintergrund. Nur hin und wieder schaltet sie sich ein – immer dann, wenn sie sich von einer Frage nicht allzu sehr beleidigt fühlt.

Tage, Wochen und noch Monate später gehen die gut ausgeleuchteten Bilder des neuen BMW-Werks um die ganze Welt. Es gibt nun keine Zahnarztgattin mehr, nirgends, die nicht in der Lage wäre, Zaha Hadids neuestes Werk als Formvollendung des Dynamismus zu begreifen. Die Architektur feiert in diesem Augenblick einen unerhörten Sieg als bildmächtiges Medium. Als Hauptproduktionsstätte der weltweit nachgefragten Images und Identitäten. Signifikanz, Erkennbarkeit, Unterscheidbarkeit: Das sind die Rohstoffe der postindustriellen Welt. Architekten produzieren solch „Corporate Architecture" und gehören deshalb zu den Gewinnern einer global in Gang gesetzten Bild-Industrie: Ein Bau sagt mehr als tausend Worte. Der Sieg dieser Architekturen ist aber zugleich der Sieg ikonischer Überhöhung über den nur scheinbar niederen Alltag der Baukultur. Und es ist ein tödlicher Sieg, der sich als rauschhafter Höhepunkt des Niedergangs eben dieser Kultur erweist.

Das Bauen unserer Tage – die Architektur als Erbe der vitruvianischen „Mutter aller Künste" – läßt sich nur als gigantisches Paradoxon beschreiben. Denn noch nie in ihrer vieltausendjährigen Geschichte war die Architektur, sofern sie heute erkennbar mit den Attributen der Star-Architektur ausgewiesen ist, so präsent, so suggestiv und medial erfolgreich wie heute. Aber zugleich wurde das Bauen als Alltagskultur noch nie in der Allgemeinheit so herabgewürdigt und der billigen, schäbigen Formlosigkeit der Instant-Bauten überantwortet. Seit der Urhütte und den ersten Menschensiedlungen war die Kunst, zwei Steine richtig zusammenzufügen, noch nie

so sehr vom Aussterben bedroht wie jetzt. Und es ist die Frage: Findet das Aussterben statt – trotz oder wegen einer gewaltigen PR-Maschinerie, mit deren Hilfe auch noch die letzten Winkel der Sterne-Architektur ausgeleuchtet und auf ihre Partyrelevanz hin untersucht werden? Einige Architekten, sehr wenige, sind inmitten solcher Widersprüchlichkeit geradezu Könige. Es sind die weltweit herumgereichten Stars, die von den Scheichs in Dubai, von den Funktionären in Peking oder den Gas-Milliardären in Sankt Petersburg angeheuert werden, um eine stets unfaßbare Anzahl von Euro, Rubel oder Dollars in jene Baugruben zu versenken, aus denen zum höheren Ruhm ihrer Bauherren, seien es Fußballvereine, Hotelketten oder Autobauer, die architektonischen Großtaten emporsteigen sollen. Sei es in Form von Stadien, Touristentürmen oder monumentalen Autoabholwelten.
Solche Architekten errichten die höchsten Häuser, die futuristischsten Bauten oder die teuersten Gebäude der Welt. Oder zumindest solche Räume, für die sich Brad Pitt interessiert, woraufhin die Architekten in *Vanity Fair* als „Brad Pitts Architekten" hinlänglich gründlich beschrieben werden. Immer taugen die Bauten, die solchen medialen Prominenz-und-Geld-Kausalitäten entstammen, als Signets einer Bauherrenschaft, die an Marke und Kommunikationsstrategie denkt, ans Branding und an den Unique Selling Point – wenn sie über Architektur nachdenkt. Die Mitglieder dieses gut eingehegten, um sich selbst kreisenden Architekten-Zirkels, der aus einem guten Dutzend Alpha-Gestaltern und medienaffinen Newcomern besteht, also aus Hadid & Koolhaas & Foster & Gehry & Friends, hören sich ganz folgerichtig manchmal an wie einst der Architekt Senenmut unter der ägyptischen Herrscherin Hatschepsut. Senenmut durfte von sich sagen: „Ich war der Größte der Großen im ganzen Land."
Zur gleichen Zeit aber vegetieren in aller Welt die Architekten in ihrer absoluten Mehrzahl, Sklaven sehr viel ähnlicher als Königen, unter unwürdigen Arbeitsverhältnissen in einer Kultur dahin, die mit dem Begriff einer alltäglichen, tradierten Baukultur gar nichts anzufangen weiß – und deshalb die Baukunst schon längst an die Hochregale der Billigbaumärkte oder an die Entwurfsabteilungen der Immobilienwirtschaft delegiert hat. Dies alles zum Schaden einer Welt, deren Architekturen einerseits immer spektakulärer, prominenter und teurer werden – und deren Häuser und Städte andererseits immer dümmer und häßlicher aussehen. Die Kunst des Fügens, die Baukunst selbst, ist ganz offenbar aus den Fugen geraten. Sie kennt fast nur noch die Extreme.

Alltag und Ausgleich sind ihr fremd. Im Alltag aber entscheidet sich die Bedeutung einer Kultur, die dem Existentiellen – und nicht dem Artifiziellen – verpflichtet ist.

Baukunst muß mehr Bau denn Kunst sein, muß viel mehr dienend als dominant sein, muß mehr praktisch und regelhaft als außergewöhnlich und theoretisch sein. Die Selbstverwirklichung aber, die heute gerade dort so lautstark auffällt, wo statt Häuser Zeichensysteme und statt Gebäude Chiffren errichtet werden, illustriert nur eine überindividualisierte Gesellschaft, die stets das einzigartig Besondere sucht – um viel Vulgäres und Gemeines zu finden.

Als einst Michael Mönninger, vor vielen Jahren Architekturkritiker der *Frankfurter Allgemeinen Zeitung*, die Architektur als kommende „Leitkultur" vorhergesehen hat, war die zeitgenössische Ausprägung des Star-Architektenwesens noch am Anfang. Damals formierten sich gerade Postmoderne und Dekonstruktivismus als Antworten einer von mangelnder gesellschaftlicher Reputation betroffenen Moderne, die zuvor ein ganzes Jahrhundert überstrahlt hatte. Es ging deshalb auch um die Frage, wer den Erfindern des medial gestützten Schöpfertums am Bau nachfolgen kann. Wer Mies, Corbusier und Gropius beerbt.

Damals konnte man dieses neu und im Zuge der Medialisierung stärker als je zuvor aufblühende Stargenre mit der Hoffnung verbinden, im Kielwasser der neuen Dampfer-Persönlichkeiten des Bauwesens könnten sich auch die kleinen Fische erfolgreich weiterentwickeln. Also die Feld-Wald-und-Wiesen-Architekten, die kleinen Bürogemeinschaften und winzigen Entwurfsabteilungen, die nicht mit gigantischen Supermalls oder Formel-1-Rennstrecken beauftragt werden, sondern mit der Sanierung der örtlichen Schule oder mit dem Bau eines energieeffizienten Wohnhauses.

Aber heute, da sich die Architektur im Zuge ihrer Ökonomisierung und Instrumentalisierung tatsächlich als Leitwährung etabliert hat, um den Firmen, Städten und sogar Staaten als Bilder-Lieferanten zu dienen, da kaum ein Tag vergeht, an dem nicht irgendwo eine architektonisch ambitionierte Prada-Filiale oder das neueste höchste Haus der Welt eröffnet wird, heute zeigt sich, daß die Kielwasser-Theorie nicht zu verifizieren ist. Das Spektakel kommt dem Baualltag nicht zu Hilfe. Im Gegenteil: Architekten, die nicht in der Lage sind, Vorstände mit wolkigen Visionen zu beeindrucken, sehen sich in ihrem Tun behindert. Die Leitkultur, die Geld, Energie und Aufmerksamkeit absorbiert, gerät zum Leidwesen.

Endlich Pause
Kein Geld, keine Spektakel-Architekturen
SZ vom 13. Februar 2009

Katy Harris, die Leiterin der Presseabteilung von Foster + Partners in der Londoner Zentrale, ist gelassen. Seit am Dienstag bekannt wurde, daß eines der erfolgreichsten Architekturbüros der Welt wegen ausbleibender Aufträge unter Druck geraten ist, stellt sie sich routiniert einigen Fragen, die in der üblichen Routine allerdings gar nicht vorkommen. Normalerweise ruft man bei Lord Foster of Thames Bank an, um sich für ein Interview auf eine lange Liste eintragen zu lassen oder um Näheres zu einem seiner oft kühnen, bisweilen sensationellen Projekte zu erfahren. Wegen einer Pleite wird in dem seit 1967 bestehenden Büro, das seit langem die vorderen Plätze der Rankinglisten anführt, selten angerufen. Foster + Partners, mit rund tausend Mitarbeitern in aller Welt: Das ist der Weltmarktführer der Architektur.

Die Verhältnisse in Berlin können dieses Imperium nicht erschüttern. Und das Berliner Foster-Büro, das nun – wie auch das in Istanbul – geschlossen wird, ist wohl kaum der Anfang vom Ende der Foster-Fabrik. Katy Harris bleibt also ruhig. Ja, natürlich, „wie alle anderen Architekten sind auch wir von der weltweiten Krise betroffen. Einige unserer Bauherren haben ihre Projekte aufgegeben oder auf Eis gelegt."

Welche, das will sie nicht sagen. In Frage kommt manches. Etwa der Foster-Entwurf für das neue Viertel namens Crystal Island in Moskau. Es ist, so Foster, „das ehrgeizigste Bauprojekt der Welt". Seit aber in Russland die Macht von Öl und Gas wankt, wanken auch die Türme: In St. Petersburg soll der Gazprom-Turm nun „nicht so schnell" oder „vorerst nicht" realisiert werden. Je nachdem, wen man fragt. Wahrscheinlich ist auch: „gar nicht".

Büros wie das von Foster leiden unter den Markt-Turbulenzen. Immerhin realisiert das Büro acht von zehn Projekten im Ausland – dort also, in Moskau oder Dubai, aber auch in Peking, wo das bis vor kurzem so überquellende Baugeld nun knapp wird. Dort, wo die Sehnsucht nach aufsehenerregenden und medial vermarktbaren „Signature Buildings" mit der Handschrift international renommierter Gestalter nun so rasch im Sinken begriffen ist wie die ökonomischen Daten der Firmen, Städte und Staaten, die sich – wie manche Architektur – als schöner Schein ohne Substanz entpuppen.

Wenn aber die Immobilienbranche auf der Stelle tritt oder gar schrumpft, dann hat das Konsequenzen vor allem für die Betreiber großer Büros, die

49

eben ihres globalen Aufgestelltseins wegen gerne als Star-Architekten bezeichnet werden. Eigentlich müßte nun so mancher Stern sinken. Zugegeben wird das selten.

„Im Gegenteil", heißt es bei Coop Himmelb(l)au in Wien, „wir suchen Leute." Allerdings nimmt man auch dort an, daß sich viele Projekte verlangsamen werden. Die letzte Großtat des Büros, die BMW-Welt in München, 2007 eröffnet, hat mindestens eine halbe Milliarde Euro gekostet. Heute, da bei BMW die Bänder bisweilen stillstehen, würde man so ein Projekt nicht mehr in Auftrag geben. Und München ist nicht gerade eine Boomregion wie Dubai, wo die Umsätze, wie es bei Albert Speer & Partner in Frankfurt heißt, um 70 Prozent zurückgegangen sind. „In solchen Regionen haben wir uns nie getummelt." Aber in Russland „sind aufgrund der Währungsprobleme einige Projekte auf Halde". Man habe sich aber darauf eingestellt.

AS&P mußten bisher keine Mitarbeiter entlassen. Der abschließende Satz „Wir hoffen, dies auch in Zukunft nicht tun zu müssen" ist aber ein echter Glaubenssatz. „Wir merken", so die niederländischen Architekten MVRdV, „daß die Konkurrenz schärfer wird. Projekte, die vor der Krise interessant waren für ein Dutzend Bewerber, werden nun von über hundert Büros belagert. Was Neueinstellungen angeht: Da sind wir vorsichtig." Dennoch wird in China bald ein Büro eröffnet. Nur hat sich die Halbwertzeit solcher Engagements dramatisch verkürzt. Die Branche der Architekten ist berüchtigt für Kürzest-Verträge. Die Generation Praktikum kommt hier zu ihrem Namensrecht. Das kann nicht ohne Auswirkungen bleiben für die Architektur selbst. Die Baumeister wissen das.

Ende Januar hat Zvi Hecker, in Berlin lebender israelischer Architekt, im *Tagesspiegel* ein denkwürdiges „Manifest" verfaßt. Unter dem Titel „Die Ära der Exzesse ist vorbei" schreibt Hecker: „Je obskurer und ökologisch unverantwortlicher die Finanzinvestitionen gerieten, desto exzessiver gebärdete sich die architektonische Formensprache. In ihrer extremsten Form wurde die schiere Existenz von Architektur zu ihrer alleinigen Funktion, genauso wie das aufgeblasene Wachstum der Finanzmärkte ihre alleinige raison d'être wurde [...]. Die Architektur schlug sich auf die Seite der Potenten und glorifizierte den Einfluß der Finanzmarkt-Zauberer. Eingehüllt in prunkvolle Gewänder, glamourös und reich ornamentiert, verbarg sie ihren narzißtischen Ursprung." Nun, manche Bauten stellen den Narzißmus wohl eher aus. Aber auch David Chipperfield sagt solcher „Architektur mit dem Wow!-Faktor" ein „baldiges Ende" voraus.

Ob es bald so kommt, ist die Frage; daß aber die Büros ihre zuletzt täglich in die Welt gesetzten Erfolgsmeldungen nun etwas seltener präsentieren, daß sie etwas stiller, vielleicht vorsichtiger werden: Das ist nur für die Architektenbranche ein schlechtes Zeichen. Für die Baukultur könnte es gut sein. Zu deutlich ist noch die Ära der Visionäre und Utopisten in Erinnerung. Das Jahrhundert der rauschhaften Ideen: Le Corbusier, zum Beispiel, wollte in den 1920er Jahren die Altstadt von Paris abreißen lassen, denn die Pariser würden sich in seinen schönen weißen Hochhäusern doch bestimmt viel wohler fühlen. Herman Sörgel, ein Münchner Architekt, dachte zur gleichen Zeit ernsthaft darüber nach, wie man an der Straße von Gibraltar das Mittelmeer durch einen gigantischen Staudamm um 100 Meter absenken könne, um 576 000 Quadratkilometer Land zu gewinnen. Dieses Land sollte „Atlantropa" heißen. Und Frank Lloyd Wright? 1956 erfand er einen gigantischen, 1 600 Meter hohen Wolkenkratzer mit atomgetriebenen Aufzügen und Hubschrauberlandeplätzen, der Platz bieten sollte für 130 000 Bewohner auf 528 Geschossen. Wright meinte damals: Drei dieser Türme – und wir können Manhattan vergessen. Irgendwann hat man solche Vorschläge einfach weggelacht. Der Vorschlag von Yuri Artsutanov, Planer im damaligen Leningrad (1960), ist dann nicht einmal mehr diskutiert worden. Artsutanov wollte 72 000 Kilometer über der Erde eine Art Satelliten-Umlenkrolle installieren, um das All per Aufzug zu erreichen. Erster Stock: Herrenanzüge, zweiter Stock: Miederwaren, 28millionster Stock: Unendlichkeit. Niemand nahm das ernst. Bis heute.

Erst mit den Phantasie-Beträgen einer überhitzten, delirierenden Finanzwelt tauchten die alten Utopien in neuen Stahlglaskleidern wieder auf. Eine Landschaft aus asymmetrisch geformten Hochhäusern plant Steven Holl für Chengdu. Eine 450 Meter hohe Wohnpyramide plant(e) Norman Foster für Moskau. Und für Shenzhen hat sich das Büro JDS ein fünf Millionen Quadratmeter großes Stadtzentrum ausgedacht, bekrönt von einem 1 000 Meter hohen, menschenfeindlichen, aber Feng-Shui-tauglichen Wohnhochhaus. Daß die Architekten solcher Megalomanie nun nicht bezahlt werden, ist daher eine gute Nachricht. Bei einigen Projekten fragt man sich nur, warum die Titanen unter den Planern den Titanen unter den Bauherren nicht schon lange vorher ins Gesicht gelacht haben.

Die Form folgt der Macht
Indien, Libyen, Vietnam: Deutsche Architekten bauen neue Parlamente in aller Welt

SZ vom 4. März 2008

Von oben betrachtet könnte das Architektur-Modell des Parlaments für den indischen Bundesstaat Tamil Nadu auch eine exotische Minigolfanlage illustrieren. Die Architekten vom Hamburger Büro gmp (von Gerkan, Marg und Partner) wollen das neue Parlament inmitten der am Golf von Bengalen gelegenen Hafenstadt Chennai in Form eines langgezogenen, sich nach Nordosten hin verjüngenden und an den Stirnseiten gerundeten Baukörpers errichten. Das Parlament, das im Jahr 2010 fertig sein soll, wird dann fünf kreisrunde Höfe und acht halbkreisförmige Einschnitte umschreiben: als Hommage an die Geometrie des in Ostasien verbreiteten Mandala-Motivs. Vor wenigen Tagen wurde der Planungsauftrag erteilt.

Eines der Atrien aber – das ist die durch und durch globalistische Pointe dieser aktuellen Bauaufgabe jenseits lokaler Form- und Kulturverweise – soll von einer gläsernen Kuppel mit horizontaler Gliederung überwölbt werden. Das indische Parlament in Chennai wird also, in einigen Perspektiven zumindest, an den Reichstag in Berlin erinnern.

Diese Berlin-Kuppel ist medial präsent wie kaum ein anderes Bauwerk in Deutschland. Den Polit-Berichten dient sie als Signet – als kulissenhafter Kurzschluß von Politik und Architektur: Wo Kuppel draufsteht, ist Politik drin. Die Kuppel aber stammt von Lord Norman Foster. Und der hatte sich – gute Güte: ein Brite! – seinerzeit beim deutschesten aller deutschen Architekturwettbewerbe ausgerechnet gegen GMP durchgesetzt. Prompt wetterte Meinhard von Gerkan gegen die Fremdherrschaft der Parlamentsarchitektur. Eigentlich, so Gerkan damals, müßte doch ein Land wie Deutschland so souverän sein, sein eigenes Parlament von einem deutschen Architekten gestalten zu lassen.

Gerkan erhielt damals viel Beifall in der deutschen Architektenschaft. Und sogar in England, Frankreich, Dänemark oder Italien wunderte man sich über die ewige Demut der Deutschen, die sogar ihr wichtigstes Gebäude, das Herz ihrer Politik, zur Disposition eines international besetzten Wettbewerbs stellten. Keine Nation, so dachte man abseits von Berlin, sollte ihre repräsentativsten Architekturen, ihre Stein, Stahl und Glas gewordenen politischen Systeme, ausländischen Akteuren aussetzen.

Dabei war Deutschland, wie sich jetzt zeigt, nur seiner Zeit voraus. Wobei es vor allem weltweit erfolgreich tätige Architektur-Büros wie das von GMP sind, die nun von einem höchst eigenartigen Phänomen profitieren: Deutsche Architekten entwickeln sich in aller Welt offenbar zu gefragten Spezialisten für Parlamentsbauten. Die Kulissen der Macht, die derzeit in Vietnam oder Indien, in Libyen oder Saudi-Arabien entstehen, tragen also in gewisser Weise den Vermerk „Planned in Germany". Zum Beispiel in Hanoi, Vietnam. Dort soll GMP den Bau des neuen Parlaments realisieren. Vor einigen Monaten wurde ein entsprechender Wettbewerb entschieden. Die Fertigstellung ist ebenfalls für das Jahr 2010 geplant. Dann soll sich das neue Parlament an prominenter Stelle der Öffentlichkeit – beziehungsweise der Machtelite der Sozialistischen Republik Vietnam – präsentieren: auf dem historischen Grund der versunkenen Stadt gegenüber dem Denkmal des Volkshelden Ho Chi Minh.

Nach deutschen Entwürfen wird aber nicht nur in kommunistisch geprägten Ländern gebaut, sondern auch in lupenreinen Ex-Schurkenstaaten, etwa in Libyen. „Tripoli Greens" heißt beispielsweise der Entwurf des Berliner Architekturbüros Léon Wohlhage Wernik. Der Wettbewerb um den neuen Regierungssitz wurde im Sommer 2007 entschieden. Gegen namhafte Konkurrenten wie Zaha Hadid aus London oder Kisho Kurokawa aus Tokio konnte sich das Berliner Büro mit der Idee einer grünen Mall durchsetzen: Auf einem 230 Hektar großen Areal, gelegen in der Suburbia der libyschen Hauptstadt unweit des Flughafens, soll eine kleine Idealstadt der Politik entstehen – bestehend aus 22 Ministerien und dem Sitz des Ministerpräsidenten, bestehend aus Volkskongreß, Moschee und Hotel. Erwartungsvoll ist von „New Libya" die Rede.

Auf Sand wird auch anderswo in hoffnungsfroher Weise gebaut: Das Frankfurter Büro AS & P, Albert Speer und Partner, soll ein Ministerium für Saudi-Arabien in Riad errichten. In Sanaa, Jemen, hatten die Architekten zuvor den Wettbewerb um den Neubau der Volksvertretung gewonnen. In Afghanistan dagegen ist noch offen, ob und wann Hamid Faruqi, geboren in Kabul und seit langem in Geisenheim als Architekt tätig, den alten Königspalast als neues Parlament wiedererrichten darf. „Demokratie braucht ein Haus", sagt der Wahl-Rheingauer. Seit Jahren bereist er Afghanistan, um dort, inmitten des Krieges der Systeme und Kulturen, den Darul-Aman-Palast als Hort freiheitlicher Gesinnung zu reanimieren. Ein Palast als Ort des Volkes? In Kabul läßt sich das immer auch moralisch interpretierbare Dilemma der neuen, von Deutschen oder von Deutschland aus erdachten Parlamente besonders gut veranschaulichen. Es ist nicht zuletzt das Dilemma eines Erfolgs: des Architektur-Exports.

Denn der schon länger boomende Export deutscher Architekten, die in Izmir Stadträume und in Moskau Hochhäuser planen, die in Aserbaidschan Golfplätze, in Peking Schulen und in Schanghai Universitäten errichten, umfaßt erstmals einen politischen Aspekt: das Bauen in und an der Politik selbst. Wer politischen Systemen Schauräume und bauliche Emblematik liefert, produziert der nicht auch eine Blaupause der Macht? Und was, wenn die Macht nicht demokratisch legitimiert ist?

Seit einiger Zeit ist in Deutschland eine Debatte um den Architektur-Export entbrannt. Es ist ein Streit, der über Architectural Correctness hinausweist. Schon vor einem Jahr empörte sich Wolf D. Prix vom Wiener Büro Coop Himmelb(l)au über deutsche Architekten wie Gerkan und Speer, die „für Tyrannen oder Autokraten bauen". Später schaltete sich Christoph Ingenhoven ein, der im *Spiegel* zu Protokoll gab: „Ich baue nicht in China." Und Daniel Libeskind sekundierte im Gespräch mit Vanity Fair: „Für mich ist Architektur ein Bekenntnis zur Demokratie." Totalitäre Bauherren schließt der New Yorker Planer für Ground Zero und Architekt des Freedom Towers aus.

Ein anderer New Yorker, der legendäre Theoretiker und inzwischen verstorbene Architekt Philip Johnson, hat das schon immer mit der ihm eigenen Drastik vollkommen anders gesehen. Auf die Frage nach der Moral auf der Baustelle hat er einmal geantwortet, er würde „natürlich auch für den Teufel" bauen – solange das Honorar stimmt. An dessen luziferische Größe reicht der Nimbus eines gewissen Hitlers immerhin nah heran, gefolgt von einem gewissen Stalin. Für den einen, Hitler, wollte Mies van der Rohe noch vor seiner Emigration aus Abscheu vor den Nazis nur zu gerne eine Reichsbank bauen; für den anderen, Stalin, stellte sich Corbusier in die lange Reihe der Architekten, die Stalins Lieblingsprojekt, den Palast der Sowjets, realisieren wollten.

Zwei der größten Interpreten der Moderne, Corbusier und Mies, dienten sich also wie selbstverständlich den beiden machtvollsten und grausamsten Regimes der Moderne an. Vor dem Hintergrund der Weltgeschichte ist es insofern schon fraglich, ob die Dimensionen der Entrüstungen und Empörungen im gegenwärtigen Architektenstreit angemessen sein können. Und es ist auch die Frage, ob Jacques Herzog, der in Peking gerade das neue, gewaltige Olympiastadion erbaut, ganz falsch liegt, wenn er behauptet, daß die Demokratie allein „noch kein Garant für Baukultur ist". Andererseits: Wenn nicht hinter jeder dorischen Säule „ein blutbefleckter Diktator" steht – wie der Münchner Architekturhistoriker Winfried Nerdinger das einmal formuliert hat –, dann sind vor allem auch die politischen Bauten in ihren lichten und modernen, in Deutschland entworfenen Gewändern noch lange keine Gewähr dafür, daß in ihnen die Freiheit verhandelt wird oder werden könnte. Interessant ist deshalb, was der britische Architekturkritiker Deyan Sudjic als „Edifice Complex" bezeichnet: den Architekturkomplex, der nicht nur Diktatoren und ihre Architekten befällt, sondern auch die Mächtigen in Demokratien, die Reichen wie die Politiker.

Architektur des Wissens
Das Zusammenspiel von Baukunst und Pädagogik: Was die Lehre von den Räumen mit den Räumen zum Lernen zu hat
SZ vom 10. Januar 2005

„Ein jeder", heißt es in Goethes *Faust*, „lernt nur, was er lernen kann …" Dieser Satz findet sich in der Szene „Studierzimmer". Das was im Zitat läßt sich dabei bequem durch ein wie, ja sogar durch ein worin ersetzen. Und schon ist man bei der Architektur und bei der Lehre der Räume, die etwas zu tun haben mit den Räumen zum Lernen.
Das vermutlich berühmteste „Studierzimmer" der Welt wurde räumlich fast immer als eine Art Vorhölle des Denkens interpretiert: als faustischer Ort der Sinnsuche, des Erkenntnisstrebens und des Scheiterns an beidem. Als Inventar diente den Inszenierungen meist ein karger Ofen, ein schlichtes Katheder, dazu Dunkelheit und gräßlicher Schwefelgestank. „Aufrichtig", sagt der auftretende Schüler bei Goethe dazu, „Aufrichtig, möchte schon wieder fort: / In diesen Mauern, diesen Hallen / Will es mir keineswegs gefallen. / Es ist ein gar beschränkter Raum, / Man sieht nichts Grünes, keinen Baum, / Und in den Sälen, auf den Bänken, / Vergeht mir Hören, Sehn und Denken."
Im Reich von Dichtung und Wahrheit kommt die Schule des Lebens nicht gut weg. Ob Klassenzimmer oder Vortragssaal, Kindergarten oder Universität: Nach faustischem Vorbild werden die Räume der Pädagogik literarisch, cineastisch oder popmusikalisch oft als wahre Dunkelkammern inszeniert. Nicht als Arkadien des Geistes, sondern als Martyrium des Schreckens. Da wird Robert Musils „Zögling Törleß" in einer grausigen Kadettenanstalt gequält; da flüchtet Peter Weirs „Club der toten Dichter"

aus den ruhmreichen Hallen eines Elite-Internats in eine kalte, schneeverwehte Höhle im Freien; da muß sogar Rowlings Harry Potter die Zauberschule Hogwarts am Ufer des schwarzen Sees besuchen, deren 142 verwirrende Treppen „freitags woanders hinführen als montags"; und die Schule, die von der Band Pink Floyd einst besungen wurde, ähnelt *The Wall* einer gigantischen Mauer, die man schleunigst einreißen sollte.

Die Schule aus Poeten-Sicht ist ein gefährliches Labyrinth, eine obszöne Marterstätte oder gleich die eigentliche Hölle. Der Schriftsteller Erich Kästner vermutet in seinen Kindheitserinnerungen, daß Schulen oft von Architekten gebaut werden, die sonst Kasernen oder Gefängnisse errichten. Das Problem heutiger Pädagogik-Bauten liegt darin, daß es noch immer viel zu wenig Schul-Architekturen gibt, die sich Klischee-Bildungen sinnfällig verweigern. In einem schwedischen Sprichwort ist von den drei zur schulischen Ausbildung nötigen „Lehrern" die Rede: Der „erste Lehrer", das sind die Mitschüler. Der „zweite Lehrer", das ist der eigentliche Klassenvorstand, also der Lehrer selbst. Und der „dritte Lehrer", das ist der Raum, in dem sich Verstehen und Wissen in idealer Weise ereignen können.

Wer sich allerdings die Tradition des Schul- und Hochschulbaus in Deutschland vergegenwärtigt, der sucht meist vergeblich nach diesem dritten Lehrer. Spätestens seit den sechziger Jahren, in denen sich auch hierzulande das Fach „Architekturpsychologie", die Lehre von der Wahrnehmung und Wirkung von Räumen, akademisch halbwegs etablieren konnte, spätestens seit dieser Zeit dürfte eigentlich keine Schule mehr entgegen lehrpsychologischer Erkenntnisse errichtet worden sein. Wußte man nur zu gut, daß Winston Churchill wohl Recht hatte: „We give shape to our buildings, and they, in turn, shape us." Erst bauen wir Räume, dann bauen die Räume uns. Das gilt in besonderer Weise für die Räume der Pädagogik, in denen sich Kommunikation und Interaktion besonders intensiv entfalten. Schulen hätten also räumlich-pädagogisch längst Schule machen müssen. Das Gegenteil ist der Fall. Gerade in den sechziger und siebziger Jahren sind in Deutschland Schulen und Hochschulen gebaut worden, die den dritten Lehrer, die Raumlehre, als konstituierendes Bau-Element quasi abgeschafft haben. Damals begnügten sich die Architekten häufig mit den von den Ländern herausgegebenen Schulbaurichtlinien. Diese Empfehlungen aus Amtsstuben kreisen allerdings nur um Brandschutz, Rettungswege oder Quadratzahlen. Neuere pädagogische Konzepte, die Lehrräume als Lebensräume begreifen und Transparenz sowie Varianz fordern, sind bis heute kaum in entsprechende Architekturen übersetzt worden; die wenigen Ausnahmen bestätigen nur die traurige Regel. „Im Schul- und Hochschulbau", sagt Otto Seydel, der Leiter des Instituts für Schulentwicklung in Überlingen, „herrscht entsetzliche Langeweile."

Dabei geht es mehr denn je um räumliche Erlebnisqualität und architektonische Identitätsstiftung als Katalysatoren des Lehrens und Lernens. In dem 2002 erschienenen Buch „Schulen der Zukunft – Gestaltungsvorschläge der Architekturpsychologie" von Rotraut Walden und Simone Borrelbach wird eine Art Bau-Grammatik für die Schulen entwickelt. Demnach haben zukunftsweisende Orte der Pädagogik zu berücksichtigen: Mitentscheidungsrechte aller Nutzer, umweltfreundliche Baumaterialien, die Möglichkeit, räumliche Bedingungen, etwa das Klima, selbst zu regulieren, eine klare Orientierung, natürliche Belichtung, vor allem aber Flexibilität und Multifunktionalität der Räume. Und das alles, ohne auf Identität zu verzichten. Orte der Kommunikation zu errichten, ist also eine besondere Baukunst.

Diese Kunst ist von Bedeutung. Denn womöglich liegt es nicht nur an überalteten Büchern oder unmotiviertem Lehrpersonal, wenn deutsche Schüler in der Pisa-Studie nicht überzeugen und deutsche Hochschulen international zusehends abfallen. Man muß bei der Ursachenforschung auch über Deckenhöhen, Materialien, Farben und Raumkonzepte nachdenken. Mit einem Wort: über die Architektur des Wissens. Das könnte sich auch ökonomisch lohnen. In der Bosti-Studie (Buffalo Organization for Social and Technological Innovation), durchgeführt in 70 Firmen in den USA, wurde die Effektivität von architekturpsychologisch gesteuerten Gestaltungsveränderungen und Umfeldoptimierungen am Arbeitsplatz untersucht. Ergebnis: Nach fünf Jahren hatten die Angestellten ihre Leistung um bis zu 17 Prozent gesteigert. Was für US-Firmen gilt, könnte für deutsche Wissensfabriken ebenfalls richtig sein.

Deshalb stimmen die Nachrichten vom zaghaften Wandel der Schul- und Hochschularchitektur optimistisch. Offenbar ist die Bedeutung der Architektur inzwischen auch in der Pädagogik unstrittig. Klassenzimmer und Lehrsäle werden zunehmend ersetzt durch flexibel bespielbare Zonen. Die Grenzenlosigkeit des Wissens wird immer öfter durch zur geistigen Osmose taugliche Architekturen vermittelt. Der gesellschaftliche Wandel im Lern-Alltag hin zu Segmentierung, Pluralisierung und Individualisierung, zu Professionalisierung und auch zu einer gebotenen Ökonomisierung findet langsam seinen Niederschlag in der Lehre von den Räumen. Daß man fürs Leben lernt, ist unstrittig. Schön aber, daß wir auch zu begreifen beginnen, wie man fürs Leben-Lernen baut. Schon damit uns das faustische „Hören, Sehn und Denken" nicht vergeht.

Wettrüsten am Bau
Technologie als Heilsversprechen: Energieeffiziente Architektur ist die Apparatemedizin des ökologischen Zeitalters
SZ vom 18. Juni 2009

Zwanzig Unternehmen wollen gigantische Solarkraftwerke in der afrikanischen Wüste bauen, um Deutschland künftig mit Ökostrom zu versorgen. Das Projekt, das am Dienstag bekannt wurde, heißt „Desertec". In diesem Kunstnamen verbindet sich die Wüste (desert) mit der Technik (tec), also die Natur mit der Kultur. Abgesehen davon, wie fragwürdig es ist, die Sonne über afrikanischem Boden als deutschen Stromlieferanten zu kolonialisieren, ohne gleichzeitig danach zu fragen, wie man etwa mit Hilfe des deutschen Wasserreichtums die afrikanische Dürre bekämpfen könnte, ist der Begriff Desertec stimmig.

Er beschreibt im großen Maßstab nur das, was sich derzeit in Deutschland und anderswo im kleinen Maßstab vollzieht: Das Klimaproblem soll primär mit den Mitteln der Technik gelöst werden. Was die industrielle Revolution seit dem frühen 19. Jahrhundert als Klima-Kollateralschaden des ungeheuren (westlichen) Wohlstands global angerichtet hat, will man nun durch eine noch größere nachindustrielle Revolution, durch noch mehr Öko-Hightech und durch noch mehr Gerätemedizin wieder heilen.

Das klingt paradox nach dem Grundsatz der Homöopathie similia similibus curantur (Ähnliches wird mit Ähnlichem geheilt), es ist aber reiner allopathischer Alltag. Ein Alltag jedoch, in dem es bevorzugt um Architektur geht. Sie ist es, die derzeit im Mittelpunkt aller relevanten Überlegungen zum Klimadesaster steht, sei es in Form von Kraftwerken, sei es in Form von Siedlungsräumen, Niedrigenergiehäusern oder neuen Dämmstoffen. Die Architektur ist gerade dabei, sich zum ingeniösen Heilsversprechen aufrüsten zu lassen. Der ungeheure Boom des „nachhaltigen" oder „energieeffizienten Bauens" hierzulande, die kursierenden Pläne von futuristischen Öko-Städten, all das begleitet den Umbau der Architektur. Das Bauen gerät auf diese Weise zur Apparatemedizin des ökologischen Jahrhunderts. Dummerweise ist das zugleich eine gute und eine schlechte Nachricht.

Gut ist zunächst, daß die Architekten, die Bauindustrie und die öffentlichen wie privaten Bauherren endlich aus ihrem Schlaf erwacht sind, in den sie – vor Jahren – trotz der sich schon seit langem abzeichnenden baukulturellen Herausforderung gefallen sind. Und baukultureller Natur sind die Herausforderungen allemal: Rund 40 Prozent des weltweiten klimaverändernden Kohlendioxid-Ausstoßes werden in Wohnhäusern oder Bürobauten produziert. Fragen der Belichtung, der Verschattung und Kühlung (gegen Erwärmung) oder der Dämmung und Beheizung (gegen Abkühlung), Fragen der Fenster- oder Wandmaterialien, Fragen der Raumorganisation: All das sind genuin architektonische Fragen.

Nimmt man die zehn Prozent des Kohlendioxid-Ausstoßes, die sich bei der Bautätigkeit generell ergeben, noch hinzu, läßt sich sagen: Die Hälfte des Klimaproblems wird auf dem Feld der Architektur verursacht. Dort sollte also womöglich auch die halbe Lösung zu suchen sein. Zu schweigen von den 60 Prozent des Müllproblems, die allein dem Bauschutt geschuldet sind. Zu schweigen auch von siedlungspolitischen Aspekten, die sich auf die Freizeit- und Berufsmobilität sowie auf das Güteraufkommen auswirken.

Auch die Dichte von Städten ist bestimmend für den Klimawandel. Auf die entscheidende Kopfgröße umgerechnet, läßt sich deshalb sagen: Hongkong ist umweltfreundlicher als Starnberg. Es gäbe noch mehr Zahlen und Beispiele, wichtig ist aber nur: Architektur und Stadtplanung sind die entscheidenden Disziplinen, um der Menschheit angesichts schwindender Ressourcen und bedrohter Existenzgrundlagen eine Perspektive für die Zukunft anzubieten. Es war deshalb verwunderlich, daß vor allem Architekten bislang so wenig Interesse für die ökologische Verantwortung ihres Tuns gezeigt haben.

Doch das hat sich geändert. Waren es früher die immer selben zehn Namen, die im Zusammenhang mit Nachhaltigkeit am Bau fallen mußten, ist nun das Interesse an energieeffizienter Architektur auch dort stark angewachsen, wo bis zuletzt allein die Ästhetik verhandelt wurde. In der Architektenschaft hat sich in den letzten Jahren sogar ein regelrechter Paradigmenwechsel im Berufsbild vollzogen. Das fängt bei der Ausbildung an, in der das früher so geschmähte Fach „Haustechnik" zum nachgefragten Studium „Climadesign" avancieren konnte – und es endet noch lange nicht bei der aktuellen Flut von Kongressen, Symposien und Debatten zum Thema. In der vergangenen Woche trafen sich Hunderte Architekten und Planer auf Einladung der agilen Architektenkammer Nordrhein-Westfalen und ihres Präsidenten, Hartmut Miksch, zum internationalen

Kongreß „Architektur und Nachhaltigkeit" in Palma. Es war ein weiterer, durchaus erhellender und prominent besetzter Versuch, das Bau-Manifest *Vernunft für die Welt* mit Leben zu füllen und theoretisch zu untermauern. Erst im Frühjahr wurde das Manifest veröffentlicht, in dem deutsche Architekten, Stadtplaner und Ingenieure eine „nachhaltige Baukultur" als entscheidenden Schritt zur „klimapolitischen Wende" beschwören. Auch in Palma wurde deutlich, wie wichtig der Beitrag der Planer sein könnte. (Deutlich wurde allerdings auch, daß alle Experten, die nach Palma de Mallorca zum „Inselkongreß" geflogen sind, ihr theoretisch angemessenes, jährliches Kohlendioxid-Konto mit diesem Flug schon erheblich belastet haben.) Interessanterweise mischten sich in Palma aber auch skeptische Stimmen aus Ethik und Philosophie in den Reigen der neuesten Wärmedurchgangskoeffizienten und aktuellsten Niedrigenergie- oder gar Passivhausstandards. Diese Stimmen besitzen einen deutlich skeptischen, dadurch aber womöglich auch weiterführenden Unterton, der das aktuelle Öko-Wettrüsten – zum Teil jedenfalls – als fragwürdigen Aktionismus interpretiert.

Es gibt beispielsweise neue Zeitschriften zum Thema. Oder der Städtewettbewerb: New York und Chicago balgen sich nicht mehr darum, wer die höheren oder spektakuläreren Häuser hat, sondern darum, wer die grüneren Dächer besitzt. Dann die sogenannten Stararchitekten: Leute wie Norman Foster haben „Green Building" schon längst als weiteres Distinktionsmerkmal ihres Schaffens erkannt. Und das Bauhandwerk boomt: Aus der Luft sind unsere Dachlandschaften kaum mehr wiederzuerkennen: Solarpaneele und Photovoltaikmodule – wohin man auch sieht.

Man kann annehmen, daß die neueste Thermographie vom jeweiligen Eigenheim (die durch Infrarotstrahlung ungedämmte Außenwände auf popbunte Weise entlarvt) den guten alten Warhol-Farbdruck als Sofabild demnächst ablöst. Zu vermuten ist auch, daß der Energieausweis von Wohnungen mit seinen typischen grün-gelb-roten Markierungen von stolzen Energieeffizienz-Experten bald so gerne präsentiert wird wie das Foto der Familie. Man ahnt: Thermische Solaranlagen, Geothermie, Biomassebrennanlagen, Photovoltaikdächer und Energiesparlampen – all das wird in kurzer Zeit zum Volkssport aufsteigen.

Das mag sinnvoll sein angesichts einer Vergangenheit, in der man die Ressourcen zum Fenster hinausgeheizt hat. Der Bewußtseinswandel ist grundsätzlich zu begrüßen. Hochwärmegedämmte Häuser und Büros, dazu die „Renaissance der Stadt", die eine Verdichtung des Wohnens dort proklamiert, wo auch die Arbeitsplätze sind: Das zeugt von verantwortungsvollem Umgang mit den Lebensräumen.

Aber irritierenderweise scheint es nun wichtiger zu werden, sich gegenseitig mit den neuesten technischen Möglichkeiten des Energieeinsparens zu beeindrucken, statt daß man das eigene Verhalten in Frage stellen würde. Anders gefragt: Liegt die Lösung in den Apparaten, oder wäre auch an die demütigende Zumutung zu denken, an einem kühlen Abend im Januar einen Pullover anzuziehen, um es wärmer zu haben? Das ist nicht lediglich naiv oder gar zynisch gedacht, wie man das seinerzeit Thilo Sarrazin vorgeworfen hat, der in Berlin die Pullover-Strategie gegen kalte Winter zum Entsetzen der *Bild*-Zeitung diskutieren wollte. Es berührt vielmehr die grundlegenderen Fragen der Architektur, sofern diese mehr sein soll als ein Raumproduzent im ökonomischen, effektiven Sinn. Häuser und Städte können seit einigen tausend Jahren klimaverträglich erbaut werden. Niemand muß die Öko-Architektur neu erfinden. Was man dagegen wiederfinden sollte, ist ein Absehen von haltlosen Ansprüchen. Wenn man sich entwurflich klarmacht, daß es im Winter kalt und im Sommer warm ist, daß die Sonne im Süden scheint und nicht im Norden, dann hat man das Fundament vernünftiger Architektur schon gelegt. Der Einsatz von noch mehr Technik wird dagegen kaum jene Probleme lösen, die durch noch mehr Technik erst entstanden sind.

Deutschland erbaue!
Kanzleramt, Reichstag, Präsidialamt: der Demokratie neue Kleider
SZ vom 2. Januar 1998

Berlin, 1936. Vom 76 Meter hohen „Führerturm" aus wurde die Jugend der Welt gerufen. In das Berliner Olympiastadion, welches von Werner March in nur zwei Jahren erbaut worden war. Damals, kurz vor der deutschen Muster-Olympiade, war Eile geboten – und so konnte Adolf Hitler „diesen Glaskasten" nicht mehr verhindern. Er haßte ihn. Er haßte Stahl, Beton und Glas, die Materialien der Moderne. Er wollte Steine mit einer Haltbarkeitsgarantie für mindestens 1 000 Jahre. Deshalb wurde der bedeutsamste und zugleich auch der merkwürdigste Betrug in der Geschichte des Bauens inszeniert. Ein Betrug, der die Menschen durch Wahrheit täuschte.

Man verhüllte das ohnehin sehr große, für 97 000 Besucher geplante Stadion mit groben Steinplatten. Man schnitzte daran herum, bis das Stadion einem gigantischen Kolosseum glich. Großartig und imposant sollte es wirken: wie ein Stein gewordener Triumph des Willens. So ließ man die moderne Konstruktion hinter einer Steintapete verschwinden. Genauso eigentlich, wie damals (für kurze Zeit) an den Eingängen der Städte jene Schilder verschwanden, die besagten: „Juden betreten diesen Ort auf eigene Gefahr". Die Schilder verschwanden – aber die Welt hätte den Steinen zuhören können, von denen es heißt: „Wenn die Menschen verstummen, werden die Steine reden."

Walter Benjamins Wort von der Ästhetisierung des Krieges durch den Faschismus – hier war es Architektur geworden: ein Stadion, direkt neben dem Aufmarschplatz für 250 000 Paar Stiefel. Der heimliche Terror war offenbar. Deutschland wollte herrschen. Und so sahen die Häuser damals auch aus.

Wie Häuser eigentlich überall und zu allen Zeiten Auskunft geben über ihre Hausherren. Über jenen Geist, der darin wohnt. Es sind nicht die Architekturen, die Wände, Türen und Fenster der Häuser und Bauten, und es sind nicht die Plätze und Wege der Städte, die eine Seele besitzen: sie drücken sie aber aus. Die Skyline von New York, zum Beispiel, offenbart uns das Ziel dieser Stadt: den Himmel. Die Silhouette läßt sich wie ein dreidimensionales Diagramm von Puls und Blutdruck, aus politischem Willen und ökonomischem Wollen förmlich begreifen und betasten. Ohne daß wir uns dessen bewußt sein müssen, prägt Architektur unser Lebensgefühl, unsere Sehweise, unser Verhalten. Und das Lebensgefühl erschafft sich wieder neue Räume, die das Fühlen, dem sie geschuldet sind, zugleich darstellen und neu bestimmen. Deshalb nennt man die Architektur die „öffentlichste aller Künste" (Lebbeus Woods). Das Bauen hat nie etwas mit Steinen, sondern immer nur etwas mit Menschen zu tun.

Berlin, 1997. Es ist der 5. November, und Roman Herzog hat zur Besichtigung des fast fertigen Erweiterungsbaus hinter dem Schloß Bellevue gebeten. Dorthin also, wo Staatsverträge unterzeichnet und Gesetze verkündet werden. Dorthin, wo Schwarz-rot-gold im Wind flattert und den Menschen nahe der Siegessäule im Tiergarten glaubhaft macht, daß man nie mehr kämpfen und siegen will. „Das Schloß Bellevue als Amts- und Wohnsitz des Bundespräsidenten verkörpert Kontinuität und Identifikation. Seit 1959 ist das Haus als Symbol angesehen worden." Zwei Sätze vom Spatenstich, anderthalb Jahre zuvor.

Und kürzlich erst sagte der Bundespräsident Roman Herzog: „Nie ist der sperrige Individualismus wichtiger gewesen als heute ..." Und? Verkörpert das (im Frankfurter Architekturbüro Gruber und Kleine-Kraneburg entworfene, 90 Millionen Mark teure) Präsidialamt symbolhaft so etwas wie sperrigen Individualismus? Oder verkörpert das zukünftige Kanzleramt – das von Axel Schultes für den westlichen Spreebogen entworfen wurde und 1999 fertig sein soll – etwas von dem, was Helmut Kohl vorgestern erst in seiner Neujahrsansprache formulierte, etwas von „Mut und Entschlossenheit im Zeichen der Freiheit"? Oder verkörpert das spätwilhelminische Remake der Kuppel, welche Norman Foster für den Reichstag kürzlich reanimiert hat, nachdem die Kuppel 1945 symbolhaft ausgebrannt war, tatsächlich etwas von der Behauptung, hier könne man den Regierenden aufs Haupt steigen? Die Antwort in allen drei Fällen heißt: Nein.

Das Präsidialamt sieht aus wie ein Kolosseum. Auf einem elliptischen Grundriß stemmt sich schwarzer Stein vier Geschosse und 15 Meter hoch: glatt und abweisend, verhüllend und sichernd, den Zugang verwehrend – und ebenso den Blick auf das Tun all der Kopisten und Schreiber, der Verwalter von Recht und Gesetz. Und die meisten der räumlichen Ideen, mit denen der Architekt des anderen staatstragenden Baus, des Kanzleramtes, die „euphorisierende Energie", die „Großzügigkeit, Offenheit und Freiheit" der Politik in diesem Land ausdrücken wollte, sind zusammengestrichen, umgeändert, neugestaltet und zuletzt behindert worden. Aus Gründen der Sicherheit und solchen des Geschmacks. Die Kuppel am Reichstag schließlich, sie verkündet weithin: Der Krieg ist vorbei und vielleicht ist er ja nie gewesen. Und auch: Wir sind wieder wer.

Häuser sind wie Kleider. Sie sagen etwas über ihre Träger. Die stoffliche Verhüllung ist immer auch Enthüllung. Was enthüllen uns die neuen Bauten des Bundes in Berlin über unser Land? „Von Berlin nach Neuteutonia" – das war im Juni 1994 in einer Architekturzeitschrift zu lesen.

Einmal hat man, in Bonn vor vier Jahren, einen Plenarsaal eröffnet, der von Günter Behnisch als Hommage an die Freiheit gebaut war: rund, transparent, dynamisch, mitteilsam: demokratisch. Ein schönes Kleid. Aber man wollte es nicht tragen. Die Abgeordneten schimpften erst über die karge Atmosphäre, dann über die Sprechanlage, dann zog man erst einmal aus – die weltweit gefeierte Architektur der Demokratie schien den Demokraten keine Wohnstatt bieten zu können. Oder der deutsche Expo-Pavillon aus dem Büro Auer und Weber, der in Sevilla (vor Jahren) der Welt ein offenes Deutschland gezeigt hätte: vom grünen Tisch fallen gelassen.

Und in München sagt ein Funktionär des Fußballs derzeit unter Beifall öffentlich: Weg mit dem Olympia-Stadion aus den siebziger Jahren (Günter Behnisch), wer braucht diese fröhliche Großzügigkeit noch? Brauchen wir Häuser, die kühn und sanft sind? Die so aussehen, als wohnte die Freiheit darin? Braucht die Freiheit einen Ausweis – und wie sieht der überhaupt aus? Es ist nicht so, daß hinter jeder dorischen Säule ein Diktator steht und hinter jeder Natursteinplatte der Terror lauert. Und wenn Glas allein schon Freiheit beweisen könnte, dann wäre jedes Kaufhaus, jede Bank und jeder Versicherungskonzern ein Hort offener Herzen. Was verbirgt sich aber wirklich hinter den neuen Mauern der Politik wie hinter den auffälligen Problemen, die Deutschland mit seiner architektonischen Selbstdarstellung hat? Es ist nicht der Faschismus, es ist die Demokratie. Daß man sie in Stein aber nicht begreifen kann, das eben scheint sie auszumachen, denn sie begründet eher die Diktatur der Mittelmäßigkeit als jene des Terrors. Der Terror ist nur der des schlechten Geschmacks, des Mangels an Baukultur, der zähen Verhandlungen, der Mutlosigkeit und des arithmetischen Mittels. Anders als 1936 drücken die Steine heute nur das aus, was sie sind: Steine. Und an den Eingängen wird nichts anderes stehen als „Helmut Kohl" oder „Deutscher Bundestag". Und daß hier auch die Freiheit wohnt, muß man den Menschen erzählen, denn die Steine sind diesmal stumm.

Denken müssen wir selbst
Eine Münchner Denkmalschutz-Tagung zum Umgang mit der Nazi-Architektur
SZ vom 2. Dezember 1993

„Dabei haben wir doch gar nichts gegen das KZ!" Mit diesem Satz verkauften die braven Bürger im brandenburgischen Fürstenberg vor zweieinhalb Jahren nicht nur Toleranz. Was seinerzeit in die Schlagzeilen geriet, war vor allem die schier unglaubliche Naivität. Damals wollten die Stadtväter auf dem Areal des einstigen Frauen-Konzentrationslagers Ravensbrück statt einer Gedenkstätte des Grauens ein Fanal für den ‚Aufschwung Ost' errichten: einen Supermarkt. Nach heftigen Debatten quer durch Deutschland ist zwar doch nichts aus dem verheißungsvollen Handel mit der Tengelmann-Gruppe geworden. Aber immerhin haben sich die Fürstenberger ein Denkmal der eigenen Bewußtlosigkeit gegenüber dem (auch baulichen) Erbe des Nationalsozialismus gesetzt.

Fürstenberg ist überall. Allerorten herrscht noch immer Ratlosigkeit im Umgang mit der architektonischen und städtebaulichen Hinterlassenschaft. Der KZ- Appellplatz im bayerischen Flossenbürg? Eignet sich inzwischen prima als Volksfest. Hitlers Aufmarschplatz zwischen Glyptothek, Propyläen und Antikensammlung? Wurde in München vor sechs Jahren mit viel Juchhe unter den grünen Klenze-Teppich gekehrt – Gras drüber! Das Gauforum in Weimar? Ziert heute das reiselustige „Uns geht's gut!" auf Ansichtskarten.

Gegen eine derart unbekümmerte und mitunter auch kaltschnäuzige „Trauerarbeit" haben sich jetzt die Denkmalschützer auf einer Tagung in München zu Wort gemeldet. Denkmalschutz? Für Nazi-Bauten? Auch das – aber nur, um damit den historischen Bestand zu sichern, um, so das Deutsche Nationalkomitee für Denkmalschutz, die Aufarbeitung überhaupt erst möglich zu machen. Endlich – denkt man, nachdem sich bereits die Tütenlampen der 50er zum flotten Denkmal aufgeschwungen haben. Aber ausgerechnet in München? Das vermeintliche Isar-Athen – vormals „Hauptstadt der Bewegung" oder nach Bertolt Brecht „Stadt der deutschen Grabsteinlegung" – tut sich ja notorisch schwer mit seiner braunen Historie zwischen 1933 und 1945.

Immerhin: Die mehrtägige Gesprächsrunde von Kunsthistorikern und Denkmalpflegern, von Architekten und Journalisten war sorgfältig vorbereitet und organisiert. Am Tagungsort, dem Münchner Stadtmuseum, setzen sich derzeit gleich zwei Ausstellungen mit der NS- Zeit auseinander. Außerdem ist rechtzeitig zum Symposion im Auftrag des Nationalkomitees ein äußerst lesens- und bedenkenswertes Buch der beiden Architekturhistoriker und Diskussions- Matadoren, Winfried Nerdinger und Werner Durth, erschienen: „Architektur und Städtebau der 30er/40er Jahre".

Dieser Titel, unter dem auch die Tagung stand, scheint das Thema zu verharmlosen: Nazi-Architektur. Doch sagt er schon viel über die stilgeschichtliche Stellung des faschistischen Bauens aus. Eine nationalsozialistische Architektur mit einer einheitlichen Formensprache „gibt es nicht", heißt es lapidar im Lexikon der Weltarchitektur.

„Zwischen Internationalismus und Regionalismus" machte Winfried Nerdinger die deutsche Architektur der dreißiger Jahre aus. Auch der Städtebau lavierte, so Werner Durth, zwischen Kontinuität und Bruch. Widersprüche kennzeichnen diese verhängnisvolle Zeit. Ungebrochen dagegen die Karrieren der maßgeblichen Baumeister – vor und nach dem Krieg. Hier, da waren sich die Referenten einig, bestehe durchaus „Kontinuität".

Dagegen manifestiert sich in der Tektur der überkommenen Bauten – analog zur mörderischen Ideologie der Nazis – ein chaotisches Stilgemenge. Freilich gibt es in letzter Zeit wieder Stimmen, die dem profanen Bauen der Nazis „architektonische Qualität" abgewinnen können. Der umstrittene Architekturtheoretiker Leon Krier etwa feiert Albert Speer, den Groß-Baumeister Hitlers, als größten deutschen Architekten nach Schinkel.

In diesem Zusammenhang stellt sich auch die Frage nach der „geschichtlichen und künstlerischen" Bedeutsamkeit als Rechtsgrundlage der staatlichen Denkmalpflege. Denn hier verrenkt sich das Denkmal zwischen „kollektiver Scham", so der Hamburger Landeskonservator Manfred Fischer, und behördlicher Abwicklung. Die Form- und Konstruktions- Melange des totalitären Regimes: ab in die kunsthistorische Schublade? Indessen prägte der formale, in sich bisweilen auch recht konsequente Verhau nicht nur die berüchtigten megalomanischen Machtdemonstrationen in Berlin, Nürnberg und anderswo.

Das architektonische Durcheinander erstreckte sich, das wurde in den kenntnisreichen Vorträgen eindrucksvoll belegt, auf das ganze Bauprogramm. Da wurde die Moderne der Zwanziger eingesprengselt – vor allem, aber nicht nur in den technischen Bauten. Mal wurde ein grobschlächtiger (und eben nicht, wie vielfach behauptet: internationaler) Neo-Klassizismus gepredigt, mal mutierte ein regionales bis traditionelles Formvokabular zur ‚Blut- und Bodenarchitektur'. Und die Städtebauer machten seinerzeit auch vor Tauts „Stadtkrone" nicht halt, um sie ihrem Architektur-Dilettanten Hitler mit seinen aberwitzigen geplanten „Führerstädten" aufzusetzen. Das ganze Konglomerat haben die Propaganda-Strategen dann schließlich zum frei erfundenen „deutschen Stil" zusammengebacken.

Letztlich ist es den Architekten des Terrors nur um eines gegangen: um Architektur im Dienst der Propaganda. Die „Gleichschaltung" in allen Lebensbereichen sollte auf Dauer den Machtanspruch des „Tausendjährigen Reiches" zementieren und garantieren. Dabei ging es vor allem auch um die diabolische Normalität des Alltäglichen. In seinem Band „Tausend ganz normale Jahre" hat das Hans Magnus Enzensberger so beschrieben: „Der Faschismus war das alltägliche Milieu, um nicht zu sagen die Heimat von Millionen von Leuten, die weder Standartenträger noch KZ-Aufseher waren, sondern Blockwarte, Blitzmädel, Schriftführer, Obergefreite, Mutterkreuzträgerinnen, Amtswalter, Pimpfe und andere Arier, an denen das einzig Haarsträubende ihre Normalität war."

Und genauso normal wie selbstverständlich stehen auch heute noch die steinernen und wahrlich fragwürdigen Zeugen des faschistischen Lebens in unseren Städten, in unserem Leben herum. In ihrer unspektakulären Gewöhnlichkeit dienen uns viele Bau-Zeugnisse längst als unbeachtetes, aber eben auch schon selbstverständliches Mobiliar. Wie nun damit umgehen – denkmalpflegerisch? Abreißen? Umbauen? Zur Schau stellen? Ignorieren? Beklagen?

Der Politologe Klaus von Beyme unterschied zwei antagonistische Positionen: das historisch-pragmatische Verhalten und das normativ-wertende. Pragmatisch heißt da etwa schlicht: Umnutzen! So wird die eine oder andere Stätte des militärischen Vernichtungswillens eben auch mal der Bundeswehr angedient. Oder passiv: Man läßt alles vor sich hinmodern. Wertend dagegen ist die Abrißbirne – oder ein schlichtes Hinweisschild, das die Passanten über die Geschichtlichkeit des Ortes aufklärt. Beyme sah einen gangbaren Weg in einer Kompromiß-Formel, die freilich „im Einzelfall" noch zu finden wäre.

Wollte man die für viele nur leidige Angelegenheit mit Hinweistafeln dem Individuum vom Hals und ins kollektive Gedächtnis schaffen – Hiltrud Kier, die Generaldirektorin der Kölner Museen, wandte dagegen ein, daß dann so gut wie jedes Gebäude markiert sein müßte. Unbelastet ist eben kaum ein Stein in Deutschland. Sie referierte über die Kernfrage der Veranstaltung, über die „Vermittelbarkeit von Bauen aus der NS-Zeit". Vom Rhein berichtete sie etwa dies: „1935 gab es in Köln 15 000 Menschen jüdischen Glaubens. Zehn Jahre später waren es noch 80. Aber noch 1959 behauptete der damalige Kölner Bürgermeister, daß Kölner und Juden sich doch immer prächtig vertragen hätten." Auch mit diesem gedanklichen Hintergrund, so Kier, müsse sich die Denkmalpflege auseinandersetzen: Vergessen und Leugnen – das dürfte in den meisten Gemeinden alltäglicher Umgang mit der Geschichte sein. Für die Bau-Geschichte gilt dies auch.

Hiltrud Kier räumte ein, daß sie der Herausforderung durch Nazi-Architektur noch ziemlich „ratlos" gegenüberstehe. Ratlosigkeit prägte denn auch die abschließende Podiumsdiskussion der Experten. Kein Wunder: Die Denkmalpflege kann hier nur zuarbeiten, aufbereiten, vergegenwärtigen – auch pflegen. Denken müssen wir schon selbst.

Helles Deutschland
Günter Behnisch war Architekt – und so viel mehr als das: Anscheinend naiv erfand er das Gesicht einer luziden, freien Republik. Der Tod dieses furiosen Lehrers fällt nun in eine trostlose Epoche, die sich vor allem in Berlin mit der Natursteinindustrie verbündet hat.

SZ vom 14. Juli 2010

Es ist der Saal Ecke Gabelsberger- und Luisenstraße. Dort, wo die Technische Universität der etwas unaufgeräumten Münchner Maxvorstadt ein Gewicht gibt. Es ist ein ganzer Block voller grauer, straßenstaubverhangener Steine. Voller Hörsäle, Gänge, Geraune und Treppen. Die rundlich abgetretenen Stufen der Treppe, die sich um einen hölzernen, goldbepinselten Engel schmiegt, verschwinden unter den sitzenden, stehenden, schiebenden Architekturstudenten, die mit ihren geschulterten Papierrollen und Reißschienen aussehen wie ein Belagerungsheer unter Waffen. Alles ist voll, es gibt kein Vor und kein Zurück. Was ist nur los? Was wollen denn alle? In den Saal.

Behnisch ist los. Und alle Münchner Architekturstudenten wollen bei Günter Behnisch einen Entwurf machen, um sich später auf leicht eingebildete, angeberhafte Weise als Behnisch-Schüler aufzuspielen. So auch der Autor. Behnisch mochte so etwas nicht. Später ist übrigens heute – und Behnisch in München, das war vor zwanzig Jahren.

Günter Behnisch war Gastprofessor, er ließ zum Beispiel ein Pfarrheim entwerfen – und ein U-Boot, das in Sachsen, seiner Heimat, in der Elbe liegen sollte. Man sollte das U-Boot zum Hotel, zum Restaurant oder einfach zum Vergnügungsdampfer umplanen. Rein fiktiv. Aber Behnischs Rache am Krieg, an seinen Kriegs-U-Booten und an seiner eigenen Kriegs-Biografie als Marinesoldat und U-Bootfahrer im Zweiten Weltkrieg, sie war real. Schwerter zu Pflugscharen – und U-Boote zu Lächerlichkeiten. Damals. Nie wieder Krieg.

Damals war Behnisch 68 Jahre alt, und noch sehr, sehr jung. Die, die mit so viel Temperament und Autorität der jungen und schon wieder reichen Bundesrepublik den Stil und die Moderne schenkten, es waren auch die, die sich in den fahlen 80er- und 90er-Jahren gegen den neunmalklugen Unsinn der Postmoderne verwahrten, diese Leute gehen uns jetzt verloren: Der Gründer der Kunstsammlung Nordrhein-Westfalen, Werner Schmalenbach, starb vor einer Woche mit 89 Jahren in Düsseldorf. Und Behnisch nun, er starb am Montag mit 88 Jahren in Stuttgart. Es ist, als wollte ein dummer alter Satz des amerikanischen Architekten Charles Jencks in Deutschland wahr werden: „Die Moderne ist tot." Sie nicht. Aber diejenigen, die die Errungenschaften der Moderne nach dem Krieg nach Deutschland gebracht haben, als Import – oft als Re-Import – sie sterben. Behnisch war während des Kriegs in La Spezia. Das ist die U-Boot-Stadt, die auch im Buch *Das Boot* von Lothar-Günther Buchheim eine Rolle spielt, dem Behnisch später sein staunenswertes Museum am Starnberger See entworfen hat. Dort, in La Spezia, so erzählte es Behnisch später auch seinen Studenten, las er ein Buch über Architektur. Fortan wollte er bauen. Wiederaufbauen und alles anders bauen. Auch Häuser, aber mehr noch eine Welt.

Es gab damals das Wort „Gutmensch" noch nicht, um solche Träume zu karikieren. Es gab aber die Träume. Behnisch war ein großer Träumer. Man kann noch nicht ahnen, was das Verschwinden dieser Versprechen und Sehnsüchte, die immer das Beste der Moderne waren, bedeutet. Aber man ahnt ein Dunkel.

In München war Behnisch also jung, aber eben doch alt genug, um sich nicht mehr jung fühlen zu müssen. Er war zweifellos ein Star. Kein Star, der keiner sein wollte. Eher einer, der das nicht bemerkte. Nicht bemerken wollte. Dem alles Definierte, Zugeschriebene und Beschriebene fremd war. Für Worte wie „Star" hatte er viel Verachtung übrig. Er sah immer freundlich aus, ein bißchen koboldig-zwinkerhaft manchmal, heiter – aber hinter den wie Wellentäler geformten Stirnfalten und dem spröde ergrauten Haar wohnte auch die Verachtung. Behnisch konnte grausam verletzend sein. Sein Pazifismus war nicht unbewehrt. Aber doch auch viel mehr als die übliche Behauptung.

Wer sich an seine Vorlesungen und Korrektursitzungen erinnert, der hat nicht zuerst Bilder und Zeichnungen, Bauten, Formen und Materialien vor Augen. Es sind zuerst die Ohren, die sich erinnern. An dieses überschwäbelte Sächsisch von einem, der in Lockwitz bei Dresden geboren, in Chemnitz aufgewachsen, aber in Stuttgart seit den frühen fünfziger Jahren gearbeitet und gelebt hat. Dieses zuletzt milde, müde, mitunter boshaft aufblitzende Vernuscheln und Verschleifen der Worte paßte zu seiner Idee von Architektur: Alles ist Bewegung, Prozeß, ein Finden, ein Suchen. Alles kann auch anders sein. Alles muß auch gar nicht sein. Ein Berliner Schloß kann auch ein Rasen sein. Behnisch konnte zuletzt nichts mehr anfangen mit der Architektur in Deutschland. Ein Schloß in Berlin? Ein Nachbau des alten Schlosses? Geht's noch? Warum nicht gleich ein U-Boot? Berlin war Günter Behnisch bis zuletzt ein schlimmes Grausen, ein einziges stilfreies Angeben und Großsein-wollen, eine entsetzliche Blähung.

Dort, am Pariser Platz, steht das letzte wichtige Werk von Behnisch: der Neubau der Akademie der Künste. Berühmt wurde Behnisch natürlich mit den umjubelten Olympia-Bauten in München, 1972. Den „heiteren Spielen" gab er Räume, eine Identität. Er schuf - im Team, mit vielen anderen Architekten und Planern, das darf man nicht vergessen – Unvergleichliches. Zwanzig Jahre später pflegte er den frühen Ruhm mit seinem Entwurf des Bonner Plenarbereichs, 1992. Die „Demokratie als Bauherr", eine berühmte Rede von Adolf Arndt aus dem Jahr 1960, wurde anschaulich. Behnisch, der U-Boot-Kommandant, war nun endgültig der Architekt der Freiheit, der Gestalter eines neuen Deutschlands.

Aber es ist gerade das umstrittene Spätwerk, die Akademie in Berlin zum Beispiel, mit der sich seine Haltung am besten erklären läßt. Man muß sich nur mal die Nachbarn der Akademie vor Augen führen. Da steht das Hotel Adlon und will so offensichtlich eine erste Adresse und ein feiner Ort sein, daß es in seiner Pappmachéhaftigkeit peinlich gespreizt und dabei sonderbar eng wirkt; da stehen die Palais-Nachbauten links und rechts vom Brandenburger Tor, die wie aus Lego aussehen; da stehen die Repräsentationsbemühungen der Deutschland-AG, die man rund um die Uhr bewachen muß; und da sind die Touristen, die wirken, als hätten sie sich das alles daheim in Tokio oder Denver irgendwie doch größer vorgestellt. Nach dem Willen des Wiederaufbau-Berlins müssen diese Touristen nun so viel sandige Steintapeten abfotografieren, daß man annehmen könnte, die Stadt habe von der Natursteinindustrie einen Preisnachlaß bekommen. Mitten drin: die Akademie, die aussieht wie ein simples Kaufhaus, eine Bau-Banalität, von der viele Menschen behaupten, sie funktioniere nicht. Es ist aber der einzige Bau, den man nicht betritt – sondern in den man auch stolpern, schlendern oder mal so reingehen kann. Der Bau aus Glas und Stahl und Ebenerdigkeit macht kein Gesicht. Das Akademisierende ist dieser Akademie fremd. Und für das Funktionieren hat sich Behnisch noch nie begeistern können. Es ging ihm immer um etwas anderes.

Das erzählte er seinen Studenten mit der Geschichte von den zwei Kindern und dem Haus: „Da fällt mir das Bild ein, die Geschichte, in der zwei Kinder nacheinander vor ein ihnen unbekanntes Haus kommen. Das eine Kind betritt das fremde Haus durch die Eingangstüre, läuft durch den Flur und verläßt das Haus auf der Rückseite durch die Hoftüre. Dauer dieses

Hausdurchgangs: 20 Sekunden." Es ist natürlich klar, daß Behnisch das andere Kind liebt.

Dieses andere Kind betritt das Haus, studiert das Mobiliar, guckt zur Straße raus, kommt in ein sonnenbeschienenes Wohnzimmer mit drei Fenstern, mit Vorhängen und Blumen, Strickzeug auf der Fensterbank und einer Katze. Es entdeckt Licht- und Schattenmuster, verrückt den Stuhl, nimmt am Tisch Platz, hört dem Ticken der Uhr zu ... und verbringt am Ende Stunden in einem fremden Haus. Wie unerschrocken kitschig Architekturgeschichten sein können. Wie banal. Und wie schön.

Behnisch hielt nichts von Schülern, am allerwenigsten von Behnisch-Schülern. Er mochte die Neugierigen. Und so muß man auch das Haus der Akademie begreifen, das voller Stege und Schrägen und überkandideltem Zeug ist, voller Mobiliar und voller Behauptung auch. Es ist nur so: Im Adlon steht man 20 Sekunden lang und weiß alles – in der Akademie darf man alles. Kinder waren Behnisch immer wichtig. Kinder, Schwache, Unentschlossene, Kleine, Ungewisse. In seinen Bauten war Behnisch ein Erzähler, der sich mehr als alles andere wünschte, man möge seine Häuser lieben und mit Leben ausfüllen.

Das dachte er sogar vom Plenarbereich im Bundestag. Dort stellte er sich Politiker voller Redelust vor. Menschen im Diskurs. Tatsächlich also Leute mit Lust auf die Zukunft. Behnisch war herrlich naiv – aber nicht unwissend. Er wußte, daß man der Politik keine verspielte Treppe mit einem Geländer wie explodierendes Mikado hinstellen kann, um gute Politik zu ermöglichen. Es war eher eine Provokation des Unmöglichen. „Das Mögliche", sagte er einmal, „interessiert nicht beim Bauen." Das Mögliche aber ist heute leider das Einzige, was zählt beim Bauen.

Günter Behnisch war als Architekt kein Visionär und als Lehrer kein Star. Er liebte Häuser. Das bedeutet viel.

Vom Erfinden des Glücks
Margarete Schütte-Lihotzky ist im Alter von 102 Jahren gestorben
SZ vom 20. Januar 2000

Irgendwann ist sie in den 5. Bezirk gezogen, in die Franzensgasse 16, nach Wien. Da war sie also wieder angekommen in ihrer Stadt, und auf dem Klingelschild stand „Arch. Schütte". Ganz oben dann die Wohnung, klein, 40 Quadratmeter groß. Aber der Dachgarten: riesig, fast genauso groß wie die Wohnung. Da blickte sie auf die Dächer, und vielleicht sah sie in der Ferne Havanna, Moskau oder Istanbul – sie war ja überall in ihrem Leben. In einem Leben, das groß genug war, um im 19. Jahrhundert zu beginnen, das 20. Jahrhundert zu erobern und im 21. Jahrhundert anzukommen. Am Dienstag ist Margarete Schütte-Lihotzky gestorben. Sie war 102 Jahre alt. Am Sonntag wäre sie 103 geworden.

Sie stand also da – mit diesem Blick. Eine kleine zierliche Frau, ganz groß, als wollte sie die Welt umarmen. Als wüßte sie auch, daß man immer ein bißchen verlegen lächelt bei diesem Namen, Margarete Schütte-Lihotzky , weil der so grandios ist. So modern-schnörkelig, so merkwürdig aus der Zeit gefallen. Jedenfalls: Als wollte sie alles umarmen, was nur irgend zu sehen ist, als würde sie von hier aus immer alles neu vermessen, Zentimeter für Zentimeter, so stand sie da. Sagte: „Ich kann ja gar nichts sehen. Aber ist es nicht schön hier oben?" Und dann merkte man, daß sie ganz kleine faltige Augen hatte. Ausgefüllt von all den Bildern, die da hinein gegangen sind, sie war fast blind. Und wenn man überhaupt etwas begriffen hat in jenem Augenblick in der Franzensgasse, dann das Versprechen von einem Glück, das man eher schaut – als daß man es sieht.

Solange wir uns ein Bild von der Welt machen können, können wir die Welt auch selbst erfinden. Und zwar besser. Und das ist vielleicht das Glück. Aber da muß man schon sehr mutig sein, um das auszuhalten. Und Margarete Schütte-Lihotzky war sicherlich all das, was man in den Büchern der Baugeschichte nachlesen kann: große alte Dame des „neuen Bauens", bedeutendste Architektin des 20. Jahrhunderts, Feministin, Reformerin, Botschafterin des Friedens, Widerstandskämpferin, von den Nazis gefolterte Todeszellen-Kandidatin, auch das – aber vor allem war sie wohl verwegen genug, um sich und der Welt das Glück erfinden zu wollen. Ein langes Leben lang. So kleine dunkle Augen – und plötzlich hat man so eine große helle Sehnsucht, alt zu werden. Richtig alt. Die Sonne stand über der Stadt als sie sagte: „Nach all den Projekten, den Entwürfen, den Ideen – habe ich für jeden Tag nur noch eine, aber immer eine neue Idee: Das ist der Tag selbst." Und damit das nicht zu ernst und froh klingt, sagte sie noch: „Das Kommunistische Manifest – war mal mein Lieblingsbuch, naja."

Natürlich hat sie einem dann auch noch jene berühmte Küche gezeigt: die „Frankfurter Küche", die erste Einbauküche der Welt, erfunden im Jahr 1926 in Frankfurt. Aufgebaut im Maßstab eins zu eins im MAK, im Wiener Museum für Angewandte Kunst. Doch ist sie, später, für ihr architektonisches Lebenswerk, für ihre Haltung, ihren politischen Mut, ihr soziales Engagement geehrt worden. Unter anderem mit der Ehrendoktorwürde der TU München. Das war im Jahr 1992. Damals war sie 95. Und sie hat einen Stegreif-Vortrag gehalten, mit einem solchen Charme, die Studenten sind aufgesprungen vor Begeisterung. Ovationen – wann hat es die je für Architekten gegeben, die ja darauf bestehen, keine Künstler, sondern Ingenieure zu sein? Und die Küche im MAK, die ist erst recht keine Kunst. Oder doch? Vielleicht die der Fuge, des Fügens, der Details. Die Küche ist Millimeter-Arbeit, durchdacht und durchrationalisiert wie eine kleine Fabrik. Und sie ist blau. In den zwanziger Jahren hat man überall DDT genommen, um die Küchen von den Fliegen zu befreien. Aber Margarete Schütte-Lihotzky nahm die Farbe Blau. „Blau mögen die Fliegen nicht. Ich schon. Ich mag Blau." Blau also – das ist schlau.

Die Frankfurter Küche: Heute – muß man sagen – würde sich die niemand mehr wünschen, der sich etwas anderes leisten kann. Heute heißen die Küchen „Campo Birke hell" oder „Chalet" oder „Country", heute sind die Küchen wieder verschwenderische Wohnküchen, möglichst groß, mit dem Herd im Zentrum. Wie früher auch. Aber zwischen heute und früher: Da ist die Minimal-Küche, erfunden, um Raum und Geld und Zeit zu sparen, 1,90 Meter breit und 3,44 Meter lang. 240 Mark hat die Frankfurter Küche damals gekostet, erstmals war so etwas erschwinglich für eine Arbeiterfamilie. Und so modern, klar, einfach, ordentlich, geplant – damals hat man gern mit der Stoppuhr in der Hand entworfen. Und die Schubladen waren aus Eichenholz. Warum? „Weil da Gerbsäure drin ist." Wozu? „Weil Gerbsäure gut ist gegen Ungeziefer. Man muß an alles denken. Also, diese Küche hat mich wirklich Zeit meines Lebens verfolgt. Dabei bin ich keine Küchenfabrikantin, sondern Architektin." Das war ihr wichtig. Und sie wollte eine Architektin des besseren Lebens für alle sein. Jenes Lebens also, das sie einmal selbst geführt hatte.

Ein Bild, darauf das prächtige Elternhaus in der Blechturmgasse, Schwester Adele, der Vater mit würdevollem Großbürgergesicht. Von dort kam Margarete Schütte-Lihotzky. Dann kam der Erste Weltkrieg, der Hunger, es kam die Not; und das großbürgerliche Mädchen erstreitet sich das Recht, die erste Architektin Österreichs zu werden – um gegen die Armut und den Dreck anzuplanen. Kleine Häuser und kleine Küchen für eine große notleidende Menge. Was sie dazu brauchte, hatte sie seit 1915 an der seinerzeit wohl berühmtesten Kunstgewerbeschule gelernt. In Wien natürlich, bei Oskar Kokoschka oder Kolo Moser.

Die Aufnahmebedingungen waren exklusiv, männlich. Und dann: ein 18-jähriges Mädchen? Doch die Familie kannte Gustav Klimt, der sollte beim Direktor Alfred Roller ein Wort einlegen am Tag der Aufnahmeprüfung. Klimt schrieb: „Lieber Roller, zu meinem Leidwesen bin ich gezwungen, Überbringerin dieses Briefes Dir zu empfehlen. Bitte verfahre ganz nach Deinem Gutdünken!" Aber der Brief kam nie an. Margarete Schütte-Lihotzky hat die Prüfung trotzdem bestanden. Sie hat immer alle Prüfungen bestanden. Die im Leben. Und wohl auch ihre letzte große: die Frage nach dem Glück.

2 Die Stadt – eine Geschichte von Siegern und Verlierern

Die Stadt, heißt es, sei nach der Erfindung der Schrift die zweite große zivilisatorische Errungenschaft der Menschheit. Eine Art Weltwiege, viele tausend Jahre alt. Aber erst seit einiger Zeit leben mehr Menschen in Städten als in Dörfern oder auf dem Land. Das „urbane Millennium" der Megacities oder Metropolregionen mag, so von der UN ins Spiel gebracht, der geeignete Ausdruck sein, um diesen historischen Wendepunkt zu beschreiben. Das urbane Millennium ist insofern das Terrain, in dem die Zukunft entschieden wird. Denn es ist der Grund der Öffentlichkeit.

SimCity ist überall
Das Volk plant: Architektur und Städtebau als Plebiszit
SZ vom 5. Mai 2005

SimCity ist ein erfolgreiches Computerspiel, mit dem man die Gründung und Evolution einer Stadt simulieren kann. Auf einer anfänglich unbebauten Fläche entwickelt man als Spieler zunächst das, was als Fundament jeder Stadt gilt: Infrastruktur – also Straßen, Schienen, Strom- und Wasserversorgung. Dann weist man Nutzflächen aus: Wohngebiete hier, Industrieareale dort. Man plant einen Hafen und einen Airport, man baut Schulen, Parkanlagen und Rathäuser. Als Spieler ist man eine Mischung aus Investor, Bewohner und Stadtteilpolitiker, wobei man hofft, daß sich die eigene Schöpfung als prosperierendes Gemeinwesen erweisen möge.
In einem Zeitalter der Urbanität, da bereits die Hälfte der Weltbevölkerung in Städten oder städtischen Verdichtungsgebieten lebt, erklärt sich der Reiz des Spieles aus einer Realität, die fast jeder kennt. Zum Vergleich: Noch um 1 800 lebten lediglich zwei Prozent der Erdbevölkerung in größeren Siedlungen. Einhundert Jahre später waren es zehn Prozent, jetzt sind es fünfzig Prozent – und eine UN-Studie glaubt, daß bis zum Jahr 2050 drei von vier Menschen in gigantischen Megacities leben werden. Die Kultur unserer Zeit ist also die der Stadt.
Um so überraschender ist es, daß diese Kultur immer öfter einem Naturzustand ähnelt, denn die Städte sind in ihrer Entwicklung zunehmend

dem freien Spiel der Kräfte, Märkte und Meinungen ausgesetzt. Architektur und Stadtplanung werden dabei mittlerweile oftmals als rein plebiszitäre Disziplinen angesehen: Man stimmt darüber ab – mit den Füßen öfter als mit den Köpfen.

Zur Wahl steht zum Beispiel ein neues Rathaus für Kleve am Niederrhein. Die hübsche Stadt an der niederländischen Grenze, in der knapp 50 000 Einwohner leben, läßt ihre Bürger momentan über drei Rathaus-Varianten abstimmen. Bis Anfang Juni sollen die Klever über die Gestaltung der „neuen Unterstadt", die prominent mit dem alten Rathaus besetzt ist, entscheiden. Zur Wahl stehen: erstens ein kompletter Neubau, zweitens eine Sanierung mit Anbau, drittens eine einfache Sanierung. Zu diesem Zweck werden bereits fertige, von Architekten entworfene Ansichten und Perspektiven ausgestellt. Auch werden die Kosten der Varianten genannt. Am teuersten ist die Sanierung mit Anbau. Der Bürgermeister Theodor Brauer sagt zu diesem volksnahen Verfahren: „Wir möchten möglichst viele Klever Bürger für die Abstimmung mobilisieren."

Die Stadt hat deshalb sogar Flyer verschickt und organisiert Informationsveranstaltungen. Die 50 000 Klever werden also in Form von 50 000 Bauherren an Stelle des eigentlichen öffentlichen Auftraggebers schon bald darüber befinden, wie ein wichtiger Teil der Stadt in Zukunft aussehen und funktionieren wird. In seiner Radikalität ist dieses Verfahren bisher einmalig in Deutschland. Vor allem aber liegt ihm ein Mißverständnis über die Öffentlichkeit der Architektur zugrunde. Abgesehen davon desavouiert die Vorgehensweise den Architektenwettbewerb vollständig. Die Juroren werden durch die Allgemeinheit ersetzt – und die Kostenfrage dürfte schließlich über Aspekte der Baukultur triumphieren. Schließlich werden auch 50 000 Architekturwähler den üblicherweise nicht gerade auf der Straße anzutreffenden Architektursachverstand kaum vervielfältigen können. Am Ende wird es in Kleve um die Höhe der Steuermittel und intuitive Ästhetikurteile gehen. Baukultur entsteht aus diesem Verfahren kaum.

Dennoch – vielleicht auch: deshalb – wird die Mitmach-Stadt immer beliebter. In Kopenhagen soll etwa demnächst eine öffentliche Freifläche gestaltet werden. Angefragt wurden aber nicht Landschaftsarchitekten – sondern die Bürger Kopenhagens: Sie sollen ihre Lieblingsbänke, Lieblingslaternen oder Lieblingsgrillstellen vorschlagen. Dann wird nach Mehrheit entschieden. Ähnlich demokratisch geht es auch in Hamburg zu (Domplatz), in Berlin (Tempelhof) oder in München (Hochhausfrage, Allianz-Arena): Der Bürgerentscheid wird zur bestimmenden, weil im Wortsinn entscheidenden Kraft in den Debatten um Architektur und Stadtbild. Über die Frage nach der Rekonstruktion des Berliner Stadtschlosses ließ man sogar den Bundestag abstimmen: Ein stadtplanerisches und architektonisches Thema wurde zur nationalen Frage. Das „partizipatorische Bauen", in der Nachkriegszeit entwickelt, nimmt heute breiten Raum ein. Bauherren, die etwas zu entscheiden haben, sind dagegen immer seltener anzutreffen. Bei SimCity gibt es im Grunde kein klares Ziel. Es ist dem Spieler überlassen, ob er ein gemütliches Städtchen oder eine Metropole errichtet. Auch in der Realität wird zunehmend den Bürgern die Entscheidung darüber aufgebürdet, in welcher Stadt sie leben wollen. Aus basisdemokratischer Sicht mag das wünschenswert erscheinen, aber aus stadtplanerischer Sicht wird es zu fatalen, vor allem zu modischen Auswirkungen kommen. Plebiszitäre Kraftlinien gehören zwar schon immer zu Architektur und Stadtplanung, die als öffentlichste aller Künste auch genuin politisch wirken. Das Plebiszit allein kann aber kein Ersatz für die Expertise sein. Bauherren, öffentliche zumal, sollen Verantwortung tragen. Wenn sie sich auf populäre Weise davonstehlen, machen sie aus ihren Städten keine Orte der Demokratie, sondern solche der Beliebigkeit.

Vom König lernen
Bürgermeister und Manager versagen als Bauherren
SZ vom 4. August 2008

Wie im Straßenverkehr, so ereignen sich auch auf den Baustellen der Architektur täglich Unfälle. Dabei geht es nur selten um Tote und Verletzte. Aber dafür sind die ästhetischen Schäden, die in unseren Wohnungen und Büros oder auf den Straßen und Plätzen angerichtet werden, massenwirksam. Architektur, die „öffentlichste aller Künste" (Woods) geht, wie Adolf Loos sagte, alle an: „Man kommt ihr nicht aus." Ein Buch kann man weglegen, einen Film muß man sich nicht anschauen. Aber von Häusern und Städten ist man auf Dauer umgeben. In unserem urbanen Millennium, in dem sich die Verstädterung zum unumkehrbaren Prozeß verdichtet hat, wird es in absehbarer Zeit keinen Menschen geben, der nicht der Architektur ausgeliefert wäre. Auf dem Terrain der Baukultur werden unsere räumlichen Lebensgrundlagen verhandelt. Wobei die Bedingungen, unter denen Architektur als sichtbarster Teil der Baukultur entsteht (oder als ihr Gegenteil: als häßliche, dysfunktionale

Zumutung), vor allem von zwei Akteuren zu definieren sind – von Architekten und Bauherren. Es ist die Qualität ihres Dialogs, die über die Qualität unserer Räume entscheidet. Idealerweise befinden sich Bauherr und Architekt im Gleichgewicht. Zuletzt war allerdings viel mehr Negatives über die eine Seite zu erfahren als über die andere.

Die Krise der Architekten ist offenkundig. Man weiß, daß diese Berufsgruppe in Deutschland im allgemeinen schlecht bezahlt wird und – unter Akademikern – überproportional von Arbeitslosigkeit bedroht ist. Es gibt ein regelrechtes Architektensterben. Die Gründe dafür sind vielfältig. Bisweilen liegen sie auch auf Seiten der Architekten selbst, die sich nicht so recht entscheiden können, ob sie sich als kreative Baukünstler oder als technisch und ökonomisch versierte, dienstleistende Baumanager positionieren sollen.

In Wahrheit müssen sie, wie seit Vitruvs Zeiten vor 2 000 Jahren, beides sein: Künstler und Ingenieure. Zwischen beiden Bereichen gehen manche Architekten unter. Die Architektenschaft hat, auch infolge der rasant ausschreitenden und immer komplexer werdenden Bautechnologie und des osmotischen Ineinandergreifens von Architektur, Design und Urbanismus, ihr über die Jahrhunderte gewachsenes berufliches Selbstverständnis verloren – und muß sich nun eine neue Identität erst noch schaffen. Aber das ist bekannt.

Weniger prominent ist dagegen die Krise im Reich der Bauherren, wobei die Unfälle, die sich auf dieser Seite der Baukultur-Produktion ereignen, mittlerweile immer fataler ausfallen.

Etwa in Berlin, wo aus dem stilistischen Richtungsstreit um den Umbau der Lindenoper eine Posse geworden ist. Zur Erinnerung: Die Rokoko-Oper befindet sich seit Jahren in baufälligem Zustand. Im Zuge der Sanierung sollten zwei Schwachpunkte der Oper beseitigt werden: die schlechte Akustik und die mangelhaften Sichtverhältnisse. Man schrieb einen Wettbewerb aus und kürte einen Sieger: Klaus Roth. Dessen Entwurf geriet aber zwischen die üblichen Fronten aus Modernisten und Traditionalisten. Das Ergebnis dieser Debatte: Der Wettbewerb wurde für nichtig erklärt. Seither ist die Situation, gelinde gesagt, verfahren. Wobei das Ärgernis in diesem Fall darin begründet ist, daß der Auslober des Wettbewerbs, die Stadt Berlin, zunächst nicht so recht wußte, was sie eigentlich will (Erhalt oder Veränderung des Baudenkmals), um sich schließlich nahezu orientierungslos von einem im Grunde unsinnigen Richtungsstreit überrollen zu lassen. Die Verantwortlichen tauchten deshalb erst mal ab. Man wartete, typisch Politik, in welche Richtung sich das allgemeine Interesse bewegen würde, ohne sich selbst mit einem belastbaren Standpunkt aus der Deckung des Debattentrubels zu wagen.

Der Wettbewerb um den Umbau der Lindenoper scheiterte deshalb nicht etwa am Systemstreit – sondern an einem wankelmütigen, unprofessionellen und inkompetenten öffentlichen Bauherren, der dem Anspruch der Bauaufgabe in keiner Weise gewachsen war.

Nach Kräften blamiert hat sich zuletzt auch der Kölner Oberbürgermeister, der vor einigen Wochen in aller Öffentlichkeit dem Architekturbüro Wandel Hoefer Lorch zum Wettbewerbs-Entwurf für ein neues Jüdisches Museum gratulierte („sehr gelungen") – um nur wenige Tage später einen bemerkenswerten Sinneswandel zu offenbaren. Nach einigen lautstarken, kritischen Artikeln in der Lokalpresse sprach der Oberbürgermeister plötzlich von einer „problematischen" Lösung und zeigte sich als „von Anfang an skeptisch". Über dieses „von Anfang an" lacht heute noch ganz Köln. Offenbar hatte der Oberbürgermeister als Oberbauherr seiner Stadt nur eines von Anfang an: keine begründete eigene Meinung über die zu beurteilende, stadträumlich wirksame Architektur.

Das ließe sich beinahe auch über den Münchner Oberbürgermeister sagen, von dem man immer noch nicht genau weiß, wie er eigentlich in baukultureller Hinsicht über das ambitionierte, schließlich leider allzu kläglich gescheiterte „Werkbund"-Projekt denkt. Nach einem spektakulär verlorenen Bürgerbegehren über die Zukunft von Hochhäusern in München – Jahre zuvor –, bei der er sich noch für die Vertikale der Hochhäuser stark gemacht hatte, mag er sich nun gedacht haben: Es könne nichts schaden, wenn sich seine architektonischen Vorlieben und Abneigungen irgendwo in der Horizontalität eines diffusen Sowohl-als-auch verlören.

So viel zu den Bürgermeistern, die an entscheidender Stelle die öffentlichen Bauherren repräsentieren. Wenn aber hier schon keine Haltungen erkennbar sind, wie mag es dann erst um die privaten Bauherren stehen, die sich noch besser hinter Gremien verstecken können? Von dort aus lassen sich die Manager – dem Trend der oft spektakelhaften „Corporate Architecture" folgend – mal von diesem oder jenem Mitglied des Star-Architektentums mal dieses oder jenes Headquarter erbauen. Oft sind sie für sogenannte kühne Entwürfe allerdings genauso leicht zu begeistern, wie sie sich davon blenden lassen. Selten sind solche Bauherren gebildet genug, um die Architektur auf gleicher Höhe mit den oft astronomischen Budgets zu diskutieren.

Man kann aber nicht nur mit zu viel Geld und zu viel Ehrgeiz versagen. Etliche Unternehmer und ihre Erfüllungsgehilfen scheitern auch am

Gegenteil: an ihrem absoluten Mangel an Ambition. Als Folge entstehen landauf, landab Verwaltungsbanalitäten, die sich ökonomisch und funktional geben – obwohl sie einfach nur dumm und stillos sind. Wer die dazugehörigen Manager kennt, begreift die Zusammenhänge.

Das Problem der Baukultur unserer Zeit ist: Es gibt immer mehr Bauherren, öffentliche wie private (zu schweigen von der Immobilienwirtschaft und ihren stupiden Wohn- und Büroregalen) – aber es gibt unter diesen Bauherren immer weniger Eigenschaften, die einen Bauenden auch zum Herrn über das Geschehen berufen würden. Wer sich in die entsprechend besetzten Gremien begibt, der weiß, wovon die Rede ist. Angesichts der vielfältigen aktuellen Strömungen der zeitgenössischen Architektur, angesichts ihrer technischen, ökonomischen, ökologischen, politischen und sozialen Implikationen, wäre man schon froh, hin und wieder einem Entscheider zu begegnen, der den Unterschied zwischen Satteldach und Walmdach oder die Zeitgenossenschaft von Palladio oder Hadid grob umreißen kann. Hadidwer? Genau.

Was man dagegen häufig antrifft: persönliche, unreflektierte, ja launenhafte Geschmacksurteile. Die Architekturdebatten unserer Zeit, ob zu Reichstagskuppel, Stadtschloß oder zu einem neuen Hochhaus für Frankfurt, sind damit überreichlich ausgestattet. Stil-Geschwätz bildet den Grundbaß im Gespräch über die Architektur, die paradoxerweise zur bildmächtigsten (weil öffentlichsten und die Sehnsucht nach Signets und Signifikanz bedienenden) Leitkultur unserer Zeit werden konnte – ohne daß es ein entsprechendes öffentliches Wissen darum gäbe. Aus dem gesellschaftlichen Kanon des anerkannten Wissens fällt die Baukunst, im Gegensatz etwa zu Literatur, Musik oder Film, schon lange heraus. Es verwundert daher auch nicht, daß von 100 privaten Wohnbauten 98 ohne die Architekten erbaut werden. Architektur ist eine Geheimwissenschaft – die jeder zu kennen glaubt. Und ein jeder will gerne Bauherr sein.

Die modernen Bauherren aber, die Repräsentanten des Kapitals und die der Demokratie, sind, was ihre Wirkmacht angeht, im Grunde die Erben des Feudalismus – gebändigt vom System demokratischer Machtteilhabe, aber auch befeuert vom globalistischen Furor. Deshalb ist die Frage interessant, ob der feudalere Bauherr von einst auch der bessere Bauherr war. Die Formenarmut, die mangelnde Ensemble-Fähigkeit und fehlende Patina-Tauglichkeit, dazu die Kurzlebigkeit heutiger Gebäude: Manches spricht dafür.

In dem kaum verbreiteten, aber lesenswerten Heft über „Elite" der BDA Informationen (so charmant gestaltet, daß die *Neue Zürcher Zeitung* dagegen wie ein glamouröses Lifestyle-Magazin wirkt), hat Wilhelm Kücker dankenswerterweise einige staunenswerte Fundstücke der Baugeschichte, die immer auch eine Bauherren-Geschichte ist, zusammengetragen. Demnach haben sich die Feudalherren wie selbstverständlich in der Baukunst unterrichten lassen.

Kaiser Joseph I. ging beispielsweise bei Fischer von Erlach in die Bau-Schule: „alle Tage eine Stundt" ging es um „architectura civili et militari". Chambers unterrichtete König Georg III., Klengel ließ August den Starken Fassaden entwerfen – und Klenze ärgerte sich mit dem bayerischen Kronprinzen und späteren König Ludwig I. herum. Klenze schrieb: „Ja wahrlich, an trüben Stunden fehlt es nicht, wenn man in dem Fürsten [...] solches Schwanken in der Kunst, solches gehalt- und bodenlose Detail-Einmischen in dieselbe bemerkt, welchem jeder Begriff von Poesie, Zweckmäßigkeit und Styl in architektonischen Dingen fehlt und welcher in dieser hohen Kunst nichts mehr als ein Mittel sieht, durch Dekoration im Sinne momentaner Eindrücke und Ansichten das Auge zu kitzeln." Aus Ludwig I. wurde, Klenze sei Dank, ein großer Bauherr. Was aber seine Erben angeht, die Manager, Bürgermeister und ihre Gremien: Wahrlich, an trüben Stunden fehlt es den heutigen Architekten nicht.

Götterdämmerung
Städte sind wichtig wie nie – aber ihre Planung ist marginal
SZ vom 1. Juli 2009

Superelastico betrachtet aus der Vogelperspektive die zersiedelte Landschaft zwischen Mantua und Verona. Die überlebensgroße Comicfigur ist betrübt, denn ein Reihenhaus schmiegt sich ans andere, eine Doppelhaushälfte gebiert immer schon die nächste – und dazu Straßen, Parkplätze, Drive-ins oder irgendwelche Discounter auf der grünen Wiese. Die Städte zerfließen breiig und so plan- wie formlos, sie wuchern wie eine unheilbare Krankheit. Die Welt muß gerettet werden. Superelastico steigt deshalb aus dem Reich visionärer Stadtbaukunst herab zur Erde, greift sich mit Riesenkräften das steinerne Vorortunglück und verdreht Suburbia wie Knetmasse zu einer gigantischen Skulptur, die bis in den Himmel reicht. Superelastico hat eine anmutige und zugleich hocheffiziente Superstadt erschaffen. Bravo.

Das Ganze ist ein Comicstrip, erfunden vom Turiner Architekten Stefano Pujatti. Als Pujatti vor einiger Zeit zur Architekturbiennale nach Venedig eingeladen war, was normalerweise eine große Ehre ist, sollte er als einer von 20 jungen italienischen Architekten und Stadtplanern die „Idealstadt der Zukunft" entwerfen. Er gab aber nur einen verhuscht skizzierten Comicstrip ab (der dann fast versteckt präsentiert wurde), während seine Kollegen die Branche der Stadtplaner mit utopisch anmutenden Computersimulationen und aberwitzigen Futurismusbeschwörungen repräsentierten.

Superelastico ist aber gerade wegen des Furors der 19 anderen Idealstadtplaner ein relevanter Kommentar auf das Elend einer Disziplin, die in genau dem historischen Moment zu verschwinden scheint, da das „urbane Millennium" einen ersten Höhepunkt erreicht. Niemals zuvor in der Geschichte der Stadt, die einige Jahrtausende und kulturelle Höchstleistungen umfaßt, waren Städte ökonomisch, politisch und ökologisch so bedeutsam und so dicht bevölkert wie heute – aber zugleich war niemals zuvor so wenig zu hören von der Stadtplanung als Stadtbaukunst unserer Epoche.

Nach einer Annahme der UN werden bis zum Jahr 2050 drei Viertel der Menschheit in gewaltigen Agglomerationen und metropolitanen Strukturen leben, dort also, wo schon heute drei Viertel der Kohlendioxidproblematik emittiert werden. Ohne Städte sind die Folgen des Klimawandels nicht lösbar. Wobei Städte mittlerweile über das Bruttosozialprodukt von ganzen Ländern verfügen – also auch die politisch dominantesten Strukturen unserer Zeit darstellen. Während aber die Städte immer größer und bedeutsamer werden, scheint die Größe der notwendigen Planungsabteilungen in umgekehrter Proportionalität zu schrumpfen.

Es ist paradox: Die Städte dominieren die Welt, aber die Superelasticos der Welt existieren nur noch als Comicfiguren. Die Mehrheit der Menschen lebt heute in Städten – aber deren Planer werden an den gesellschaftlichen Rand gedrängt von Kräften, die jene des Städtebaus und der Raumplanung offenbar weit übersteigen. Das zeigt sich immer öfter an den entsprechenden Symposien, die beinahe orientierungslos um sich selbst kreisen. Das zeigt sich an der Buchproduktion der Urbanistik, die es mit den bildmächtigen, suggestiv und oberflächlich ausstrahlenden Design- und Architekturprachtbänden nicht mehr aufnehmen kann. Das zeigt sich am Studium der Urbanistik selbst, das, obschon immer wichtiger, immer seltener in Deutschland nachgefragt wird.

Und das Paradoxon gilt nicht nur für die wuchernden Megacities in Asien oder Afrika, die zu den ins Riesenhafte anwachsenden Favelas und Ghettos des Globalismus werden. Es gilt auch für schrumpfende Städte in

Ost- oder Westdeutschland. Sogar im einstigen Erfolgsmodell der „europäischen Stadt" ist es anzutreffen, deren Retrobeschwörung bislang lediglich zu einem formalistisch oberflächlichen New-Urbanism-Look einer exkludierend gesonnenen Gesellschaftsschicht geführt hat. Nicht aber zu einer Antwort auf drängende stadtplanerische Fragen.

Das ist das Dilemma einer Zeit, in der erstmals mehr Menschen in Städten als im ländlichen Siedlungsraum leben: Für das Leben in den hochverdichteten Cities gibt es keine gültigen Blaupausen mehr. Zu schweigen von Visionen, die nicht im Meer der Torten- oder Balkendiagramme einer am Bilderdefizit leidenden Branche untergehen. Das aber hat womöglich etwas damit zu tun, daß die Superelasticos der Zunft in der Vergangenheit so sehr gewütet haben, daß die Gesellschaft nun ihr Heil lieber im planlosen Chaos als im durchdachten Städtebau sucht.

Dabei benötigt die Stadtgesellschaft nichts so sehr wie neue Ideen und ein neues Zutrauen in eine Disziplin, die endlich wieder erstarken müßte: Stadtplanung müßte schon längst die bestimmende Kraft der Gegenwart sein, um für die urban wirksamen Herausforderungen der Zukunft auch nur annähernd gerüstet zu erscheinen. Bücher mit vergleichenden Stadtanalysen wie zum Beispiel *The Endless City* (als Produkt der London School of Economics in Zusammenarbeit mit der Alfred-Herrhausen-Gesellschaft, Phaidon Verlag) müßten als Bestseller gehandelt werden.

Warum die Urbanistik so still geworden ist, warum ihr prägende, ja populäre Stimmen wie Lewis Mumford oder Jane Jacobs fehlen, das hat etwas mit dem Scheitern all der Stadtvisionen von gestern und vorgestern zu tun. Ob Band- oder Gartenstadt, ob autogerechte Stadt oder Stadt der Wohntürme, ob urban sprawl, „Renaissance der Stadt" oder Zwischenstadt: Nichts davon ist unversucht geblieben. Nichts davon hat überzeugt. Und wenn Nicolas Sarkozy, wie aktuell geschehen, die ökologische Stadt als „vielleicht größte Herausforderung des 21. Jahrhunderts" beschreibt und neue Konzepte für Grand Paris erfinden läßt, dann muß er daran erinnert werden, daß das gewaltige Banlieue-Problem seines Landes auch das Produkt jüngerer Stadtutopien ist: so ungelöst wie eh und je, wie zu Zeiten brennender Autos und demolierter Kindergärten in den Kulissen städtisch gemeinter Architektur.

Vorbei sind die Zeiten, in denen sich ein Le Corbusier mit geradezu göttlicher Schöpfungsgeste, entliehen der Sixtinischen Kapelle von Michelangelo, über seinen „Plan Voisin" beugen darf, nicht zufällig ein Anagramm der Vision. Der Plan Voisin aus dem Jahr 1925 sah vor, die Altstadt von

Paris durch kreuzförmige Wolkenkratzer zu ersetzen. Nur Hitler hatte noch radikalere Pläne mit Paris.

Erstaunlicherweise sind es noch immer vor allem Architekten, die mit großen Gesten die wenigen Stadtdiskussionen der Gegenwart dominieren: Norman Foster will die zwar vollkommen unsinnige, dafür aber medial vermarktbare Öko-Stadt „Masdar City" in der arabischen Wüste erschaffen; Gerkan, Marg und Partner haben eine Variante der Hamburger Binnenalster für eine Kunststadt nahe Shanghai vorgesehen; und Daniel Libeskind denkt über die zukünftige Gestalt von Düsseldorf so laut nach, daß es auch den Düsseldorfern auffallen mußte, die daraufhin die Stadtgestaltung durch das Stadtmarketing ersetzen wollten. Einer der wenigen mit der Materie der Stadt vertrauten Planer, der über Prominenz wie über Expertise verfügt, dürfte Albert Speer aus Frankfurt sein.

Die gewaltige, undankbare Arbeit, sich gegen die Fliehkräfte der modernen Stadt zu behaupten, die nicht der „Charta von Athen", sondern der Ökonomie verpflichtet ist, leisten Leute, die in großer Zahl namenlos bleiben. Es ist aber ihr Tun, das die Zukunft als planbar oder nur als freies Spiel der Kräfte ausweisen wird.

Reiche Stadt, armes Land
Der „Neue Urbanismus" dient der Exklusionsgesellschaft
SZ vom 17. Juni 2008

Für viel Geld bekommt man in der neuen Stuttgarter Wohnanlage „Quant" zumindest keinen besonders exaltierten Namen geboten. Quant – das ist immerhin mal etwas Neues auf einem Immobilienmarkt, dem schon längst keine begriffliche Bizarrerie mehr fremd ist. In München etwa wird in den nächsten Jahren das (vermutlich teuerste) Wohnen der Stadt in „The Heaven Seven" stattfinden, offenbar deshalb, weil zu befürchten ist, daß sich die geographisch exakte Beschreibung „Müllerstraße 7" nicht so gut verkaufen ließe auf dem globalen Markt für die wohnenden Superreichen. Die müssen ihre Sofalandschaften ja schließlich auch irgendwo wertsteigernd abstellen. In diesem Zusammenhang fällt übrigens auf, daß es auch kaum mehr Balkone oder Dachterrassen gibt. Dagegen taucht das „Skydeck" immer öfter auf. Und auch das Elternschlafzimmer scheint vom Aussterben bedroht zu sein – es weicht dem Master-Bedroom samt Master-Bad, Master-Ankleide und Master-Kirschkernkissen.

Aber ob München oder Berlin, Stuttgart oder Dresden: Dem Leser der voluminöser werdenden Bautafeln drängt sich überall die gleiche Vermutung auf. Daß sich nämlich die Bauträger und Investoren ihren marktschreierischen Hang zu aufgeplusterten Immobilien-Poesien vergolden lassen. Anders läßt sich kaum erklären, warum das „Loft-Wohnen", das Hausen in „Townhouses" sowie das Residieren in „Residenzen" so globalistischer wie teurer Natur sein muß – obwohl es von echten Lofts, Stadthäusern oder Residenzen meist denkbar weit entfernt ist. Auch ließe sich wetten: Wenn man den Marketendern des „gehobenen Wohnanspruchs" die „Arkade" wegnimmt, dann ist schon die zweite Immobilienblase in kurzer Zeit zu beklagen.

Deshalb wirkt das Quant, vom Namen her, trotz seiner furchterregenden Herkunft („eine Immobilie der Premiummarke Nobilium", die wiederum zur „Premiummarke LBBW" gehört) zunächst bescheiden. Zunächst, denn der Rest ist Premium. Vom „Wohnen auf höchstem Niveau" ist die Rede, von der „Toplage", von der „Handschrift eines international führenden Architekten" oder von der Innenausstattung, die „in den Händen international tonangebender Designer" liege. Dabei ist das Quant nur das ehemalige, jetzt umgebaute Bürogebäude des Max-Planck-Instituts in der Seestraße. Daher auch der Name: Planck gilt, tonangebend geradezu, als Begründer der Quantenphysik.

Nun könnte man das ganze Premium-Planck-Quant-Getue als branchenübliche Hysterie abtun, wenn die erhoffte Rendite nicht auch etwas zu tun hätte mit den Hoffnungen auf die „Renaissance der Stadt". Denn dieses schon seit Jahren zu beobachtende Phänomen, das die Wiederentdeckung der Innenstädte und zugleich das scheinbar beginnende Ende der Pendlervororte beschreibt, wirkt mittlerweile nicht nur positiv. Im Gegenteil: Der Stadtboom scheint auch fatale Kräfte freizusetzen, die nicht die Städte selbst zu Gewinnern machen, sondern nur den Gewinnern der Gesellschaft dienen. In diesem Sinn wird Luxuswohnraum für eine ganz bestimmte, urbanelitäre Klientel geschaffen, die vom Landleben gelangweilt ist. Die Renaissance der Stadt gerät auf diese Weise nur zur Wiedergeburt der Stadt, die sich nicht jedermann leisten kann. Die Stadtluft, die einst das Versprechen barg, frei zu machen, wird zunehmend teuer.

Projekte wie das Quant, in dessen kapriziöse Designwelt sich nur einkaufen kann, wer etliche hunderttausend Euro für zwei oder drei Zimmer anlegen möchte, illustrieren nicht nur die superlativistischen Grotesken des Immobilienmarktes, sondern auch die jüngsten, exkludierend wirkenden Verzerrungen der „Neuen Urbanität", die sich solcherart in ihr Gegenteil verkehrt. Der „New Urbanism", das politisch, ökologisch, soziologisch und sogar ästhetisch erwünschte Erstarken der Stadt, hat bisher offenbar bevorzugt Projekte hervorgebracht, die einer Minderheit dienen – um ein Interesse der Mehrheit am Stadtraum als Lebenswelt aller zu verspielen.

Das Quant etwa ließe sich – wäre es nur erschwinglich erbaut und nicht von Designern erdacht worden – als gelungener Beitrag zur Umwidmung der Stadt feiern. Denn der Umbau von zwar städtischen, aber trostlosen Büroräumen der Nachkriegszeit, die ein Leben nur von neun Uhr morgens bis nachmittags um siebzehn Uhr vorsehen, ist dringend geboten und stellt eine der interessantesten baupolitischen Herausforderungen dar. Oder, ein anderes Beispiel, die Berliner „Townhouses" unweit des Außenministeriums: Hier ist der Bautypus des Stadthauses reanimiert worden, der jahrhundertelang für das auch ästhetisch gelungene, vitalisierend wirkende Miteinander von Wohnen und Handel gesorgt und die Parzelle zum städtischen Leitmotiv gemacht hat. Die Townhouses von Berlin aber, stadträumlich geglückt (architektonisch jedoch mißglückt), dienen gleichfalls nur den urbanen Eliten. Natürlich ist das nun vollendete Ensemble schon seit Jahren verkauft. Im Berliner *Tagesspiegel* hieß es vor ein paar Wochen in diesem Zusammenhang: „Sozialen Wohnungsbau gibt es nicht mehr, der Zuzug von Leuten mit höheren Einkommen – Lobbyisten, Verbandsvertreter, Unternehmer, Promis aus der Medien- und Kunstszene – zeige aber auch: Für diese Klientel fehlt ein adäquates Angebot." Das alles unter dem Titel „Berlin wird nobler".

München, möchte man meinen, ist ebendies zur Genüge. Daß aber nur „mehr" auch mehr ist, im Gegensatz zum Moderne-Diktum „Less is more", demonstriert der steinerne New-Urbanism-Schick der neuen „Lenbachgärten" in Bahnhofsnähe. Dort wird das „stilvolle Wohnen und Arbeiten für höchste Ansprüche" im „Geist der Könige" annonciert – und entsprechend den höchsten Einkommen anempfohlen.

In Stuttgart wurde also Büroraum zu Wohnraum umgewidmet. Das tut der Stadt sehr gut. In Berlin wurde der vergessene Typus des Stadthauses reanimiert. Das ist hervorragend. Und in München wurde die traditionelle Ästhetik steinsichtiger Stadtfassaden interpretiert – und die räumliche Qualität städtischer Strukturen gleich mit. Auch das ist grundsätzlich ein Gewinn. Aber in allen drei Fällen, und es gibt viele Beispiele mehr in Deutschland, muß man schon zu den Gewinnern der Gesellschaft gehören, um gewinnender Teil der solcherart wiederentdeckten Stadt zu sein.

Die Wanderungssaldi, die die Renaissance der Stadt belegen, sind also differenziert zu werten: Familien mit Kindern oder einkommensschwächere Senioren bleiben demnach ausgeschlossen von der neuen Urbanität. Da ihr Lebensraum, die Vororte, aber bedroht ist – Stadtsoziologen sprechen von den Problemgebieten von morgen –, haben sie im Zuge der steigenden Mobilitätspreise nun ein zweifaches Problem: Die Innenstadt ist zum Wohnen zu teuer für sie – und das Pendeln von den Innenstädten, wo zunehmend die Arbeitsplätze der postindustriellen Gesellschaft angesiedelt sind, in die Außenräume können sie sich gleichfalls nicht mehr lange leisten. Früher, im 18. Jahrhundert, als nach dem Adel auch das vermögende Bürgertum das Wohnen in peripheren Villen und auf Landsitzen entdeckt hatte, verslumten die Innenstädte allmählich. Wer es sich leisten konnte, brachte sich vor all dem Schmutz, der Krankheit und der Tristesse der Stadt in Deckung. Nun ereignet sich das Gegenteil: Der Reichtum kehrt zurück in die Lofts und Townhouses. Mit dem Unterschied allerdings, daß nun jene, für die der siebte Himmel in der Stadt nicht gedacht ist, auch auf dem Land nicht bleiben können. Die wiedergeborene Stadt verheißt manch einem also weder vor noch hinter den Toren ein Leben.

Das Townhouse
Von schmalen Häusern und anderen Sehnsuchtsorten
SZ vom 6. März 2010

Seit einem halben Jahr leben wir, meine Frau, ich und unsere drei Kinder, in einem Haus, das aus einem Song der Talking Heads stammen könnte. In „Once in a lifetime" ist von einem falschen Leben am falschen Ort in einem falschen Haus die Rede. Nicht, daß unser Leben falsch wäre. Oder gar Waldtrudering, auch wenn ich es manchmal, nur manchmal und vom Marienplatz aus gesehen, als EU-Osterweiterung verorten möchte. Dabei ist Waldtrudering natürlich ein sehr schönes Viertel im Osten Münchens. Vielleicht nicht besonders zentral gelegen – aber mit Bäumen, Gärten, Wäldchen, Birkenpollenallergien und Millionen von enthusiastischen Laubsaugern ausgestattet. Wäre das Laubsaugen eine olympische Disziplin: Alle Siege gingen an Waldtrudering. Herrlich. Bleibt das Haus, das natürlich auch absolut richtig und gar nicht falsch ist. Und doch ist es in gewisser Weise ein „shotgun shack", von dem die Sprechenden Köpfe in jenem Song erzählen, der nicht zufällig so heißt wie ein Fernseh-Mehrteiler aus den sechziger Jahren: „Einmal im Leben". Dieses shotgun shack stammt bautypologisch aus dem Süden der USA. Elvis wurde beispielsweise in einer solchen Schrotflintenbude geboren, die deshalb so heißt, weil sie extrem schmal ist. Alle Zimmer sind in so einem Haus direkt hintereinander angeordnet. Ohne Flur. Aus Platzspargründen. Vier Meter achtzig ist unser Haus breit, Außenmaß. Es ist exakt so breit wie ein Porsche Cayenne lang ist. Der neue VW-Sharan (4,85 Meter) ist somit raumgreifender als unser Wohnzimmer. Der Architekt sagt, unser Haus sei das schmalste freistehende Einfamilienhaus in Deutschland. Ich weiß nicht, ob das stimmt. Es ist jedenfalls nur deshalb so schmal, weil das Grundstück so extrem schmal ist. Da man sich in München eigentlich kein Grundstück leisten kann, wir aber trotzdem keine Pendlerkarrieren starten wollten, haben wir nach einem Problemgrundstück gesucht. (Die mich ganz persönlich begeisternde Variante, in einer großartig urbanen Stadtwohnung zu leben, hat meine Frau zunichte gemacht: Sie wollte einen Garten.) Also suchten wir ein bezahlbares Grundstück, das im Falle Münchens beispielsweise in der Einflugschneise des Flughafens liegen müßte – oder zwischen zwei Autobahnzubringern. Vielleicht auch noch in der Nähe eines störanfälligen Atomkraftwerks.

Gefunden haben wir ein absurd schmales Grundstück. Dort leben wir glücklich und sollten an Gewicht womöglich nicht mehr viel zulegen. Es ist ein Haus für schmale Menschen. Townhouse kann man allerdings nur sehr bedingt zu unserem Haus sagen, obwohl es unzweifelhaft ein Haus ist – und ganz knapp auch noch in der Stadt und nicht vor der Stadt liegt. Prinzipiell ist es daher ein Stadthaus. Seltsamerweise aber eben gerade kein Townhouse. Schwierige Sache.

Schon das Wort ist merkwürdig. Städte bestehen nun mal aus Straßen, Plätzen und Häusern. Jedes Haus in der Stadt ist demnach ein Stadthaus. Aber dann müßte man auch das Rathaus, das Krankenhaus, die Schule und selbst das Polizeipräsidium München an der Ettstraße zum Townhouse befördern. Auch das Hauptzollamt, das Elefantenhaus im Zoo und die Autowaschanlage: alles Townhouses – wie geschaffen für die Poeten der Immobilienanzeigen, die schon viel zu lange von der Piazza und all den in Gewerbekisten verbauten Arkaden leben mußten. Da kam mit den Nullerjahren das Townhouse gerade recht.

Wörtlich übersetzen läßt sich das Townhouse nicht. Man kommt dem Begriff aber durch sein Gegenstück näher: das Landhaus. Denn tatsächlich entstand das englische Townhouse aus der Notwendigkeit, dem auf dem Land lebenden Adel Stadtrepräsentanzen zu schaffen. Der Geschäfte in der Stadt wegen, der Politik und der Ballsaison zuliebe entstanden die Townhouses als temporäre Einhausungen. Das gilt für Großbritannien, aber auch für andere Länder. Gemeinsam ist all den Stadtadressen der Peers und Dukes, ob in England, Frankreich oder in den Niederlanden: Sie waren nichts anderes als hauptstädtische Zweitwohnsitze. Dem Prince of Wales stand das Marlborough House in London zur Verfügung und auch das berühmteste britische Haus, 10 Downing Street, war einst ein Townhouse und somit das Gegenstück zum entsprechenden Landsitz. Später entwickelte sich die Typologie weiter (oder degenerierte, je nach Sicht) zum „vornehmen Bürgerhaus". Gemeint sind damit schmale, hohe, repräsentativ ausstrahlende und somit mit allerlei baulichem Dekor ausgerüstete Häuser für Familien. Aus der Baugeschichte kennt man herrliche Ensembles: aus London, Paris, Florenz, aber auch aus Frankfurt, Lübeck oder Trier. Das Stadthaus wurde auch zum Motor städtischer Ästhetik.

Aus diesem Stadt-Land-Antagonismus bezieht das Townhouse jenen Reiz, der es, obschon eine Erfindung früherer Jahrhunderte, für die Makler der Nullerjahre so attraktiv macht. Erste Townhouses entstehen in München, Berlin oder Hamburg. Die Nachfrage ist groß. Die Preise sind es auch. Das Townhouse ist wie eh und je elitärer Natur.

Das Townhouse als Stadthaus ist die räumliche Entsprechung eines soziologischen Phänomens. Die „Renaissance der Stadt", die sich seit einigen Jahren als eine Art Schubumkehr der Suburbanisierung ereignet, findet im Townhouse eine architektonische Entsprechung und läßt sich zudem als Lebensstil fassen. Ein Stil, nach dem man durchaus Sehnsucht haben könnte.

Es war die „Charta von Athen", die Gründungsurkunde der Moderne, in der die Diversifikation der Stadt zum Beginn des 20. Jahrhunderts erstrebt wurde. Wohnen sollte man in modernen Städten links, arbeiten rechts, einkaufen oben und ausgehen unten. Oder andersherum. Hauptsache: Das Leben zerfällt in saubere Portionen. Die Städte werden aufgeräumt – und auch die aufkommende Mobilität, öffentlich oder privat, spielt in diesem Zusammenhang eine Rolle. Ebenso wie die zunehmende Verschmutzung der industrialisierten Städte. Das alles führt zum Traum vom „Häuschen im Grünen". Erst zum Traum und dann zum Albtraum der sich breiig in die Landschaften ergießenden Vorortkolonien. Die Suburbanisierung kommt rasch in Gang. Rund um die Zentren wuchern die Reihenhaus-, Doppelhaushälften und Einfamilienhaus-Utopien. Überall in der Welt. Die Urbanität gerät aus der Mode. Das Landgut, das einst, in der Renaissance etwa, das Leben auf dem Land als Privileg auswies, wird mit dem

Jägerzaun umstellt, schrumpft – und ist bald massentauglich. Lebten früher die Reichen bevorzugt auf dem Land und die Armen vor allem in der Stadt, so kehrt sich das nun um: Wer es sich leisten kann, unternimmt den Treck hinaus aufs Land. „Einmal im Leben": Das ist, in den sechziger Jahren, die Geschichte der Fernseh-Familie Semmeling. Das Leben im Grünen, ganz ohne Town, ist zu diesem Zeitpunkt eine kollektive Sehnsucht. Ein Zukunftsversprechen mit Hilfe des Bausparvertrags und der Eigenheimzulage. Doch dann, wir sind nun am Beginn der Nullerjahre, kommt dieser Zukunft das Personal abhanden.

Die Trennung von Arbeit (Stadt) und Leben (Land) ist angewiesen auf die Trennung von Mann (Arbeit, Büro) und Frau (Haushalt). Außerdem auf eine junge, räumlich mobile und geistig eher statische Gesellschaft. Das ist nicht mehr gegeben. Die Erwerbsbiographien, ob weiblich oder männlich, sind variantenreicher als je zuvor – und zugleich wird die Gesellschaft immer älter und, hierzulande jedenfalls, kinderloser. Die Besinnung auf die Werte der nun wieder entindustrialisierten Stadt der Nähe und Dichte ist daher eine Zwangsläufigkeit: Die Reurbanisierung setzt in dem Maße ein, wie sich auch ein wieder städtisches Bürgertum entwickelt. Was aber fehlt: der geeignete Wohnraum. Nicht in Form von megalomanen Wohnblöcken, sondern wiederum als Sehnsuchtsort. Auch der Rückgriff auf das Townhouse ist daher mehr als nur eine Erfindung oder Wiederentdeckung des Maklergewerbes: Es ist der räumliche Abdruck einer so städtischen wie individualistischen Lebensweise.

„Wo ist denn Ihr Haus?" Das will Julia Roberts von Hugh Grant im Film *Notting Hill* wissen. Er antwortet: „Gleich da vorn, das Haus mit der blauen Tür." Und zeigt auf die typisch englische Backsteinreihe extrem schmaler Häuser. Das Townhouse, das mehr ist als ein Stadthaus, mehr auch als ein Reihenhaus im städtischen Kontext, ist auch ein Moment der Identitätsstiftung. Das Haus ist immer das mit der blauen Tür, dem grünen Dach oder den roten Fenstern. Und es muß immer gleich da vorn sein. Dahinter verbirgt sich keine horizontal organisierte Wohnung, sondern ein vertikal gemeintes Leben mit einer Tür zur Straße und der Möglichkeit der Bodenberührung. Sogar Terrassen und Gärten sind möglich. Wenn auch nur so kleine, daß die Anschaffung eines Laubsaugers unnötig erscheint.

Unser Haus, das schmale Haus, ist kein Townhouse. Es hat zu wenig von Gleich-da-vorn und zu viel von Drum-herum-Gehen. Auch fehlt die blaue Tür. Vornehm muß man es auch nicht nennen. Und ob es ein Bürgerhaus ist, hängt davon ab, ob Bürger darin wohnen. Es ist jedenfalls unser Haus. Our house. Aber das ist schon wieder ein anderer Song.

Das Individuum schlägt zurück
Selbstverwirklichung im Städtebau: Die „Berlin Townhouses" illustrieren eine Gesellschaft, die das Besondere sucht – und das Gemeine findet

SZ vom 23. September 2006

Die „Townhouses", die in Berlin mittlerweile Gestalt annehmen, kann man eigentlich nur rühmen. Die andernorts lediglich beschworene „Renaissance der Stadt": hier wird sie wahr. Auf einem etwa 25 000 Quadratmeter großen, prominent gelegenen Areal in Mitte werden bis zum Jahr 2008 in unmittelbarer Nachbarschaft zum Auswärtigen Amt auf 47 einzelnen Grundstücken individuell gestaltete, maximal sechseinhalb Meter breite Wohnhäuser mit kleinen Vorgärten oder grünen Höfen erbaut. Diese Stadthäuser kann man sich wie vier- bis fünfgeschossige Reihenhäuser vorstellen, die sich stadträumlich zu einer einprägsamen Geste verdichten. Im bescheidensten Fall bieten sie 242, in der großzügigsten Variante 489 Quadratmeter Wohn- und Nutzfläche. Dazu Dachterrassen, Balkone, Loggien oder sogar Innenhöfe.

Das Berliner Projekt, in globalistische Marktform gefönt durch den recht überflüssigen englischen Begriff der Townhouses, reanimiert somit den seit Jahrhunderten in Europa bekannten Typus des „vornehmen Bürgerhauses". Gemeint sind damit schmale, hohe, repräsentativ ausstrahlende, folglich auch mit baulich dekorativen Fassaden ausgestattete Häuser für Familien. Als charakteristische, räumlich wirksame und vital organisierte Figuren kennt man großartige Ensembles solcher Stadthäuser aus London, Paris, Florenz oder Amsterdam; aber auch aus Lübeck, Frankfurt oder Trier; und schließlich aus San Francisco oder sogar New York.

Im Zuge der Suburbanisierung – also der räumlichen Trennung von Arbeiten und Wohnen nach den Maßgaben der grausam mißverstandenen „Charta von Athen" als Gründungsurkunde der Moderne – verschwand diese außerordentlich ästhetische und welthaltige Form städtischen Lebens aus den Innenstädten. An ihrer Stelle entwuchsen den Städten vor allem in den Nachkriegsjahren die bekannten, einfältigen Glasmenagerien der trübseligen Bürostundengesellschaft. Das Wohnen zog sich dagegen

„ins Grüne" zurück, um zum heutigen Doppelhaushälftenglück mit Autobahnanschluß zu werden.

Weil nun aber Suburbia „das Personal ausgeht" (Hartmut Häußermann), vor allem die Frauen nämlich, die ihre Zeit nicht länger als Taxidienstleister der Kinder vergeuden wollen, weil der Pendelterror der Feinstaubfreunde unbezahlbar wird, weil eine überalterte Gesellschaft aus den verwaisten Vorstadtghettos wieder zurück in die Zentren drängt – und weil sogar immer mehr Familien in die Stadt der kurzen, flexiblen, leichter zu organisierenden Wege ziehen wollen: deshalb steht der Stadt als Wohn- und Arbeitsort tatsächlich eine auch geistig gemeinte Renaissance bevor. Was noch fehlt: der geeignete Wohnraum.

Insofern markieren die Stadthäuser in Berlin und anderswo eine überzeugende Alternative zum Flächenfraß-Eigenheim im adipösen Suburbia. Auch in Frankfurt oder Hamburg, in Köln oder Leipzig entdeckt man derzeit beherzt die Zukunft unseres baugeschichtlichen Erbes: nämlich das ökonomische, ökologische und – nicht zuletzt – das soziologische Potential moderner Stadthäuser. Besser spät als nie.

Und sie sind manchmal durchaus erschwinglich: Der Grundstückspreis des Berliner Projekts variiert pro Quadratmeter zwischen 769 und 1498 Euro. Kein Wunder, daß die 47 Häuser auf dem Friedrichswerder längst verkauft sind. Sie definieren privaten und bezahlbaren Wohn- und Grünraum zwischen Gendarmenmarkt und Schloßplatz, zwischen Unter den Linden und Spittelmarkt. Im Grunde ist das eine Sensation.

Einerseits kann man also den Initiatoren – der Senatsverwaltung für Stadtentwicklung sowie der DSK, der Deutschen Stadt- und Grundstücksentwicklungsgesellschaft – nur gratulieren. Andererseits muß man sich angesichts der ersten, fast fertigen Eigenheime nun auch fragen, ob Berlin verrückt geworden ist: Ein Projekt, das derart souverän die Frage nach der Zukunft der Stadtgesellschaft beantwortet, läßt man aussehen, als ob es einer Seminararbeit im zweiten Semester zum Thema „Fassadenstudien" entsprungen wäre. Oder der Bauschmuckkiste von Obi.

Die Architektur der stadträumlich geschickt situierten und baupolitisch klug durchgesetzten „Berlin Townhouses" erweist sich bei näherer Betrachtung als Groteske. Und mehr als das: als Lehrbeispiel einer mißverstandenen Liberalität im Stadtraum. In Berlin triumphiert die überindividualistische Gesellschaft über das Wesen der Allgemeinheit. Selten zuvor wußte sich bauliche Egozentrik eine so feine Adresse zu verschaffen. Die spektakelhaften Schauwerte des Projekts, in dem sich 47 Bauherren mit 47 Architekten auf denkwürdige Weise verwirklichen dürfen, entsprechen den inneren Werten leider in keiner Weise.

Die flirrende, in jede beliebige Richtung wuchernde Ästhetik der Stadthäuser, die kein einziges Kapitel der Baustilkunde ausläßt, illustriert eine Massengesellschaft, die sich in privatistische Kapriolen flüchtet, weil sie ihre eigene Masse offenbar nicht aushält. Norm, Kanon und Regelhaftigkeit: man sieht die „Berlin Townhouses" förmlich auf der panischen Flucht davor. Sie entsprechen nicht den Geboten im öffentlichen Raum, sondern stülpen ihren ungehemmten Expressionismus über die Öffentlichkeit. Sie drängen sich auf. Sie repräsentieren eine Architektur der Indezenz, die an die Möglichkeit erinnert, sich ein „persönliches Parfum" im Discount mixen zu lassen. Die Stadthäuser ähneln der Klingelton-Industrie oder der verbreiteten Neigung, sich eine Privatreligion zusammenzuschrauben. Sie sind Stein gewordene „Individualreisen", „Individualausstattungen" für Autos und „Individual-Pop-Alben" im Rechner. In diesen Stadthäusern hat sich eine nach „Individualität" gierende Gesellschaft ein fragwürdiges Denkmal gesetzt.

Vermarktet wird das Projekt folgerichtig so: „Die Vielfalt der unterschiedlichen Menschen soll sich in der Individualität der einzelnen Häuser widerspiegeln [...]. Stark strukturierte Fensterachsen wechseln sich mit klassisch-modernen Stirnseiten unterschiedlicher Materialität ab. Die schmalen hohen Fassaden verleihen jedem Haus eine eigene, unverwechselbare Handschrift." So viel verwechselte und falsch verstandene Unverwechselbarkeit war nie.

Die Exzentrik des Immobilienmarktes kennt schon länger blaue Dächer, absurde Palazzobalustraden und überhaupt das emsige Bemühen um Auflösung städtebaulicher Leitmotivik und einheitlicher Gestaltungssatzungen. Aber nun dringt solch ein Persönlichkeitswahn offenbar in die Stadt vor. Und hier hört der Spaß auf. Denn das ist das genaue Gegenteil der Stadt-Renaissance – das ist lediglich die Wiedergeburt der lachhaften Vorortkonkurrenzen mit den Mitteln und im Maßstab der Stadt.

Der öffentliche Raum wird auf diese Weise umgebaut zum Freiraum privater Sehnsüchte, der – im Gegensatz zu früherem Bauherrenehrgeiz – aus einem gewaltigen Arsenal unendlich vieler Inszenierungsmöglichkeiten bestückt werden kann. Der begrenzte Musterkatalog tradierter Baukunst gerät so zum gigantischen Speicherchip postmodernistischer Kombinatorik. Die Folgen sind erbärmlich. Auf dem Friedrichswerder in Berlin hat man das Gefühl, einem Lookalike-Contest der Architekturparodien ausgeliefert zu sein. Da ist beispielsweise ein Haus zu sehen, das sich mit Zahnschnitt und ionischem Kyma als ehrgeizige Antikenausstellung maskiert. Flankiert wird es vom Gegenteil: von einer Backsteinbescheidenheit, die man vielleicht aus Sheffield, nicht aber aus Berlin kennt. Dann gibt es den Typus „Mies van der Rohe für Arme", der glaubt, aus dem Vokabular des Barcelona-Pavillons eine Wohnhaus-Optik destillieren zu können. Oder das Haus, das aussieht, als hätten die Betongießer die Fassadenelemente einem Bierflaschenöffner nachempfunden.

Und über all dem, mal über Beton und Ziegel, mal über Putz oder Glas, über stehend oder liegend proportionierten Fassaden, über Stirnseiten, die Rückenansichten, und Höfen, die Vorderseiten sein wollen, über all dem hebt und senkt sich eine Traufe als Dachbegrenzung, die – um nur ja nicht einheitlich zu wirken – die Fieberkurve eines allzu offenen Immobilienfonds nachstellt. Auch der blaueste Himmel über Berlin wird über den „Berlin Townhouses" wie eine ungeschickte Laubsägearbeit aussehen.

Man fragt sich, was die Stadtbaupolitik zu dieser rauschhaften Überdosis Individualität hat greifen lassen, die jedem Konsens und damit leider auch jeder Stadtbaukunst mißtraut. Im Hintergrund, an der Leipziger Straße, überragen riesige Plattenbau-Wohnmaschinen die neuen Stadthäuser und beantworten die Frage zum Teil. Es ist die Erfahrung der anonymen Schlafregale der Ost- wie Westmoderne. Es ist das niemals eingelöste Versprechen vom „befreiten Wohnen", das zu seinem eigenen Gegenteil geführt hat: zum Leben in Nummern statt in Häusern. Zum anderen Teil ist es die depressive Rigidität der jüngeren Berliner Baupolitik, die mit ihren absolutistischen Formvorgaben eine überschießende Sehnsucht nach Revolte erzeugt hat. Und drittens verdankt sich die unansehnliche Phantastik solcher Projekte einem Immobilienmarkt, der seine Ideen im Fahrwasser einer auch sonst überindividualisierten Gesellschaft verkauft.

Aus all diesen Zutaten kann die Stadt der Zukunft nicht bestehen, wenn sie bestehen will. Wie zu allen Zeiten benötigt sie auch heute den Begriff des Kanons, der formalen Reichtum mit gesellschaftlicher Übereinstimmung ausbalanciert. Es ist die Stadt als Behältnis vieler, die eine „Handschrift" besitzen soll – nicht das Haus selbst. Solch eine Handschrift ergibt sich auch im Ensemble aus wenigen, rhythmisierend und spannungsvoll zurückhaltend eingesetzten Formakzenten. Die „Berlin Townhouses" nehmen sich dagegen aus wie ein Orchester, dem man beim Stimmen der Instrumente zuhört: laut und dissonant.

Man denkt an einen Mordillo-Cartoon. Darin wird ein Knubbelmänn-
chen verhaftet, weil es – in einem Meer grauer, gleich aussehender Häuser
– sein Haus bunt anpinselt. Dabei ist es der Städtebau aus dem Geist der
Knubbelmännchenkritik, wovor man sich zu fürchten hat.

Runter von der Holztribüne
Kampfbahn, Stadion, Arena, Hexenkessel, Superdome:
Eine kleine Kulturgeschichte der Spielstätten des Fußballs
SZ vom 27. Mai 2005

Das Spielfeld ist tipp-topp. Die Traversen sind famos angelegt, und
die Zuschauer stehen angenehmerweise nahe am Spielfeld." Im Prinzip könnte dieser Satz natürlich auch im aktuellen Sportteil einer großen, sagen wir mal: einer großen süddeutschen Zeitung nachzulesen
sein. Zum Beispiel zur Eröffnung der Münchner Allianz-Arena, die ja
vor allem für ihre brodelnde, steilwandige Hexenkesselartigkeit gelobt
wird. Also mit anderen Worten genau dafür, daß die Zuschauer angenehmerweise nahe am Spielfeld ... nur: Wer steht denn heutzutage noch
am Spielfeld?
Der Satz kann also nicht die Gegenwart des deutschen Fußballs beschreiben, in der eher am Spielfeld logiert und mindestens gesessen wird. Er
scheint eher dem Pleistozän unserer Stadien-Entwicklungsgeschichte entsprungen, was man übrigens auch daran erkennen kann, daß der zeitgenössischen deutschen Fußballkritik nicht nur die heldenhaften Stehplatz-
karteninhaber, sondern auch die verehrungswürdigen Worte „tipp-topp"
und „famos" abhanden gekommen sind. Zu schweigen von den „Traversen", die nur noch das Lexikon kennt: als „eine Art Erdwall". Tatsächlich
stammt der Satz, der übrigens in dem famosen Standardwerk von Werner
Skrentny nachzulesen ist („Das große Buch der deutschen Fußball-Sta-
dien"), aus dem Jahr 1930 und dem DSC-Stadion Dresden, wo Deutschland am 28. September aus einem 0:3 gegen Ungarn noch ein unfaßbares
5:3 herausgeholt hat. Man stelle sich vor!
Und wenn in der Allianz-Arena zu München das erste deutsche Spiel der
Weltmeisterschaft 2006 nach einem überraschenden 3:0 beispielsweise
noch als schamhaftes 3:5 verloren geht, dann wird man die Verantwortung wem geben? Den Sitzplätzen, den Sitzplatzkarteninhabern, den Sitz-
platzarchitekten und überhaupt der ganzen Fußball-Evolution. Diese ist
nämlich dafür verantwortlich, daß Stadien wie die „Rudi-Pinkert-Kampf-

bahn" (Dresden, vormals bekannt als „Sportplatz der Transformatoren- und Röntgenwerker") die „Plumpe" (Berlin) und das „Tivoli" (Aachen) zum Beispiel zur Allianz-Arena (München), zur AOL-Arena (Hamburg) oder zur Arena „auf Schalke" mutiert sind. Wobei man wissen muß: Der ganze Streit um Stehkultur kontra Business Seats, um Südkurven contra Vip-Logen und um „Glückauf"-Gesänge contra gute Laune vom Band, die ganze Kontroverse also um Stadion-Tradition und Arena-Moderne – ist keineswegs neu.

Auch der Fachschrift *Der Fußball* war ja seinerzeit in Dresden, als es so glücklich gegen Ungarn ging, die Zuschauernähe „angenehm" und einen Hinweis wert. Wer jetzt also, da aus den weitläufigen, großzügigen Stadien allerorten präzise kalkulierte und dramatisch inszenierte Arenen werden, der Fußballkultur hinterhertrauert, der muß sich klar machen, daß der Fußballkultur immer schon kräftig hinterhergetrauert wurde. Die Entwicklungsgeschichte der Fußballplätze war insofern immer schon schillernd. Die „Plätze", später „Kampfbahnen", noch später „Stadien" oder – wie jetzt – „Arenen" schienen den einen immer schon etwas tipper, denn anderen aber nur etwas topper zu sein. Diskussion gab es stets. Was ja auch niemand verwundern kann: Wie keine andere Sportart spiegelt der Fußball auch die politischen, soziologischen und ökonomischen Verhältnisse der Gesellschaft wieder. Der Ort, an dem Fußball gespielt und geguckt wird, ist also immer auch Topos – und der Raum rund um den Anstoßpunkt ist immer auch Streitpunkt.

Von Carl Diem, dem Generalsekretär des Deutschen Reichsausschuß für Leibesübungen, ist diese Empfehlung für ein „Universal-Stadion" des Jahres 1926 bekannt: „Ein Sportplatz ist ein Schmuckplatz. Sei freigiebig mit schmückendem Grün, sparsam mit Zuschaueranlagen, weg mit Reklame und Bretterzaun [...] eine Kampfbahn ist kein Hochbau, es ist gestaltete Natur [...] vermeide die Waschschüsselform!" Und Gerhard Krause, Autor des Buches *Das deutsche Stadion* (ebenfalls 1926), beschrieb „reine" Fußballplätze so: „[...] häßliche Sandplätze zwischen Bretterzäunen und hohen schwarzen Brandmauern, mit Zuschauertribünen, roh aus Holz gezimmert". Beide waren sich darin einig: „Der Schrei nach der Tribüne stammt im Wesentlichen aus dem Geldbeutel, und dieser sollte in unserer Sache nicht regieren. Zum Begriff des Sports gehört der freie Himmel, und wer nicht einen Regenschauer in Kauf nehmen will, der soll dem Sportplatz fern bleiben."

Es ist schon ein Jammer, daß Diem und Krause ein dreiviertel Jahrhundert später die Münchner Debatte um das Olympiastadion von Günter Behnisch (Regenschauer und Natur) beziehungsweise um die Allianz-Arena von Herzog und de Meuron (Zaun und Geldbeutel) nicht mehr mitbekommen haben. Die Arena, diesen gebauten pneumatischen Wall mitsamt den 106 Logen, hätten sie schwer verteufelt – und wären damit schwer im Irrtum.

Denn sowohl der Zaun als auch der Geldbeutel standen gewissermaßen Pate an der Wiege aller deutschen Stadien. Sie sind so etwas wie das konstituierende Momentum in jenem Sport, der sich vor einem Jahrhundert noch auf öffentlichen Exerzierplätzen, Stadtplätzen oder Stoppelwiesen ereignete. Erst im Streit mit Polizisten oder Spaziergängern wurde der Zaun zum rettenden und tatsächlich sinnstiftenden Element. Indem aber von nun an dem Fußballspiel etwas Exklusives, etwas Ausschließendes innewohnte, konnten die Fußballvereine auch Eintritt verlangen. Von Anfang an geschah das nach dem vernünftigen, aber leider dezent kapitalistischen Motto: Je besser die Sicht und je bequemer der Platz – desto teurer. Die fulminante Erfolgs- und Vereinsgeschichte des deutschen Fußballs war immer schon eine der Ökonomie (womit übrigens auch die Ökonomie der Städte gemeint ist). Insofern sind die Traversen von einst nichts anderes als die Vorgänger der golden gestalteten Vip-Logen in der Allianz-Arena.

Aus den öffentlichen Fußballplätzen wurden also schon früh die klassischen, von Bretterzäunen umstellten, privaten Vereinsplätze. Paradoxerweise wurden diese aber nun nicht immer privater – sondern im Gegenteil immer öffentlicher. In den zwanziger Jahren wurden die Volks- und Volksparkstadien modern. Über das Volksparkstadion Bamberg hieß es: „Der Volkspark soll der moderne Gesellschaftspark sein, der Park, wo Spiel und Sport getrieben, wo geturnt und getummelt wird …". Landschafts- und stadträumlich waren zu diesem Zeitpunkt die Stadien bereits prägend – architektonisch waren sie noch nicht von Belang. Die wenigen, den Erdwällen aufgesetzten Holztribünen lassen noch heute an Pferde-Unterstände im Wilden Westen denken.

Das änderte sich in der NS-Zeit. Und zwar gründlich. Im „größten Stadion der Welt", zu dem am 9. Juli 1937 der Grundstein auf dem Areal des Nürnberger Reichsparteitags gelegt wurde, sollten 405 000 Besucher Platz finden: in einer 540 Meter langen, 445 Meter breiten und 82 Meter hohen Anlage, von deren Rängen sich die blonden deutschen Fußballhelden wie die allerletzte Schrumpfstufe der Tip-Kick-Figuren ausgenommen hätten. Zum Glück ist der deutsche Fußball nicht mit dem „Tausendjährigen Reich" untergegangen: Er überlebte in den sogenannten Trümmerstadien,

die nach Kriegsende aber auf gut deutsch zum Beispiel „Victory-Stadium"
hießen. Danach ging es schnell. Die Fußball-Bundesliga wurde 1963 eingeführt, Erstliga-Stadien mußten nun mindestens 35 000 Plätze und eine
Flutlichtanlage aufweisen. Es wurde gebaut – und dann kam auch noch die
WM 1974 nach Deutschland: Jetzt gab es kein Halten mehr. Die Städte und
Vereine traten auch in architektonische Konkurrenz zueinander. Überall
in Deutschland sollte „das modernste Stadion der Welt" zur gleichen Zeit
an unterschiedlichen Orten entstehen: in Hamburg, Berlin, Frankfurt,
Dortmund, Gelsenkirchen, Hannover, Düsseldorf, Stuttgart und München. Werner Skrentny, der in seinem bereits erwähnten, praktisch alles-
wissenden Atlas nicht weniger als 342 deutsche Fußballstadien beschreibt,
nennt dies die „erste Stadien-Revolution".

Der Wechsel vom Stadion zur multifunktionalen Arena (wie „auf Schalke")
oder zum „Hexenkessel" (wie in München) markiert demnach bereits die
zweite Revolution. Wieder im Zuge einer WM: diesmal der kommenden
von 2006. Wer heute der guten alten Zeit und seinen alten Stadien oder
Kampfbahnen oder den Erdwällen nachtrauert, ist also meistens ein Ex-
Revolutionär der siebziger Jahre, der auch seinerseits irgendeine gute alte
Fußballzeit auf dem Gewissen hat.

Irgendwann werden auch die fahrbaren Rasenteppiche, die Aida-Vorstel-
lungen und die Hexenkesselstrategien verdammt alt aussehen. Die Zukunft
unserer Stadien kommt aus den USA, wo die „Superdomes" fast nur noch
aus medial hochgerüsteten Zwingburgen, also aus Bytes und Bites bestehen.
Virtuelle, vielleicht sogar interaktive Spielformen werden dem Spiel vor allem
dort gefährlich werden, wo die Virtuosität des klassischen Spiels und die
Realität des klassischen Fans gefragt wäre. So melancholisch wie uns heute
die Bilder längst vergangener Holztribünen angucken, werden wir vielleicht
auch einmal auf die Ruinen diverser Arenen blicken. Der Ball ist schließlich
rund. Es ist also nicht auszuschließen, daß er sich gelegentlich bewegt.

Ich chille, also bin ich
**Früher gab es Wartezimmer, Bars, Apotheken, Fernsehstudios
und Stehplätze im Stadion. Jetzt gibt es leider nur noch: die Lounge**
SZ vom 3. Mai 2008

Man fragt sich, ob *Anne Will*, die ARD-Fernsehsendung, nicht die Frau,
wirklich so mäßig ist, wie die Leute behaupten. Vielleicht stimmt das
nicht. Vielleicht besteht das Problem darin, daß Anne Will, die Frau,

nicht die Sendung, den Sonntag in einer goldenen Wellness-Wohnhöhle verbringen muß, die aussieht, als ob die ARD-Tapezierer das Bernsteinzimmer für Arme nachbauen wollten. Vermutlich wollte man der zielgruppenrelevanten „Generation Lounge" auf die Sprünge helfen. Respektive aufs Sofa.

Homer Simpson, unser Held in der Dichtkunst, lebt in der fiktiven US-Stadt Springfield. Einmal will er sich Schuhe kaufen. Homer betritt also das Schuhgeschäft – und der Schuhverkäufer sagt: Machen Sie schnell, in fünf Sekunden zieht hier Starbucks ein. Zu diesem Zeitpunkt besteht Springfield schon zu 85 Prozent aus Starbucks-Filialen. Übereinander, nebeneinander, ineinander. Immer nur Starbucks. Aber das ist Comic.

Die Wirklichkeit ist schlimmer. Denn in Wahrheit verdrängen nicht nur Starbucks-Filialen arglose und liebe Schuhgeschäfte aus den Städten. Sondern sie verwandeln sich außerdem auch noch in Lounges. Und weil sich auch Fernsehstudios, Stadion-Stehplätze, Zahnarzt-Wartezimmer und ganz gewöhnliche Wirtshäuser oder Bars als Lounges verkleiden, muß man sagen, daß sich die Welt gerade in eine gigantische Chillout-Zone verwandelt.

Am Frankfurter Flughafen gibt es zum Beispiel eine neue Tierstation. Dort leben Nashörner, Frettchen, Pinguine. Dazu Hund, Katze, Maus – und 3 000 Tonnen Zierfische. Affen gibt es auch. Dazu gelbe Plastikschutzanzüge und blaue Plastikschutzhandschuhe. Schleusen und Labors sind zu sehen. Man denkt ans Kino, an den Virus-Schocker „Outbreak", in dem ein verseuchtes Äffchen aus dem Dschungel die Welt bedroht. Folglich sollte diese Tierstation einen ernsthaften Namen tragen, zum Beispiel „Hochsicherheitstrakt". Und sie sollte mit einem Hinweisschild ausgestattet sein: „Vorsicht! Viren! Bakterien! Gefährliche Tiere!"

Es sollte jedenfalls klar werden, daß die 25 Veterinäre und 60 Pfleger, die hier arbeiten, nicht zum Vergnügen da sind. Aber im Stil der Zeit heißt die neue Tierstation: „Animal Lounge". Die Lounge ist mittlerweile sowas wie die Leah oder der Leon: ein unfaßbar beliebter Name, der schon seiner Seltenheit wegen so massenweise Anklang findet, daß die Exotik irgendwann untergeht. Animal Lounge: Man kann sich gut vorstellen, wie dort Lämmer und Löwen friedlich beieinander liegen, ein paar Nüsse in Reichweite, Beine hoch, dazu der eine oder andere Gimlet. Wie sie abhängen, wie sie entspannt und gut gelaunt loungen.

Das ist Englisch und geht in Richtung Faulsein, Zeitvertrödeln, Herumlungern. Neuerdings wird der Begriff nur noch positiv verwendet. Das Loungen hat sich zu einer Glücksindustrie entwickelt. Es ist die Utopie unserer Gesellschaft. Wer jetzt keine Lounge hat, baut sich keine mehr. Und man kann dann sehr traurig darüber werden.

Denn es gibt offenbar keine Gehäuse mehr, die einfach nur funktional sind im Sinne von Essen, Trinken, Warten, Plaudern, Zeitunglesen, Tiere Aufbewahren, Fußballgucken. Nein, eine Lounge muß es sein. Ein Gefühl. Ein Sehnsuchtsort. Es gibt Business- und VIP- und Animal- Lounges. Smart Lounges und First-Class-Lounges. Dazu „Deutschlands erste Lounge für das Aufhellen von Zähnen" (in Frankfurt), die „Manager-Lounge" (im Internet) und jede Menge „Sky-Lounges" (überall) mit Nüssen umsonst. Und es gibt das tolle Versprechen im Wohn-Chat: „Meine Wohnung wird loungig – ich mache Chill-Abende."

Ich lausche, du lauschst, er, sie, es lauscht, wir lauschen. Sprechen muß man das so: Lauuuunschen. So, als ob das „U" mit Flokati ausgekleidet wäre. Oder so: Looooounen. So, als ob man sich auf das „O" draufsetzen könnte wie auf ein leicht grunzendes Plastikkissen. Die Lounge ist über die Welt gekommen und macht sich breit wie kein anderes Utopia. Höchstens könnte es noch irgendwo im afghanischen Bergland ein paar Lounge-freie Zonen geben.

Das, was man früher Caféteria genannt hätte, heißt jetzt an der Ludwig-Maximilians-Universität zu München „unilounge". Und in Wien wurde die Apotheke Saint Charles in der Gumpendorferstraße 30 sozusagen relounged. Vormals hieß sie „Apotheke zur heiligen Dreifaltigkeit". Jetzt verkaufen sie dort nicht nur Aspirin und Stützstrümpfe zu Apothekerpreisen – sondern es ist sogar eine Apotheke zu Loungepreisen daraus geworden: eine „ganzheitliche Oase", in der man von einem Team aus Köchen, Beauty-Experten und Pharmazeuten zum „Relaxen, Shoppen, Essen und Glücklichsein", ja, nachgerade zum Gesundsein angeleitet wird.

So etwas hat Berlin nicht zu bieten. Aber immerhin hat dort die Fiat-Tochter Lancia die erste „Lancia-Café-Lounge" eröffnet. Es soll ein Pilotprojekt für andere europäische Metropolen sein. Autos gibt es dort auch. Das muß so sein, denn mit „Q 110", der „Bank der Zukunft" an der Friedrichstraße 181, hat die Deutsche Bank eine Berlin-Filiale eröffnet, die auch nicht ganz ohne Finanzprodukte auskommt. Obwohl sie im Grunde natürlich „so etwas wie eine Lounge" sein soll. Samt „Trendshop".

Unter all den neuen Worten, die sich wie eine Quallenpest ausbreiten, verbirgt sich ein Haupt- und Großwort, welches alle anderen Plagen repräsentiert. Für all die Design-Hotels, Wellness-Oasen, Wohlfühl-Religionen und Trendshops, fürs Cocooning wie fürs Homing gibt es einen Namen: die gottverdammte LOUNGE. Dazu gibt es Lounge-Musik und Lounge-

Mode, Lounge-Literatur, Lounge-Architektur, Lounge-Design, und also muß man jetzt mal sagen: Die Esoterik hat gesiegt.

Die Ankündigung, daß die berüchtigte „Buddha-Bar" nun expandiert und auch im Hotelgeschehen mitmischen will, um dann nach und nach sechs „Buddha-Bar Hotels & Resorts" im jeweils loungeartigen Ambiente zu eröffnen, von Prag bis Panama, kann man deshalb nur noch als Vollendung der Apokalypse begreifen. Kein Wunder, daß sich Berlin schon sehr darauf freut.

Denn somit wird sich auch die berühmte „Buddha-Bar-Musik" ausbreiten, die man als feinste elektronische Chillout-Musik, gekühlt mit Ambient & Downtempo, gemixt mit House & Latin ruhig fürchten darf. Lounge, als Musikrichtung, hört sich exakt so an. In solcher Musik fühlt man sich, als ob man sein Leben im Inneren einer Lava-Lampe verbringen müßte. Lounge-Musik ist so, als ob die Restbelegschaft von Amon Düül auf dem klanglichen Fundament von „Popcorn" den Hintergrund-Sound für eine Spa-Abteilung komponiert hätte. Versehen mit dem Auftrag, das Wellness-Lexikon von Abhyanga bis Ohrkerzenbad zu vertonen – dabei aber wie Pink Floyd auf Hindi zu klingen. Angesprochen wird damit alles, was sich zur digitalen Bohème rechnen darf. Die war im 17. Jahrhundert noch nicht bekannt, als sich die Vorläufer der Lounges – Tavernen und Schenken vor allem – erstmals in der Kulturgeschichte des öffentlichen Trinkens und Essens bemerkbar machten. Hotels, Bars, Restaurants und Clubs sind die legitimen Erben der frühesten Möglichkeiten, den Status des Unterwegsseins räumlich abzubilden. Insofern ist der derzeit erlebbare Lounge-Schub verständlich. Er bezeichnet einen neuerlichen Höhepunkt der Mobilität. Auch im 17. und 18. Jahrhundert entstanden aufgrund der schon damals spürbar werdenden Bewegtheit Gaststätten als transformatorische Zwischenräume. Im Wiener Kaffeehaus wurde sehr viel später daraus die griffige Formel „Nicht zu Hause und doch nicht an der frischen Luft". All die Laptops und Mobiltelefone, die heute in den Lounges als Indizien erhöhter Flexibilität wirken, sind ein ferner, allerdings immer bizarrer werdender Nachhall auf diese Entwicklung. Denn die Lounge ist der Versuch, die Globalisierung wie ein Wohnzimmer aussehen zu lassen. Wir sind zwar immer mobiler und deshalb immer öfter in den Wartehäuschen der Mobilität anzutreffen. Die aber sollen aussehen wie ein Zuhause. Die weltweit uniformen Lounges behaupten also eine – natürlich fiktive – Behütung gegen alles Unterwegssein: Ich chille, also bin ich. Wobei die Errungenschaften der Cocktailstunde, der Hotellobby und vor allem der amerikanischen Bar im Grunde nicht genug zu rühmen sind.

Raymond Chandler konnte nur solchen, oft magischen Orten Figuren wie Marlowe und Szenen wie diese abgewinnen: „Es war so still bei Victor, daß man fast die Temperatur fallen hörte, wenn man zur Tür hereinkam. Auf einem Barhocker saß ganz allein eine Frau in einem schwarzen Modellkleid, mit einem blaßgrünlichen Drink vor sich, und rauchte in einer langen Jadespitze eine Zigarette. Sie hatte jenen feingesponnenen, intensiven Blick, der manchmal neurotisch ist, manchmal sex-hungrig und manchmal einfach das Ergebnis drastischer Diät." Das war lange vor jenen überall gleich aussehenden Design-Bars, die eine erste böse Ahnung der heutigen Lounge-Depression darstellten.

In den 1980er Jahren entging man ihnen vor allem dort nicht, wo sich der Weltgeist wie Ibiza anfühlte. In der Bucht „Cala des Moro" entstand 1980 das „Café del Mar", dessen Behausung wie das herausgesägte Stück einer ungeliebten und ausgehärteten Hochzeitstorte aussieht. Das Publikum dort, die blaue Stunde und die Musik ergaben schließlich jenen Grusel, der zu solchen Sätzen gerinnen mußte: „Lounge: Wellness goes Clubbing".

Noch heute bestellt man, während man es sich auf dem Stuhl „Costes" von Philippe Starck (1982) oder in der Ur-Buddha-Bar (1996) bequem macht, während man die unvermeidlichen Tulpenstühle von Eero Saarinen in der Orbit Bar in Sydney (1999) umschifft, noch heute bestellt man immer Ibiza mit, wenn man in eine Lounge einkehrt. Das ist das Schlimmste am Loungen: die Ibizahaftigkeit. Das Zweitschlimmste ist die Haltlosigkeit. Den „Lounge Chair", der so elend schlecht kopiert wird in der Retro-Welt, hatte sich Charles Eames für einen Freund ausgedacht: für Billy Wilder, den kugeligen Mittagsschläfer. Jeder etwas größere Mensch sieht schon im Original-Eames aus wie eine Büroklammer in unterwürfiger Stellung.

Versunken in den Knautsch-Möbeln, die als degenerierte Nachkommen herumstehen, sehen die Abhänger und Chillenden heute nun endgültig wie aus? Wie Menschen in sehr großer Not.

Gottes unheilige Untermieter
Kirchen zu Kinos und Wohnungen: Gläubige bleiben fern,
Gotteshäuser werden umgewandelt
SZ vom 29. März 1997

Berlin-Spandau, Lutherplatz 3: Gott wohnt hier nicht. Sein Name ist an der mannshohen Klingeltafel am Haupteingang der evangelischen Luther-

Kirche nicht zu finden. Man kann bei Rührmund ganz oben klingeln oder bei Beckmann im ersten Stock. Aber niemand macht auf. 12 Klingelknöpfe und keine Antwort.

Dafür flimmert ein Fernseher, woanders leuchtet ein elektrischer Globus nach draußen. Pflanzentöpfe und Bücherregale sind hinter den riesenhaft runden, stählern unterteilten Kirchenfenstern zu sehen. Argwöhnisch zieht jemand den Vorhang vor. Das merkwürdig theatralische Wohnhaus mit Gottes neuen Untermietern steht prominent auf der Bühne eines idyllischen Platzes, gesäumt von kulissenhaft mächtigen Bäumen. Doch das kürzlich erst für 7,5 Millionen Mark zum Sozialwohnungsbau umgewidmete Gotteshaus bleibt dem Besucher hinter dicken Backsteinmauern verschlossen. Wer dann doch hineingelangt, sieht Briefkästen, Fahrräder und den vom Hausmeister angebrachten „Hinweis für das Verhalten im Brandfall". Und er kommt dorthin, wo sich mitten aus dem Bauch des früher ungeteilten Kirchenraumes eine Treppe zu den drei Stahlbetondekken hochstemmt und erst vor jeweils drei Türspionen auf jedem Stockwerk haltmacht.

Wieder draußen, bemerkt man endlich auch den viel kleineren Eingang auf der anderen Seite des Hauses: „Gottesdienst sonntags um zehn Uhr". Wie mit einer riesenhaften Axt hat man die Kirche gespalten, jetzt ist sie ein Zwitter. Links wird der Müll getrennt, rechts wird die Heilsbotschaft empfangen. Links wird gezeugt, rechts getauft. Nach langen Jahren des scheinbar nutzlosen Leer-Seins im Dasein ist die Kirche rechtzeitig vor dem Osterfest wiederauferstanden: Recycling. Als Miethaus-Kirche ist sie geopferter Kirchenleib und zugleich funktionierender, lebendig gewordener Baukörper.

Anderen Kirchen droht das gleiche Schicksal. Sagen die einen. Hoffentlich – meinen die anderen. Der Streit darüber, ob nicht nur Schwerter zu Pflugscharen, sondern auch „sinnlos gewordene" Kirchen, so ein Kirchenmann, zu Kinos, Konzerthäusern oder Wohnungen umgeschmiedet werden sollen, ist nicht neu. Aber er nimmt an Lautstärke zu. Auf Kirchentagen, Symposien und den Fluren der Denkmalämter, von Seelsorgern, Architekten, und Bürgermeistern ist derzeit – mal skeptisch, mal frohgemut – zu erfahren: Die zeitgemäße Variante der Säkularisation steht uns erst noch bevor.

Was in England oder den Niederlanden schon Tradition hat, wird jetzt auch in Deutschland betrieben: Die Kirchen stehen zur Disposition. Es geht um die alte Frage: „Nun sag, wie hast du's mit der Religion?" Konsequent könnte man auch gleich weiterfragen: Und was machst du, wenn eine satanische Sekte mit Zulauf und Raumnot reichlich Miete für einen heruntergekommenen christlichen Gottesdienstraum zahlen will, den die Christen nicht mehr bezahlen wollen? Die Frage ist nicht perfide – sie ist realistisch: Alle möglichen Bekenntnisse boomen; die Kirchen aber darben. Wenn sie weiterhin rigoros umgewidmet werden, wird sich die faustische Frage neu stellen: Ist die Umwidmung zum Konzerthaus kulturell sinnvoll, denkmalverträglich und gottgefällig? Die zum Wohnhaus marktwirtschaftlich? Und die zur Sekten-Filiale dann so undenkbar wie jene Irrlehre, wonach sich die Erde um die Sonne dreht?

Fest steht bei all diesen Wandlungen und Drehungen nur eines: Die Lawine ist losgetreten vom letzten großen Fundamentalismus unserer Zeit: von der Wirtschaftsreligion. Es geht nicht um eine Säkularisation infolge sozialer Frage, aufklärerischer Freiheit oder politischer Revolte von außen – es geht um die Erosion von innen.

In diesem Zusammenhang kann einem kaum entgehen, daß sich die beiden deutschen Staatskirchen zunehmend als Wirtschafts-Unternehmen begreifen. Sie, die doch vom Jenseits künden, spielen im Diesseits als zweitgrößter Arbeitgeber Deutschlands (nach dem öffentlichen Dienst) das große Spiel der Global Players. Ein Spiel mit Soll und Haben. Auf der Habenseite: ein jährliches Kirchensteueraufkommen von rund 17 Milliarden Mark und Tausende Quadratkilometer Grundbesitz. Das Soll: annähernd eine Million Beschäftigte und sakrale wie profane Gebäude, die nun ganz irdisches Geld kosten. Und den Kirchen ist es schon besser gegangen: Pfarrstellen bleiben unbesetzt oder werden als Teilzeitjobs angeboten; Kirchensanierungen unterbleiben; Verwaltungen werden verschlankt; die McKinsey-Berater gehen in den großen Landeskirchen ein und aus. Aber angeblich sind es nicht sie, die der Läuterung bedürftig sind. Es geht vielmehr um den Exodus der Gläubigen, um sinkende Steuereinnahmen, um steigende Verwaltungskosten. Allein im sogenannten Rekordjahr 1992 haben beide Konfessionen zusammen den Kirchenaustritt vor einer halben Million Menschen vermeldet. Zwischen angezweifelter Sinnstiftung, gesellschaftlichen Individualisierungsprozessen und schlichteren Steuersparmodellen befinden sich die beiden großen Kirchen im Zustand der Schrumpfung.

Da scheinen auch der Raver-Gottesdienst mit DJ Tarzan (1996 in München), der erste Gottesdienst „mit Tempo 200" (1989 auf der Bahnstrecke zwischen Hamburg und Hannover) oder all die Hunde- oder Motorradsegnungen (überall) nichts zu nutzen. Und auch die „Church Card", der

„elektronische Klingelbeutel" oder der „Talk im Dom" machen Bänke und Kassen nicht voller.

Wo sich die Kirche aber als eine Art weltweit operierende Seelsorge-Firma mit beschränkter Haftung begreift, da ist es nur natürlich, daß sie auf die Idee kommt, unrentable Dependancen zu schließen, das Personal zu entlassen, die mancherorts marode gewordenen Produktionsstätten des Glaubens zu verkaufen. Das gilt in Deutschland vor allem für den Osten, wo ungezählte Kirchen samt Ausstattung dem Verfall preisgegeben sind. Das wird auch für den Westen gelten und für moderne Kirchen, wenn sich dort die Frage nach der Betonsanierung stellt. Seit Jahren rufen die Denkmalschützer die Gesellschaft zur Hilfe auf. Meist ungehört. Wie selbstverständlich transformieren wir ganze Militär-Areale zu Wohn- und Gewerbegebieten. Schulen bauen wir zu Altersheimen, Industriebrachen graben wir zu Dienstleistungszentren. Warum sollen Kirchen im Sog dieser Rendite- und Bedarfs-Kalkulationen tabu sein?

An die 30, 40 spektakuläre Kirchenverkäufe sind allein in Deutschland in den letzten Jahren ausfindig zu machen. Etwa im sauerländischen Willingen, wo man in der Kirch-Kneipe ‚Don Camillo' heute genau dort am Tresen steht, wo früher der Altar stand. Oder jene Kirche in Moringen, wo inzwischen eine Kerzenfabrik mit Verkaufsräumen in der ehemaligen Gruft aufwarten kann. Noch drastischer: London. Da hat der aus Berlin stammende Photograph Christian Nialki vor einem Jahrzehnt gleich zwei Dutzend Beispiele festgehalten: Ballett-Studios, Büros, Werkstätten, Restaurants. In St. Saviour's üben sich Malklassen im Aktzeichen. Ein Photo davon zeigt eine nackte Frau. Sie steht auf einem Podest mittig in der Vierung, dort wo sich Langhaus und Querschiff kreuzen. Und sie wird von Heizstrahlern gewärmt. Aus einer anderen Kirche hat eine ehemalige BBC-Managerin eine Luxusbleibe gemacht. Dann aber angesichts der originalen Weihwasserbecken die Lust am Fluchen verloren. Sie ist wieder ausgezogen.

Nicht alle Beispiele besitzen solchen Thrill, nicht alle setzen kraft Tabubruch jene Emotionen frei, die uns ins Kirchen-Restaurant locken, um dort den Leib Christi als Hors d'œuvre zu empfangen. Nicht alle Umbauten klagen so spektakulär den Himmel an, der es durch die maroden Dächer auf leere Bänke regnen läßt. Manche trumpfen noch mit modisch architektonischem Geschick auf (wie ein Theater in Amsterdam), manche sind halbwegs denkmalverträglich umgebaut (wie eine Bibliothek in Jüterbog), manche sind als Gemeindezentrum oder „City-Kirche" räumlich umformuliert (wie die legendäre Kirche zum Heiligen Kreuz in Berlin) – aber nur ganz wenige hat man einfach im Zustand der Leere belassen (wie St. Petri in Lübeck). Der horror vacui läßt Freiraum schon nicht mehr zu, die Betriebswirte tun das noch weniger. Überall in den Städten werden die Plätze kommerzialisiert, auf den Dörfern werden die Wiesen zu Shopping-Malls umgemäht. Nun geben wir die Kirchen preis, die letzten großen Frei-Räume unserer Zeit. Räume zum Sinnen. Darüber, wie wichtig das augenscheinlich Sinnentleerte in Zukunft sein könnte.

Lange bevor es Kirchen gab, gab es die Kirche. Die Gemeinde der Gläubigen ist zur Not auch unabhängig von Behältnissen. Dagegen könnte die Gesellschaft freier Individuen den offenen Kirchenraum irgendwann einmal nötiger haben, als sie es jetzt ahnt. Man muß nicht notwendigerweise auf die immense kulturelle Bedeutung von Kirchen verweisen, man muß nicht nach gesellschaftlicher und kirchlicher Verantwortung rufen und all den ungehörten Appellen noch einen hinterherrufen. Vielleicht ist es aber notwendig, dazu aufzufordern, Räume zu respektieren – gerade weil sie leer sind.

Als Jesus nach Jerusalem in den Tempel gekommen ist, soll er die Geldwechsler mit einer Geißel aus Stricken vertrieben haben. „Schafft das hier weg, macht das Haus meines Vaters nicht zu einer Markthalle!" 2000 Jahre sind seither vergangen. Praktisch folgenlos.

Rundum schlecht
Werden wir bald in Pflanzen leben? Welch grausame Vorstellung! Eine Gegenrede auf die Blob-Architektur
SZ vom 12. Oktober 2001

Das Problem ist: Die Erde ist eine Kugel. Und leider scheinen das inzwischen sogar die Architekten und Ingenieure und außerdem noch deren Kritiker bemerkt zu haben. Wirklich schade.

Denn nur so konnte es geschehen, daß der „Biomorphismus", das „Bauen für das Gen-Zeitalter", über die Welt gekommen ist – zusammen mit all seinen ökologisch korrekten Eiterbeulen, den schmierigen Seifenblasen, den zu Beton erstarrten Architektur-Würstchen und anderen neueren Bauten, die mittlerweile als Avantgarde-Architektur weit verbreitet sind. Seit aber das computergestützte Bio-Bauprogramm in der Welt ist, dieses Barbapapahafte, Blähbauchartige, Blasen schlagende Knetmassedelirium einer wahrhaft apokalyptischen Architektenschaft, die sich angeblich die Natur und „die Welt selbst" zum Vorbild genommen hat – seither muß man sich diese Welt denken als Welle und Entstellung. Alles Unheil kommt eben doch daher, daß die Menschen nicht in ihren Zimmern bleiben.

Vor ein paar Jahren müssen irgendwelche Architekten auf die Idee gekommen sein, sich von ihren Zeichentischen zu erheben, wo sie seit alters mit den architektonischen Grundformen befaßt gewesen waren: hauptsächlich mit dem Quadrat und dem Rechteck und ausnahmsweise vielleicht auch mal mit Kreis und Zylinder. Die Architekten gingen also ein wenig herum, guckten aus dem Fenster – und dann hatten sie eine verrückte Idee: Sie wollten sich bis zum Rand jener Scheibe vorwagen, welche sie Erde nannten, um mal dem eigenen Horizont zu begegnen. Und um zu überprüfen, ob man womöglich von der Erde herunterfällt, wenn man nur entschlossen genug bis zum Äußersten geht.

Aber sie fielen nicht und taten sich auch sonst nicht weh. Statt dessen begriffen die Architekten die Erde endlich als Kugel und die Welt als jenen utopischen Sehnsuchtsort, den der französische Dadaist Francis Picabia gemeint haben muß, als er sagte: Unser Kopf ist rund, damit das Denken die Richtung wechseln kann.

Und so gingen die staunenden Baumeister heim in die Architekturbüros und fingen an, über ein paar interessante neue Möglichkeiten nachzudenken. Könnten nicht alle Häuser von kugelförmiger Gestalt sein? Oder sogar tropfenförmig? Wurmförmig? Klumpenförmig? Könnte die Welt nicht aussehen, als würde sie sich gerade mühsam aus dem Urschleim erheben? Sollte man nicht die Schöpfung lobpreisen, indem man sie imitiert und an ihr wild herumknetet?

Was daraus folgte, kann man in vielen neueren Architekturfachbüchern nachlesen. Die heißen beispielsweise „Blobmeister" oder „Folds, Blobs + Boxes". Oder man schaut sich ein paar Architekturzeitschriften an, wo man jenem „Trend, der zu Bio geht" gar nicht mehr entkommen kann. Sogar Ikea hat jüngst das „Bauen mit dem Blob" als „runde Sache" entdeckt.

Und im Internet begegnet man unter www.beyond-design.de dem Biomorphismus in Form einer Vision, die man eigentlich nur als Morphinist mit speziellen Biokenntnissen richtig würdigen kann. Die Objekte der Zukunft, so ist zu lesen, werden aus „genetisch veränderten Pflanzen" gebaut. Das heißt: Es wird gar nicht mehr gebaut – es wird gezüchtet. Das Haus, das dabei herauskommt, heißt „Casa Floralis Mutantis". Es besteht „aus einer fleischigen Pflanze, die innen räumliche Strukturen ausbildet". Wachstumsdauer: sechs bis acht Monate. „Zur späteren Erweiterung empfehlen wir die ‚Injection Extension No. 2'." Und weiter ist zu erfahren: „Die Gestaltung von Produkten aus Lebewesen findet im Spannungsbereich zwischen Allmacht und Ohnmacht des Gestalters statt. Der Designer scheint Schöpfer zu sein im wahrsten Sinn des Wortes." Kein Wunder eigentlich, daß sich nun auch die bekannt umweltbewußte Automobilindustrie für die gebaute Utopie interessiert. In Zeitschriftenanzeigen scheint der neue Peugeot 307 in einer Art Riesenaquarium zu stehen. Über sich irgendwelche titanischen Seerosenblätter oder andere Mutanten, darunter der Hinweis auf die „HDi FAP-Dieseltechnologie" – und außerdem der hübsche Satz: „Vielleicht werden unsere Städte irgendwann aussehen wie Gärten." Das ist kein Versprechen, das ist eine Drohung.

Denn wenn weiterhin die (Bau-)Kultur mit der Natur verwechselt wird und der rechte Winkel mit allem, was sich irgendwie kreatürlich irgendwohin windet, wenn sich die Architekten, die Städtebauer, die Ingenieure und die Kritiker weiterhin wie Gärtner aufführen, wenn alle zusammen weiterhin in erster Linie das Neuigkeitsbedürfnis der Werbeindustrie und der Hochglanzbroschüren befriedigen: Dann werden unsere Städte bestimmt mal aussehen wie jene Rabatten und Kräuterbeete in den trostlosen Vorstädten.

Wenn man sich all das betrachtet, was nun als „Bubble-Style", als „Gen-Architektur" oder eben als „Biomorphismus" Furore macht, als eine Kreuzung aus Biobrezel-Bäckertum und Genom-Feuilleton, als arithmetisches Mittel aus Energiespar-Lehmhütten und Computer-Furor, dann wünscht man sich jedenfalls jenen großartigen Werbeclip in die Welt zurück, in dem ein schüchternes junges Paar das neue Haus zusammen mit dem Architekten betritt.

Die reinen Rechteckräume sind innen ganz mit wunderbar kantigen und absolut antinaturalistischen Kacheln beschichtet. Das Paar fragt: „Äh, hmm, also, nun ja, ginge das auch ein bißchen … wärmer?" Und der sehr schwarz gekleidete Architekt sagt voll kalter Verachtung: „Wärmer?!? Wenn Sie was Warmes wollen, dann gehen Sie doch zu McDonald's." Wobei einem sofort wieder einfällt, woran die neue Blasenarchitektur gelegentlich auch erinnert: an die undefinierbare, soßige und breiige Masse, die zwischen zwei Hamburgerhälften herausquillt, wenn man diese in einen Schraubstock zwingt.

Anders kann man gar nicht beschreiben, was beispielsweise dem New Yorker „Mac Donald Studio" (sic!) als „Resi-Rise-Skyscraper" im letzten Jahr eingefallen ist: Da stemmt sich eine Art schockgefrorener Altölstrom gegen die Erdanziehung und in den Himmel, welcher sich allerdings – würde man diese amorphe Scheußlichkeit wirklich zu bauen versuchen –

sofort in die Hölle verwandeln würde. Oder die „Piazza cittadella", welche sich das Architekturbüro Pongratz + Perbellini für Verona vorstellt: Die Platzgestaltung mutet an, als habe die dortige McDonald's-Filiale aus Versehen den Softeiszapfhahn offen gelassen – und die ganzen Ferien über hat es niemand gemerkt, bis schließlich ein gewaltiges Areal von einer milchig-wabernden Masse betonhart ausgespachtelt war. Dagegen ist, was sich der Architekt (und Ahnherr des so genannten Biomorphismus) Frank O. Gehry jüngst für den Pariser Platz in Berlin und die dort ansässige DZ-Bank (früher DG-Bank) ausgedacht hat, fast schon umweltverträglich zu nennen. Schwebte da nicht inmitten des Atriums dieses unförmige Alien mit dem fürchterlich aufgerissenen Schlund, welches – so der Kritiker – dort festsitzt wie in einem „Käfig für gefährliche Architekturmonster". Dabei handelt es sich lediglich um einen Tagungsraum – der aber offenbar auch für nächtliche Albträume geeignet ist. Der Architekt spricht übrigens gern von einem Frauentorso, wenn er seine überhitzte Phantasie erklären soll.

Und wirklich – angesichts der drallen Schwell- und Schwallkörper der Gegenwarts-Blob-Architektur liegt die Vermutung nahe, daß einige Architekten endlich in der Pubertät angekommen sein dürften. Kein Wunder, daß gerade die jüngeren Kollegen derzeit durchdrehen – ist ja auch eine schwierige Zeit. Die Jungs von der britischen Architektengemeinschaft Future Systems zum Beispiel träumen „als Reaktion auf die Phantasielosigkeit und Ineffizienz vieler Hochhäuser" von einem 450 Meter hohen Turm namens Green Bird, der aussieht wie ein gigantischer Vibrator. Grausamerweise haben dieselben Architekten auch noch ein anderes Gebäude erdacht: ein Haus in Form einer riesenhaften Vagina. So viel Sex war nie in der Architektur.

Andererseits hat sich Niki de Saint Phalle (zusammen mit Jean Tinguely und Per Olof Ultvedt) schon in den sechziger Jahren eine uterale Wohngrotte geschaffen: „Die Wölbung der einen Brust ist zur Küche ausgebaut ... in die Brustwarzen sind Fenster eingelassen, von denen aus das Meer zu sehen ist." Und wenn man nun weiß, daß sich de Saint Phalle von Gaudí hat inspirieren lassen, wenn man sich außerdem mal Erich Mendelsohns Potsdamer Einsteinturm aus dem Jahr 1920 anguckt, vielleicht auch noch die *Casa Nova-Skizzen* des expressionistischen Architekturtheoretikers Hermann Finsterlin, von dem das Zitat stammt: „Auch mein Ziel und mein Stil ist das Spiel" – dann ist schnell klar, daß der angeblich neue architektonische Biologismus längst im Fundus der Baugeschichte ruht. Und wer glaubt, irgendetwas an der neuen Rundumlust sei neu, der soll einfach mal nachblättern, warum sich die 68er so liebestoll auf all die pneumatischen Formfindungen jener Zeit gestürzt haben.

Neu an all der neuen Architektur ist höchstens, daß mittlerweile auch die älteren Revolutionäre wissen, wo beim Computer der Einschaltknopf ist (mit dem Ausknopf lassen sie sich Zeit); und neu ist vielleicht die Tatsache, daß sich mittlerweile auch Feng-Shui-Exegeten und Biobauern als Architekten bezeichnen. Zusammen mit ein paar studentischen Avantgardisten entwerfen sie uns eine häßliche und nicht mal neue Knubbelwelt zum Liebhaben, die man nur hassen kann.

Wirklich: Es ist ein Jammer, daß die Erde keine Scheibe ist. Dann würden sich an ihren Rändern ein paar Probleme ganz von selbst lösen.

Stadt, Land, Hunger
Zurück zur Scholle? Die Nahrungsmittelkrise als Ursache und Folge der weltweiten Verstädterung
SZ vom 17. April 2008

Wenn man Peking mit dem Auto in nordwestlicher Richtung verläßt, tauchen nach einer Stunde durch vorstädtisches Brachland die Berge und die Große Mauer auf. In einer weiteren halben Stunde erreicht man eine bukolische Hügellandschaft, die jedoch nicht mehr den Bauern gehört, sondern dem Tourismus. Das Bäuerlich-Behagliche dieser Landschaft ist also nur die Schauseite. Zum einen, weil das Dasein als Bauer eigentlich nirgendwo, vor allem nicht in China, als Form der Behaglichkeit denkbar ist. Und zum anderen, weil die neue Luxus-Hotelanlage „Commune by the Great Wall", die hier in den letzten Jahren auf ehemals agrarisch genutztem Terrain entstanden ist, im Grunde ein Produktionsstandort der Tourismus-Industrie ist. Die zauberhaft gelegene Hotelanlage besteht aus mondänen Villen. Darin übernachten Manager, die den 24-Stunden-Butler-Service oder den mehrsprachig geführten „Kid's Club" beanspruchen. Natalie Portman hat hier gewohnt. Sigourney Weaver hat den Abschnitt der Großen Mauer, der zum Areal gehört, einsam erwandert. Auf der pittoresk verfallenen Großen Mauer wird sogar Champagner serviert. Inmitten der Villen-Landschaft erinnert fast nichts daran, daß hier im Winter minus dreißig Grad herrschen können; daß hier der Natur alle Kultur wie gegen ihren Willen abzutrotzen ist. Von solcher Mühsal könnten allein die Bauern erzählen, die hier noch vor wenigen Jahren gelebt haben – und jetzt umgesiedelt wurden. Ein einziges geducktes Bauernhaus blieb aus dieser Vergangenheit zur Freude der Touristen erhalten. Es umfaßt 25 Quadratmeter, verteilt auf zwei Räume. Gedacht ist es für acht oder zehn Familienmitglieder. Es bildet einen photogenen Gegensatz zu den 400-Quadratmeter-Villen, die nun von Hollywood-Stars beehrt werden.

Dieser Ort ist von denkwürdigem Reiz. Er illustriert den Mechanismus der Verstädterung, der besonders in Asien zu umgewidmeten Äckern und zugleich zu Riesenstädten führt. Auf dem Land wird das Heer der Wanderarbeiter rekrutiert, vom Land stammen die Bauern, die sich zu Knechten des Urbanismus umschulen lassen. Hunderttausendfach werden sie in den großen Städten zu Arbeitern, die nachts in Käfigen schlafen, um tagsüber Olympiabauten hochzuziehen oder Kinderspielzeug zusammenzuschrauben. In den krankhaft wuchernden Megacities leben sie meist im reinen Elend. Aber dennoch erscheint ihnen dieses Elend begehrenswerter als ihr angestammtes Dasein zwischen Ackerbau und Viehzucht. Die Sehnsucht nach einem besseren Leben treibt somit eine gewaltige Osmose an, die hungrige Städte auf der einen Seite hervorbringt und auf der anderen Seite Landschaften, die zur Nahrungsmittelproduktion nicht mehr taugen, weil sie dem Tourismus oder der Industrie dienen. Auf der Erde ist eine gigantische Umwidmung des Bodens zugunsten geteerter Flächen im Gange.

Vor allem durch Bodenversiegelung, also durch Umnutzung im Zuge der Entwicklung von einer bäuerlichen über die industrielle zur postindustriellen Gesellschaft, verschwinden jährlich zwischen fünf und sieben Millionen Hektar landwirtschaftlicher Nutzfläche. Das entspricht in fünf Jahren einer Fläche von der Größe Deutschlands. Zwar werden bislang nur etwa elf Prozent der Erdoberfläche landwirtschaftlich genutzt, aber die Ackerflächen können nicht einfach vergrößert werden, weil das abseits der Städte nur zu Lasten der Wälder geschehen könnte. Die ökologischen Risiken wären zu groß. Und auch die jüngst unter dem Stichwort der urbanen Landwirtschaft durchaus ernstzunehmend diskutierte Idee, aus den Städten selbst agrarische Regionen zu machen, zum Beispiel in Form von geschoßweise organisierten Hochhaus-Farmen, verspricht keine Lösung: Um ihre Bewohner zu ernähren, benötigt eine Stadt mittlerweile die Ackerfläche vom Zehnfachen ihrer eigenen Größe. Die Vertikalität der Städte scheint aber schon jetzt, etwa im asiatischen Raum, ausgereizt zu sein. Das ist die Folge der urbanen Allgegenwart. Noch vor 200 Jahren lebten weniger als drei Prozent der Weltbevölkerung in den Städten. Bis zum Jahr 2050 werden es jedoch sechs Milliarden Menschen sein.

Pflugscharen zu Autos, Häusern, Freizeitanlagen: Dieses Phänomen ist mitverantwortlich für die jetzt so dramatisch steigenden Preise für Reis, Weizen oder Mais. Berechnungen zufolge werden in den nächsten Jahrzehnten mehr als eine Milliarde Hektar zusätzliches Ackerland benötigt. Das ist ein halber Kontinent. Erst kürzlich hat der Internationale Währungsfonds vor den Folgen steigender Lebensmittelpreise gewarnt. Schon jetzt gibt es 850 Millionen unterernährte Menschen – jedes Jahr kommen vier Millionen dazu. Und die Berichterstattung dieser Tage beschreibt in diesem Zusammenhang auch kommende geopolitische Verwerfungen. Die Welt versinkt schon bald im Chaos, könnte man meinen.

Nützlicher als solche Apokalyptik erscheint jedoch die Ursachenforschung, wobei nach ökonomischem Kalkül bislang vor allem zwei Preistreiber beschrieben wurden: die Herstellung von Biosprit und das Wachstum der Schwellenländer. Aber ein dritter, bislang vernachlässigter Grund ist der so modern anmutende Verstädterungsprozeß, der mit der archaisch wirkenden Hungersnot ursächlich verknüpft ist: Die Armut der Landbevölkerung führt zum Zug in die Stadt. Aber gleichzeitig ist es der Hunger der Welt, der nun die Gegenrichtung vorgibt: zurück zur Scholle. Die „Renaissance der Stadt" (in Europa) sowie das Wachstum der Megacities (weltweit) müssen in Zukunft, will man dem Hunger etwas entgegensetzen, einhergehen mit einer Aufwertung agrarischer Kultivierung.

Dem Boom der Stadt muß ein Aufschwung des Landes folgen. Beides wäre aber räumlich in aller Schärfe voneinander zu trennen. Das ist vor allem eine Absage an die ungeheuren Zersiedelungsprozesse, die dem Einfamilienhaus im Grünen und dem billigen Outlet-Center dienen. Ästhetisch ist diese Suburbanisierung, dieses breiige Ausfransen der Stadtränder, schon lange ein Desaster. Ökologisch ist es reiner Wahnsinn. Was sich aber jetzt zusätzlich zeigt: In den wohlhabenden Ländern ist dieses Lebensmodell, das so gerne verteidigt wird (siehe Pendlerpauschale), mitursächlich für den Welthunger. Wenn außerhalb der Städte – weit weg von den Arbeitsplätzen – gewohnt wird, kann außerhalb der Städte der Boden nicht auf sinnvollere Weise genutzt werden.

Paradoxerweise könnte es aber jetzt gerade der freie Markt sein, der zur Lösung dieser Unwucht beitragen kann. Wenn es sich wieder lohnen würde, Ackerland zu kultivieren, und die immer höheren Preise für Nahrungsmittel legen dies nahe, dann wäre auch die Schubumkehr eines historisch bislang nur in eine Richtung denkbaren Prozesses vorstellbar. Die Urbanisierung, ein nur vermeintlich evolutionärer Vorgang, ließe sich vor diesem Hintergrund erstmals als Modell einer neuen Balance konstruieren: zwischen Stadt und Land, zwischen urbaner Kreativität und agrarischer Produktivität. Insofern sind die Nahrungsmittelpreise für den wichtigsten Rohstoff unseres Daseins entgegen aller Apokalyptik auch positiv zu sehen. Die agrarischen Regionen der Welt profitieren davon. Die Millionen-Städte, die schon jetzt als eigene Volkswirtschaften und politische Systeme agieren, werden sich bewußt machen müssen, daß Lewis Mumfords Satz von der Stadt als „kostbarste Erfindung der Zivilisation" auch für den lehmigen Acker gilt.

Weg damit!
Die Kunst im öffentlichen Raum will unsere Anerkennung.
Nichts verdient sie weniger. Ein Hilferuf
SZ vom 28. Januar 2006

Der Mann kämpft gegen Hundekot, Vandalismus, Graffiti und wilde Müllkippen. Peter Postleb, Leiter der Stabsstelle „Sauberes Frankfurt", ist das personifizierte Reinheitsgebot für deutsche Innenstädte. Deshalb wird er in Zeitungsartikeln „Meister Propper" genannt. Allerdings meist mit ironischem Unterton, der andeuten soll, daß der Verfasser in der Lage ist, Hundekot, Vandalismus, Graffiti und wilde Müllkippen als metropolitane Subkultur anzuerkennen.

Um das deutlich und ironiefrei zu sagen: Peter Postleb ist ein Held. Und zwar deshalb, weil er vor einem Jahr eine Skulptur nicht für „Kunst im öffentlichen Raum", sondern für Sperrmüll gehalten hat und daher entsorgen ließ.

„Kunst als Müll entsorgt", „Skulptur landet im Sperrmüll": So lauteten seinerzeit die Schlagzeilen der aufgescheuchten Feuilletons. Weshalb die Aufregung? Michael Beutler, Absolvent der Städelschule (der übrigens anerkennenswert gelassen reagiert haben soll), hatte sich für eine Ausstellung des Frankfurter Kunstvereins mit Verschalungsmaterial beschäftigt. Zehn Baustoff-Skulpturen aus gelben Plastikteilen plazierte er im öffentlichen Raum, eine davon am Ostbahnhof. „Damals", erzählt Postleb, „gab es noch den osteuropäischen Arbeiterstrich. Ich dachte ernsthaft, die hätten versucht, sich illegal einen Unterstand zu bauen, um sich vor dem Regen zu schützen." Folglich ließ er den Unterstand zur Deponie bringen. Aber nicht das Personal vom Strich, sondern jenes aus dem Kunstbetrieb beschwerte sich. Michael Beutler ist freilich viel mehr als ein Sperrmüll-Künstler. Doch darum geht es nicht. Es geht darum: Die Deponieaktion ist ein plakativer Hinweis darauf, daß sich Kunst und Kunstbetrachtung auch andernorts in unseren Städten sehr fremd geworden sind.

Geht es um Ignoranz, vergleichbar der Beuysschen Fettecke-trifft-Putzfrau-Geschichte? Ist es ein Rückfall in die Das-kann-mein-Kind-auch-Argumentation? Nein, es ist eine Geschichte, die von einem viel größeren Mißverständnis handelt: von der „Kunst im öffentlichen Raum".

Es geht dabei zum Beispiel um die Kunst von Jeff Koons, dessen grotesker Entwurf für den Spielbudenplatz auf St. Pauli glücklicherweise nicht realisiert wird. Er hatte zwei weithin sichtbare und 110 Meter hohe Kräne vorgeschlagen, die an einem stählernen Gespinst zwei ins Gigantische aufgepumpte Gummi-Enten balancieren. Das Gespinst dürfte religiöse Erwachsene an Engelsflügel, pubertierende Herbertstraßenflegel aber an zerrissene Netzstrümpfe erinnern. Oder die Debatte um die Salzburger „Skulptur eines Mannes mit erigiertem Penis". Ein öffentliches Ärgernis war das nicht. Wohl aber die Teigigkeit der Figur, die aussah, als habe Jeff Koons am Elbstrand mit Förmchen gespielt und das zerlaufende Ergebnis gefroren nach Salzburg geschickt.

Wobei der Skandal ohnehin kaum mehr reizt. Zum Beispiel in München, wo nach ermüdenden Debatten irgendwann einmal der „Ring" von Mauro Staccioli auf einem Restplatz zwischen Botanischem Garten, einer vielbefahrenen Straßenkreuzung und Hauptbahnhof zu stehen kam. Die Stahl-Zement-Skulptur wiegt 14 Tonnen. Von weitem sieht sie aus wie eine riesenhafte, rätselhaft in vertikaler Schwebe verharrende Klobrille. Obwohl: Rätselhaft ist eigentlich nur die Filzstiftbotschaft „Yguti, 28.6.2005". Wer oder was ist Yguti? Ansonsten liegen immer wieder mal Bierflaschenscherben davor, weil die Trunkenbolde aus dem Botanischen Garten versuchen, durch das im Durchmesser zwölf Meter große Loch zu feuern, was nicht immer gelingt.

Solche und ähnliche Skulpturen stehen in allen Städten herum: banale Stahlgeometrien, blecherner Nippes oder wie Gummibärchen in der Sonne zerlaufende Biomorphismus-Zitate. Der Popkünstler Tilman Rossmy singt in dem Lied „Die moderne Kunst" die Zeile: „Ich glaub' ich hab für den Rest meines Lebens genug von verrosteten Metallen auf Bahnhofsvorplätzen. / Von bescheuerten Würfeln und Kreisen vor Bürogebäuden." Die moderne Kunst wird hier zu Unrecht blamiert. Nicht aber die moderne „Kunst im öffentlichen Raum".

Das circensische Moment solcher Kunst verdankt sich häufig einer glücklosen Verbindung von stiftenden, sich profilierenden Stadtsparkassen, eifrigen, sich profilierenden Kunstreferenten und tatsächlichen oder vermeintlichen Künstlern, die vermutlich einfach nur hungrig sind. Man muß bei einer entsprechenden Kunst-Jury dabei gewesen sein, um zu wissen, wie dieses allumfassende Kunstwollen in die neue Wohnanlage, auf den neuen Stadtbahntunnel oder zu den neuen Autobahngrünstreifen kommt.

Im Angesicht dieser Werke – vor allem aber: abseits der wenigen, tatsächlich herausragenden Kunstschöpfungen in den Städten – sollte man sich ruhig eingestehen dürfen: Ich kapiere nichts. Ich bin nicht betroffen. Nicht berührt. Nicht erheitert. Nicht beängstigt. Nicht interessiert. Aber das ist man heimlich. Dann schämt man sich und sagt hörbar: „Kunst im öffentlichen Raum ist gut."

Ist sie nicht. In 90 von einhundert Fällen ist sie schlicht miserabel, beliebig, leblos, irrelevant – ja: störend und einfach überflüssig.

Dessen ungeachtet soll sie immer öfter dem Stadtmarketing dienen. Der Imagebildung. Und der Corporate Identity von allerlei Unternehmen. Fast immer aber auch der hundertwasserhaften Verhübschung, die nichts anderes ist als stadtplanerische Verlegenheit. Kein Wunder, daß „Kunst im öffentlichen Raum" nicht mehr von plastikskulpturhaften, entsetzlich scheußlichen „Löwenparaden" wie in München zu unterscheiden ist. Kein Wunder auch, daß die wirklich beeindruckenden Kunstereignisse im öffentlichen Raum untergehen: Selbst großartig suggestive Gegenbeispiele, Skulpturen von Chillida, Serra, Eliasson und vielen anderen Künstlern, gehen in unserer Wahrnehmung unter in der Masse der ubiquitären Allerwelts-Geometrien. Wobei diese Ramschware kaum besser ist als die vandalensicheren Poller oder die bettlerabweisenden Latschenkiefernbetonkisten der Fußgängerzonen.

Dieser Befund hindert die Empörung über befremdlichen Kunst-Unverstand (wie etwa den in Frankfurt demonstrierten) aber nicht daran, empört zu sein. Dabei hätte man schon damals für Peter Postleb ein Reiterstandbild nach Art des 19. Jahrhunderts fordern müssen – um somit an jene Zeiten zu erinnern, da unsere Gesellschaft noch nicht darüber nachzudenken hatte, was der Unterschied zwischen Sperrmüll und Kunst ist.

Auf jeden Fall waren das, denkt man an die abhanden gekommenen Qualitäten der Stadträume sowie an die der Kunst darin, und sei sie noch so dekorativer Natur: glücklichere Zeiten. Vielleicht auch kitschigere Zeiten (großer Sohn der Stadt auf Podest), vielleicht unkritischere Zeiten (Krieger-standbild) – aber wenigstens waren es bekenntnismutigere Zeiten. Sehr im Unterschied zum Müll, der immer auch Kunst, und zur Kunst, die immer auch ein Straßenstrichunterstand sein kann. Je nach Perspektive eben, die natürlich stets „komplex", „irritierend", „verfremdet" und mindestens auch „transitorisch"zu nennen ist. Ansprüche aber werden von den Produzenten normgemäß „unterlaufen" – obwohl sie nicht einmal ahnen, worin denn diese Ansprüche auf der Seite der Rezipienten bestehen könnten.

Vor einem Jahrhundert formulierten zwei Architekten, Adolf Loos und Camillo Sitte, eindeutige Ansprüche zum Thema „Öffentlichkeit", „Raum" und „Kunst". Heute werden diese Gedanken parodiert. Und zwar durch Kunstprodukte, die sich breiig in den öffentlichen Raum ergießen. Von oben betrachtet, müssen manche Innenstädte aussehen wie unaufgeräumte Kinderzimmer, in denen Lego-Versuche von Dreijährigen herumliegen. „Be-Spielen": Das ist im Zusammenhang mit öffentlichen Räumen die Lieblingsvokabel der Kulturbeauftragten.

Wobei wir alle in diesen Spielzimmern leben müssen. Dort versuchen wir im Angesicht der Kunst ein kluges und kultiviertes Gesicht zu machen oder wenigstens „irgendwie berührt" zu sein. Wohlgemerkt: Für alle Kunst im öffentlichen Raum gilt das nicht – aber doch für einen erschreckend dominanten Teil davon. Die Bilanz einiger Jahrzehnte „Kunst im öffentlichen Raum" ist verheerend.

Adolf Loos wies übrigens vor einem Jahrhundert darauf hin, was der Unterschied zwischen Kunst und Architektur ist: „Das Haus hat allen zu gefallen. Zum Unterschiede vom Kunstwerk, das niemandem zu gefallen hat. Das Kunstwerk ist eine Privatangelegenheit des Künstlers. Das Haus ist es nicht." Und der Architekt und Stadtplaner Sitte schrieb: „Zu verweilen! – Könnten wir das öfter wieder an diesem oder jenem Platze, an dessen Schönheit man sich nicht sattsehen kann ..."

Genau dort, am Schnittpunkt von Sitte, Loos und Gegenwart, zeigt sich das Dilemma der „Kunst im öffentlichen Raum".

Die Kunst, einst Privatangelegenheit des Künstlers oder geborgen im Museum, hat sich ins Leben gemengt. Dort aber, an öffentlichen Orten, beansprucht sie eben dies: Öffentlichkeit, Teilhabe, Aufmerksamkeit. Sie ist dort nicht länger privat, so wenig, wie es die Stadt sein kann. Die Stadt aber ist uns nicht als stadträumliches Verweil-Erbe überkommen. Sondern im Gegenteil: Die Stadt der Gegenwart ist gerade dort, wo sie einen Platz formulieren und somit auch Ort und Bedingung der „Kunst im öffentlichen Raum" sein soll, nichts anderes als verkommen.

Mit anderen Worten: Die Kunst des öffentlichen Raumes findet kaum je Orte, die heil genug sind, um nach ihr zu verlangen; zugleich aber muß sie dort, an den blinden und häßlichen Flecken, möglichst allen gefallen, also möglichst: gefällig sein. Nichts aber ist tödlicher für die Kunst.

Daß wir unsere deutschen Plätze der Gegenwart sehnsuchtsvoll „Piazza", „Piazzetta" oder „Forum" nennen, ist bereits das glaubwürdigste Indiz dafür, daß diese Plätze mit südlicher Großartigkeit nichts zu tun haben. Meist handelt es sich bei Plätzen des zeitgemäßen Städtebaus nicht um Plätze, sondern um urbanistische Beulen.

Die dort beheimatete Kunst ist insofern – und das ist seit der Nachkriegsmoderne, der die „Kunst im öffentlichen Raum" entstammt, ihr entscheidender Geburtsfehler – meist so etwas wie Medizin. Ein Versuch, etwas von der Stadt zu retten: einen Ort, einen Platz, eine Ecke oder nur eine Straßenkreuzung. Immer geht es darum, das Häßliche zu beschönigen. Das ist das romantische und im eigentlichen Sinn rückwärtsgewandte Wesen dieser sich modern gebenden Kunst. Dies bedingt zudem auch ihre vollkommene Identitätslosigkeit, die paradoxerweise gerade der Sehnsucht nach Identität und Ortsbildung entspringt.

Obendrein haben die artifiziellen Trostpflaster, die über unseren disparaten Städten wie Care-Pakete abgeworfen werden, den an echter Naivität nicht mehr zu überbietenden Anspruch, die Kunst der Öffentlichkeit „nahezubringen". Das ist der Urgedanke dieser Kunst, die sich aus dem Kunst-am-Bau-Gesetz von 1950 und auch sonst aus Gremienarbeit entwickelt hat: Sie ist zur Hohlform erstarrte Pädagogik. „Kunst gehört ins Volk, Kunst gehört dorthin, wo Menschen zusammenkommen." So der Berichterstatter des Ausschusses für Kulturpolitik am 25. Januar 1950. Die Folgen sind bekannt: Kunst „an Brücken und Straßenecken, wo täglich Tausende Menschen vorübergehen". Besser wäre es aber gewesen, man hätte Brücken und Straßenecken errichtet, die auch selbst Kunst sind, Baukunst also, statt zu versuchen, banalste Bauten im nachhinein mit applizierten Kunstwerken wie mit hübschen Broschen aufzuwerten.

Man fragt sich, warum der Tatendrang überforderter Lokalpolitiker, die Städte und Plätze mit Kunst zu überziehen, nicht längst befriedigt ist. Vielleicht liegt es daran, daß die Rathäuser und Hauptquartiere der Unternehmen vom Horror vacui regiert werden: von der Angst, irgendwo könnte sich ein leerer Platz auftun, der vermeintlich weder ökonomisch noch ästhetisch etwas hermacht. Dagegen stemmt man sich mit aller Macht: Mit Weihnachtsmärkten und dem durch die Budenstädte ziehenden Duft der Süßplörre. Und wenn es nicht Winter ist, so droht der Hamburger Fischmarkt, den sich zum Beispiel München im Sommer samt aufblasbarem Leuchtturm holt, obwohl weit und breit kein Meer ist. Oder die „Wander-Alleen" mit den Jammerbirken. Die Eislaufflächen. Die Sonderaktionsflächen. Das Stadtmobiliar. Und eben die Kunst, die in all dem Gerümpel ohnehin nicht mehr auffallen kann.

Was zum Beispiel Werner Schmalenbach, dem langjährigen Direktor der Kunstsammlung Nordrhein-Westfalen in Düsseldorf und Initiator zahlreicher maßgeblicher Ausstellungen zur internationalen Gegenwartskunst, noch am liebsten sein dürfte.

Schon vor Jahren hat Schmalenbach den Text „Anmerkungen zu einem öffentlichen Trauerspiel" verfaßt (der auch in seinem bei DuMont erschienenen Buch „Kunst! Reden – Schreiben – Streiten" publiziert wurde). Dort steht: „‚Kunst am Bau': ein leidiges, unerquickliches Thema! Aber nicht minder unerquicklich ist das Thema ‚Kunst im öffentlichen Raum', also auf Straßen, Plätzen und in Grünanlagen. Hier gleich meine dezidierte Meinung: Man soll es lassen! Zumindest sollte auch hier der Grundsatz gelten, daß weniger mehr ist. Ja, eigentlich sogar der Grundsatz: besser gar nichts als etwas. Nur wenn man dies als Grundregel gelten läßt, kann man sich Ausnahmen erlauben. Seltenste Ausnahmen!" Man sehnt sich nach dieser Grundregel. Und nur dann auch nach den Ausnahmen.

Event, Event, ein Lichtlein brennt
Weihnachtsmarkt, Loveparade, Stadtmarathon
oder Bladenight: Wie die Städte ihre Straßen
und Plätze verramschen
SZ vom 2. November 2007

Vor den Toren unserer Städte lagern derzeit die Budenbesitzer und sammeln ihre vorweihnachtlich-apokalyptischen Heere. Bald ist es wieder so weit: Im November werden die Weihnachtsmärkte errichtet. Und im Dezember werden die zentralsten und schönsten Plätze der Städte geflutet, um von den Süßplörresiedern und Zimtsternbäckern besetzt zu werden. Flechtenartig breiten sich dann für einige Wochen die mit Watteschnee dekorierten Holzschuppen aus, zusammengeklebt vom Bratfettdunst und Marktgeschrei der stillen Zeit.

Eine solche Zeit gibt es nicht in den Städten. Wie niemals zuvor in der Kulturgeschichte der Stadt wird man derzeit heimgesucht vom Phänomen des „Events". Die Städte bieten schon seit einigen Jahren in einem großen Buhlen um die Aufmerksamkeit der Touristen, der Provinzler und der Zahlungskräftigen unter den Stadtbewohnern ihre Plätze und Straßen dar, als hätten sie nur eines zu fürchten: die Leere. Der Horror vacui hat aus dem öffentlichen Raum, diesem aristotelischen Gründungsmythos demokratischer Gemeinwesen, eine Abfolge partikularer Interessen gemacht. Der Stadtraum, nutzbar für jedermann und zu jeder Stunde, wurde in diesem Sinne zoniert, zeitlich beschränkt, thematisch begrenzt – und dem Stadtmarketing auch sonst in jeder Weise geopfert.

Das typische Absperrband aus Polyethylen, rot-weiß schraffiert, ist deshalb zu einem ständigen Ärgernis und zugleich zu dem Exklusions-Symbol unserer Zeit geworden. Es gibt Städte, die so vollständig ausgebucht sind, daß sie erwägen können, das Absperrband ins Stadtwappen aufzunehmen. Mal muß damit der halbe Stadtpark abgeriegelt werden – damit die immer zahlreicheren Teilnehmer der immer häufiger in immer mehr Städten organisierten Stadtläufe ihrem seltsamen Treiben ungehindert nachlaufen können. Mal werden damit die Straßen markiert, auf denen sich die Rollschuhfahrer, die Loveparadisten oder die sonstigen Fanmeileninsassen austoben und ihre Müllberge anhäufen dürfen. Waren früher die Städte lediglich am Rosenmontag und am Faschingsdienstag großräumig zu umfahren – so dominiert die verkleidete und rauschsüchtige Spaßgesellschaft der Gegenwart nun das ganze Jahr über die Stadt.

Und es sind nicht nur die barbarischeren Schichten, die über die Städte wie Teutonen oder Cimbern herfallen – auch die Kulturgemeinde mischt emsig mit. Ob „Lange Nacht der Museen", „Galeristenmeile", Kino- oder Opern-Open-Air: alles, was sich mit Shoppen, Essen und Trinken zu einem ökonomischen Kalkül auf städtischem Terrain verdichten läßt, wird zur Stadtraumbesetzung herangezogen. Zu schweigen von einst gesellschaftlichen Ambitionen, die zu Parties und Straßenfesten degeneriert sind. Das gilt für den Christopher Street Day ebenso wie für irgendwelche Gewerkschafts-Umzüge: Beide kommen ohne Partylaune nicht mehr aus und enden regelmäßig mit Konfetti-Konsens und Budenzauber.

In den Städten werden Strände aufgeschüttet und aufblasbare Hüpfburgen machen sich breit – aber auch temporäre Kunstinstallationen, Skulpturenparks und Kinoleinwände. In gewisser Weise privatisieren die Städte ihren öffentlichen Raum. Denn die Nutzungsrechte werden zum Teil aufgehoben – einerlei, ob der Papst oder die G-7-Prominenz, Madonna oder die Wiesnwirte einziehen. Das Polizeiaufgebot oder die Präsenz privater Wachdienste wird verschärft. Es finden Kontrollen statt, Wege werden unpassierbar und Plätze abgeriegelt. Und immer geht es auch um den Konsum. Die Städte verkommen so zum Partykeller der Geschichte. Sie verramschen ein öffentliches Gut und mißtrauen ihrer eigenen Geschichte. Denn die Stadt selbst war einst Garant von vitaler Urbanität: als Ort kultureller Differenz. Inzwischen dient solche Urbanität nur noch den Agenten und Bilanzen des Stadtmarketings.

Der Fluch des Events
Duisburg und die Loveparade: Der Fall illustriert den Zusammenhang von Stadtmarketing, Wettbewerb und Risiko – eine Motivsuche
SZ vom 28. Juli 2010

Am Pranger stehen – als „Schuldige von Duisburg" (*Bild*) – vor allem Menschen: Politiker, Veranstalter oder sonstige Funktionäre jener Geschehnisse, die nun zur „Todesparade" verdichtet werden. Als lägen die Dinge nicht komplizierter. Natürlich: Wer irgend Schuld trägt an den Toten der Loveparade, soll dafür zur Verantwortung gezogen werden. Aber welche Strafe steht auf „Großmannssucht"? Ist das ein Tatbestand?
Nein – und doch kommt man im Bemühen, den Fall Duisburg in seiner ganzen illustrativen Dimension zu begreifen, um diesen weichen, denkwürdig konturlosen Begriff nicht mehr herum. All die Kommentare und Analysen, die uns mittlerweile die Zusammenhänge von Inkompetenz, Fahrlässigkeit, Gewinnstreben und politischem Druck auseinandersetzen (und nach Verantwortlichkeit rufen), scheuen auf sonderbare Weise vor dem Begriff, den sie selbst andauernd ins Spiel bringen. Tatsächlich kommt man in der Motivsuche weiter, wenn man die nun so oft behauptete, dabei irgendwie schon wieder harmlos klingende Großmannssucht der Stadt Duisburg ernst nimmt. Womöglich ist es wirklich ein Bild, das mehr sagt als tausend Leitartikel: das Bild, welches ein Duisburger Stadtoberhaupt zeigt – mit Blick auf Düsseldorf. Es ist das Bild der Städte-Konkurrenz inmitten eines urbanistischen Millenniums. Allerdings kommen in diesem Bild nicht nur ein singulärer Skandal und singuläre Verantwortlichkeit zum Vorschein – sondern das zwangsläufige Ineinandergreifen eines

ganzen Systems. Und es zeigt sich, daß die Toten von Duisburg nicht nur Schicksalsschläge sind – sondern auch die Opfer systemimmanenter Risiken, die auch anderswo eingegangen werden. Duisburg ist daher kein Einzelfall – sondern es ist nur verblüffend, daß nicht woanders schon längst Ähnliches geschehen ist.

Denn die Stadt der Gegenwart geht im Zuge ihrer um sich greifenden Eventisierung ganz bewußt Risiken ein. Masse als quantitatives und zugleich qualitatives, also emotionalisiertes Phänomen: Das ist nie ohne Risiken und tendenziellem Kontrollverlust zu haben. Die Masse ist aber eine der wichtigsten Währungen der modernen Stadtgesellschaft. Verhandelt wird jetzt also weniger ein sicherheitstechnisches, popkulturelles oder demographisches Thema. Sondern eines der Urbanität. Es ist ja auch zeichenhaft, daß in den Städten Stadien, Arenen, Messen, Konzerthallen, Erlebnisparks oder temporär umgewidmete Brachen (wie in Duisburg) die archaischen Versammlungs-Bautypologien von Kirche, Rathaus oder Marktplatz längst abgelöst haben. Die Fanmeile kann man ebenso subsumieren wie die Parks oder Plätze, die immer öfter als Marathonstrecken, Fisch- oder Christkindlmärkte oder eben als Partyzonen fungieren – es ist eine Frage des Maßstabs. Der Furor raumgreifender Öffentlichkeit entfaltet sich ebenfalls nicht zufällig jetzt: Öffentlichkeit ist das Wesen der Internet-Ära – und zugleich ist die Virtualität nicht in der Lage, die Sehnsucht nach realer gesellschaftlicher Begegnung und Teilhabe, mag sie einem auch noch so abstrus erscheinen, zu stillen. Zu dieser gesellschaftlichen Entwicklung aber kommt das Renditeversprechen des Stadtmarketings. Und es ist dieser Kurzschluß von Stadtgesellschaft und Event, der den Fall Duisburg als so illustrativ und zugleich als mahnend erscheinen läßt.

Städte sind längst schon Getriebene. Zuletzt hatte eine Studie der Bertelsmann Stiftung zum demographischen Wandel und zu den entsprechenden Auswirkungen auf die Städte in Deutschland darauf hingewiesen: In einer Zeit, da weltweit erstmals mehr Menschen in städtisch definierten Agglomerationen als auf dem Land oder in ländlichen Siedlungsstrukturen leben, kann es nur noch Sieger und Verlierer geben unter den Städten. Nun kennt man die Konkurrenz der Standorte schon seit der Antike. Und in der Renaissance suchten sich Städte in den Disziplinen Ökonomie, Kultur und Wissen gegenseitig zu übertrumpfen. Die Folgen waren und sind: einzigartige Architekturen, die Blüte von Wissenschaft und Kunst, prosperierende Städte. Die europäische Zivilgesellschaft wäre ohne diese Konkurrenz undenkbar.

Es ist aber eine weitere Disziplin in diesem Wettbewerb hinzugekommen: das Event als Abdruck einer Stadt inmitten der zeitgenössisch interpretierten „Ökonomie der Aufmerksamkeit" (Georg Franck). Zwei Mittel stehen den Städten derzeit außerhalb tradierter Profilierungsmöglichkeiten zur Verfügung: die emblematische Architektur global herumgereichter „Signature Buildings" – oder das Mega-Event. Städte buhlen darum wie früher um Universitäten und Industrien. Es geht daher auch nicht mehr um die Berliner Loveparade, sondern eben auch um die von Bochum (die klugerweise nicht zustande gekommen ist) oder Duisburg. So wie die Frankfurter Buchmesse auch eine Münchner Buchmesse sein könnte – und die Winterspiele zwar in München / Garmisch, aber natürlich auch in Pyeongchang stattfinden können. Der Druck auf die Städte ist enorm in der Konkurrenz um Profile, Standorte und Images.

Das entschuldigt den Wahnsinn unzulänglicher, ja völlig verfehlter Planung unter Umgehung der Sicherheitsstandards keineswegs. Es ist aber auch klar, daß die Städte in ihrer so öffentlichen wie privatwirtschaftlichen Sehnsucht nach Zeichenhaftigkeit, in ihrem Buhlen um immer größere Massenmobilisierungen, immer neue Risiken schaffen oder eingehen werden – weil die Events nicht nur angeboten, sondern auch nachgefragt werden.

3 Mobilität: Auto, Motor und Gott

Es ist kein Zufall, daß die Proteste gegen das Bahn-Projekt „Stuttgart 21" in Deutschland so heftig sind – während gleichzeitig im Nachbarland Schweiz der Durchstich des Gotthardtunnels so euphorisch gefeiert wird. Beide Projekte, der Tunnel durch den Gotthard wie der Umbau des Stuttgarter Kopfbahnhofes in einen unterirdisch gelegenen Durchgangsbahnhof, sind der Mobilität gewidmet – und werden entsprechend emotional diskutiert. Man kann sich für die jeweils zugrunde liegende Technologie begeistern, man kann sie aber auch fürchten. Es ist die Mobilität selbst, das große Projekt der Moderne, die ins Gerede gekommen ist. Die BMW-Welt in München zum Beispiel, ein Autoabholzentrum ohne Vorbild, ist einer der jüngsten Tempel des Automobilzeitalters. Der Architekt dieser Schauarchitektur, Wolf Prix, hat einmal erzählt, er hätte die Rampe dort gerne über zwei Geschosse geführt. Er durfte es nicht. Auf dieser Rampe fahren die Kunden ihren jeweils neuen BMW, der ihnen hier in der gleichnamigen „Welt" ausgehändigt wird, Richtung Straße – hinaus in die wahre Welt der wundersamen Mobilität. Wäre die Rampe zweigeschossig, so die Einwände der BMW-Ingenieure gegenüber dem Prix-Plan, müßten sich hier logischerweise die Unfälle häufen. Denn ein Kunde, der zum ersten Mal in seinem neuen BMW fahre, sei quasi nur eingeschränkt fahrtauglich. So berauscht und beglückt wie er sei. Das erinnert an den legendären Einspruch eines Mediziners am Beginn des PS-Zeitalters. Dr. Nacke riet seinerzeit vor allem Jungfrauen von der Fahrt im Automobil ab: Das Hin- und Herschlingern führe unweigerlich zu sittlicher Enthemmung. Es war dann auch kein Zufall, daß eine Göttin der Lust zur Ikone der Geschwindigkeit wurde: die Rolls-Royce-Kühlerfigur „Spirit of Ecstasy". Wer sich mit dem Gegenteil der immobilen Architektur-Welt einläßt, mit den Mobilien auf Rädern und Reifen, betritt unweigerlich das Reich der Emotionen. Und zugleich eines der verblaßten Mythen. Während dieses Buch entsteht, im Herbst 2010, wird eben vermeldet, daß sich noch nie zuvor so wenige Jugendliche für den Erwerb eines Führerscheins begeistert hätten. Und die Hersteller der früher so beliebten Auto-Quartette melden herbe Verluste an. Der Spirit of Ecstasy scheint zu verfliegen. Das ist Jammer und Hoffnung zugleich.

Schneller, höher weiter, irrer
Wahnsinn Mobilität: Immer mehr Lebenszeit verbringen wir in Autos, Flugzeugen oder U-Bahnen

SZ vom 6. August 2005

Die These, wonach der Allmächtige unsere Welt vor allem als göttliche Tragödie ersonnen habe, läßt sich auch an diesem Wochenende überprüfen. Es ist Ferienzeit. Ferienzeit ist Autozeit, Flugzeugzeit, Bahnzeit. Die hohe Zeit also einer absurd mobilen Gesellschaft, deren Irrsinn sich nun besonders deutlich zu erkennen gibt. Ihre Merkmale sind: Aggressionen, Beleidigungen und Straftaten. Und: Verletzte und Tote.

Auf der A7 könnte sich also, wie am letzten Wochenende, ein 40 Kilometer langer Stau bei Allertal Richtung Hannover bilden. Und vielleicht einer auf der Gegenseite: 30 Kilometer lang. Auf der A8 dagegen wird vielleicht wieder ein Mann an einer Raststätte mit dem Brotmesser bedroht werden, während in Augsburg noch immer nach einem Fahrradfahrer gefahndet wird, der vom Rad aus mit einem Krummschwert eine 47-jährige Frau köpfen wollte.

Mit den Ferien haben solche Exzesse nicht notwendigerweise etwas zu tun. Aber in Ferienzeiten schwellen die Archive der allgemeinen Mobilmachung besonders stark an. Wer nachliest, was sich im Zuge der enormen Verkehrsdichte auf unseren Straßen (egal, ob Stau oder halbwegs freie Fahrt) und in unseren Bahnhöfen, in den Terminals oder Bushaltehäuschen zuträgt, der begreift jedenfalls, daß die mobile Gesellschaft, deren Bewegungsdichte mittlerweile ohne jedes historische Beispiel ist, außer Kontrolle gerät. Die Welt, sie rast.

Wobei diese Raserei, etlichen Studien zufolge, nur zwei Richtungen kennt. Erstens: Die Mobilität, die Berufsmobilität wie die Freizeitmobilität, der Güter- wie der Personentransport, all dies nimmt unaufhörlich zu. Noch keine Zeit zuvor sah derart „reisefertig" aus (Benn) – wie unsere. Noch 1950 betrug zum Beispiel die jährliche Fahrleistung eines deutschen Autofahrers rund 1 000 Kilometer. Mittlerweile sind es 12 000 Kilometer. Zweitens: Die damit einhergehenden Aggressionen nehmen – unabhängig vom jeweiligen Mobil-System – in noch dramatischeren Umfängen zu. Die Menschen sind dem Stress der Mobilität, die sie mit allen Mitteln verteidigen („freie Fahrt für freie Bürger"), nicht gewachsen. Untersuchungen zufolge erleiden zum Beispiel Berufspendler ähnliche Stress-Situationen wie die Piloten von Kampfjets. Auch deshalb sprechen Mobilitätsforscher mittlerweile von einem „Klimawandel". Manche nennen es: „Krieg

der Straße". Der Krieg der Kulturen ist ganz offensichtlich auch einer der Mobilitäten: Autofahrer gegen Fußgänger, Fußgänger gegen Radfahrer, Bahn gegen Flugzeug, Privatverkehr gegen öffentlichen Verkehr, Schiene gegen Straße ...
Die menschliche Population scheint ausschließlich aus Verkehrsteilnehmern zu bestehen. Ein Mensch, der zum Beispiel in Deutschland 70 Jahre alt wird, verbringt fast vier Jahre seines Lebens ausschließlich im Status des Unterwegsseins. Nimmt man die notwendigen Aufenthaltszeiten in transitorischen Zwischenräumen dazu, also das Leben in Erwartung der U-Bahn oder beim Anstellen zum Check-in, so ergibt sich mindestens ein ganzes Jahrzehnt, welches allein der Mobilität geopfert wird.
Nur wird dies nicht als Wahnsinn beschrieben – sondern als Dynamik, Flexibilität oder sogar Freiheit gepriesen. In der jüngsten Aral-Studie „Mobilität und Sicherheit" liest sich das so: „Das Seelische braucht und sucht Bewegung."
Dieser immense Bewegungsdrang, der den globalistisch umtriebigen Manager, den Globetrotter, den fürs Weekend nach Paris eingeladenen Easy-Jet-Bucher oder auch den erst neuerdings bekannten „Flugpendler" an die einst kühnen Wallfahrer, Kaufleute oder Gesandten des Mittelalters anbindet, mag natürlich sein. Er ist sogar evolutorisch bedeutsam. Nur der Mensch, der Distanzen überwinden kann, ist in der Lage, Nahrung und Schutz oder auch nur bessere Lebensbedingungen zu finden. Daher dürfte das Bedürfnis nach nahezu unbegrenzter Mobilität fast so etwas wie ein gesellschaftlicher Reflex sein – der sich, dank billigster, vielfach subventionierter Mobilitätspreise Bahn bricht.
Dabei kann die anstehende Mobilisierung der Schwellenländer (und wer sollte es ihnen verwehren?) in kürzester Zeit zum Kollaps des Planeten führen. Wobei es – und darauf kommt es an – nicht nur ökonomische Gründe für diesen ökologischen Wahnsinn gibt: In Industrieländern wie Deutschland ist nur ein Fünftel der Maßeinheit „Wege" etwa der Arbeit oder Ausbildung geschuldet. Wir haben es mit einem luxuriösen Reflex zu tun.
Ein Indiz dafür ist das Paradoxon, wonach die Mobilität zu einer Zeit ausufert, da sie – dank Kommunikations-Technologie und Dienstleistungs-Gesellschaft, dank Pizzaservice, Telearbeitsplatz und Amazon.de – weniger notwendig als jemals zuvor erscheint. Blaise Pascal wäre folglich noch nie so leicht zu beherzigen gewesen. Er fand, im 17. Jahrhundert, daß „alles Unglück der Menschen einem entstammt, nämlich daß sie unfähig sind, in Ruhe allein in ihrem Zimmer bleiben zu können. Kein Mensch,

der genug zum Leben hat, würde sich, wenn er es nur verstünde, zufrieden zu Haus zu bleiben, aufmachen, um die Meere zu befahren oder eine Festung zu belagern".

Unsere Zeit aber ist die, in der das Futuristische Manifest des Dichters Filippo Tommaso Marinetti aus dem Jahr 1909 eine Form der Möglichkeit für alle geworden ist. Marinetti sah mit Ungeduld eine Zeit heraufdämmern, da sich die toten Hunde auf den Straßen unter heiß gelaufenen Autoreifen „wie Hemdkrägen unter dem Bügeleisen" biegen würden.

Ernsthaft wurde erst kürzlich am Massachusetts Institute of Technology ein Transrapid ersonnen, der New York und London in einer 100 Meter tief im Meer versenkten Vakuumröhre verbinden soll. Mit einem Tempo von 7 400 km/h wären dort die Passagiere unterwegs, London wäre dann ein Vorort von New York. 100 bis 200 Milliarden Dollar würde das kosten. Raum, Zeit, Kosten und Sinn waren noch nie so relativ. Was wir erleben, ist nicht mehr die Not, sondern den Luxus des Unbehaustseins.

Wobei diese nur gefühlte Notwendigkeit zu Aufbruch und Reise, diese abstruse gesamtgesellschaftliche Nervosität, jedes anders geartete Dasein diskreditiert. Zwar ist die geografische Mobilität in vielen Fällen nichts anderes als der Versuch, das Defizit geistiger Mobilität auszugleichen, aber dessen ungeachtet wird alles, was nicht nach Flexibilität und Dynamik aussieht, gnadenlos dominiert oder gar ausgesondert. Wer unbeweglich ist, und sei es auch aus freien Stücken, paßt nicht in unsere Zeit. Mobilität ist zum Ausweis und Fetisch eines diffus als qualitätsvoll begriffenen Lebens geworden. Den Mobilen und Nomaden gehört die Welt – obwohl sie kaum je wissen, warum sie wann wohin rasen. Die Sehnsucht nach dem „anderen Ort" war einmal eine geistig gemeinte Utopie – jetzt ist es eine Banalität der Geografie.

Selbst die Immobilien sehnen sich bereits danach, auf die Reise zu gehen: Unsere Computertische haben Rollen, darunter stehen „Rollcontainer". Und der jüngste Spot von T-Mobile (!) spielt an einer Haustür. Ein Junge öffnet. Der Vertreter fragt, wo der Papa sei. Der Junge: „zu Hause". Ob man ihn sprechen könne? – „Nein." – „Wieso?" – „Er ist nicht da." Dann folgt die Auflösung: „Der ist auch unterwegs zu Hause." Und auch Vodafone wirbt mit dem Satz: „Zuhause ist da, wo Ihr Telefon ist."

Womöglich wird uns erst die allerletzte Ruhestätte wieder zu einer anderen Form von Zuhause werden: das Grab oder die Urne. Wäre da nicht die aktuelle Geschäftsidee, „Trauerdiamanten aus der Asche Verstorbener" zu machen, damit man diese am Ring immer mit sich führen könne.

126

Im Spiegel war dazu kürzlich dieser Leserbrief abgedruckt: „Ich halte das mobile Grab für die langwährende Entsprechung zu unserer Mobilität zu Lebzeiten."

Alle Räder stehen still
Erst Feinstaub, jetzt Verkehrslärm – Die EU beerdigt den Moderne-Traum der „autogerechten Stadt"

SZ vom 11. Januar 2007

Frank Lloyd Wright, Ahnherr des modernen Bauens und Verfasser utopischer Stadtpläne, hat Autos fast noch mehr geliebt als Häuser. Das hinderte ihn aber nicht daran, seine vierrädrigen Sehnsuchtsmaschinen zu beschädigen: Als erstes montierte er stets die Rückspiegel ab. Befragt, was der Unsinn soll, hat Wright, der Ende der fünfziger Jahre im Alter von 92 Jahren starb, geantwortet: „Ich interessiere mich nicht dafür, woher ich komme, sondern wohin ich fahre."

Aber auch Wright, ein Mann der in die Zukunft wie andere in den Spiegel sah, konnte nicht ahnen, daß sich die Europäische Union eines Tages dafür interessieren würde, woher einer kommt – sobald er in die Stadt will. Beziehungsweise: Ob das Auto, das etwa in deutschen Städten den Großteil der Verkehrsströme dominiert, gegen die seit Monaten debattierte Feinstaub-Richtlinie der EU verstößt. Oder gegen die nun öffentlich werdende „Umgebungslärmrichtlinie". Ihr zufolge müssen Städte über 250 000 Einwohner bis zum 30. Juni „Lärmkarten" erstellen. Ab 2012 gilt das auch für Städte mit 100 000 Einwohnern. Nach der noch gar nicht beendeten Feinstaubdebatte zeichnet sich also schon die nächste, kaum weniger heftig zu führende Stadt-Diskussion ab: die Lärmdebatte. In beiden Fällen geht es um eine einst innige Beziehung, die sich nun zu einem regelrechten Ehekrieg auswächst. Auto und Stadt stehen vor der Scheidung.

Während man in unseren Städten noch darüber nachzudenken hat, welche Autotypen künftig aus welchen Stadtvierteln auszuschließen sind, werden Lärmzonen erörtert, die gleichfalls zu einer Art Numerus clausus gegen Autofahrer führen können. Denn es ist der Verkehr, der in Städten für etwa 80 Prozent des gesamten und enorm gesundheitsschädlichen Lärms verantwortlich zu machen ist. Folglich wehren sich die Städte zu Recht gegen die Gesundheitsrisiken, die sich vor allem auch den Emissionen der Vehikel verdanken.

Weil aber der reine Innenstadtverkehr seit Jahren deutlich abnimmt, der Pendelverkehr aus den Vorstädten dagegen noch immer drastisch zunimmt, läßt sich behaupten: Nicht nur gegen Lärm und Gestank begehren die Städte auf. Auch gegen die Horden der Suburbia-Insassen verrammeln die Stadtbewohner – bildlich gesprochen – ihre Stadttore.

Die Bilder, die regelmäßig die Feinstaub- und Verkehrslärmproblematik illustrieren, zeigen immerzu den üblichen Verkehrsstau auf dem Weg von der Vorstadt, wo gewohnt wird, in die Stadt, wo gearbeitet wird. Auto reiht sich an Auto, Auspuff an Auspuff. Man meint ein Automobilheer und eine Stadt im Belagerungszustand vor sich zu haben. Ganz falsch ist das nicht: Eine halbe Million Auto-Pendler suchen täglich die Stadt München heim. Man kann verstehen, daß Städte über Lärmkarten, Feinstaub-Verbote oder die Citymaut nachdenken. Drinnen und draußen, Stadt und Vorstadt: Das wird die neue Kategorie einer gespaltenen Gesellschaft – falls die Städte den öffentlichen Verkehr nicht überzeugend ausbauen, wozu er freilich auch nachgefragt werden müßte von jenen Leuten, die sich nur im eigenen Auto so wohl wie im Ohrensessel fühlen.

Mit der automobil ausgelebten Stadtbeweglichkeit werden aber nicht nur urbane Gesundheitsrisiken reduziert. Zugleich finden damit zwei alte Träume der Moderne ihr unrühmliches Ende: die „autogerechte Stadt" einerseits – und andererseits die Vorstellung einer Vorstadt als Lebensraum im Gegensatz zur Stadt als Arbeitswelt. Niedergeschrieben ist die räumliche Trennung übrigens in der „Charta von Athen", also in jener Gründungsurkunde der Moderne, die vor allem von den Ideen Corbusiers inspiriert war – ein Autonarr wie Wright.

Wright hatte schon in den dreißiger Jahren des 20. Jahrhunderts eine stadt-räumliche Utopie erblickt, die das Wohnen mit dem Unterwegssein und die Stadt mit der Straße vereinen würde: „Broadacre City". Das Städtebau-Konzept von Wright illustriert die auch in Deutschland bekannte Idee der Autostadt, wie sie etwa in Ludwig Hilberseimers *Großstadtarchitektur* (1927) aufscheint, auf spektakuläre Weise.

Broadacre, ein kontinuierliches städtisches Gebiet von geringer Dichte, basiert dabei auf totaler (Auto-)Mobilität und informationsvermittelnder Kommunikation. Broadacre ist seinem Prinzip nach wahr geworden. In diesem Gebilde gibt es allerdings keine Stadt-Land-Differenz mehr, sondern nur noch gigantische „Funktionszonen" für Handel, Entertainment, Industrie, Landwirtschaft und Wohnen. Wobei diese Konglomerate durch Autobahnen miteinander vernetzt sind. Auf späteren, in den fünfziger Jahren angefertigten und herrlich suggestiven Skizzen sind Fabelbauten zu erkennen, die sich triumphal in den Himmel schrauben und mit gewaltigen, auf mehreren Ebenen sich übereinandertürmenden Straßenbändern verknüpft sind. Dazwischen hüpfen kreiselförmige Stahlkäfer als Flugbusse durch die Lüfte.

Das Bild der Stadt als zutiefst dynamisches, unablässig Bewegung gebietendes Konstrukt findet vor allem in solchen Skizzen eine artifizielle Entsprechung. Die gesamte Kultur der Moderne ist davon beeinflußt. Von den Kulissen bewegter Stadtimaginationen, die sich als Gegenthese zur statisch-starren Stadt der Vergangenheit verstehen, leben ganze Bücher und Filme. Die *Sinfonie der Großstadt*, der berühmte Schwarz-Weiß-Stummfilm, der 1927 unter der Regie von Walter Ruttmann gedreht wurde und Berlin „im Aufbruch" porträtiert, ist ohne die Ästhetisierung der Stadtmobilität genauso undenkbar wie Luc Bessons filmischer Scifi-Futurismus *Das fünfte Element*, in dem sich eine Außerirdische in ein irres Flugtaxi des nicht weniger irren Bruce Willis flüchtet.

Die Stadt, einst Ziel- und Fluchtpunkt aller Reisen und Wanderungen, von mächtigen Stadtwällen und patrouillierenden Posten eingehegter Fixpunkt der Immobilität, wurde im 20. Jahrhundert wie in keiner Ära zuvor umfunktioniert zu einem räumlichen Abbild des Wandels selbst. Städte sind zwar von jeher bevorzugt dort entstanden, wo sich Wege kreuzten: Insofern ist die Straßenkreuzung wohl noch mehr als die aristotelische Agora als Raumprämisse der Stadt anzusehen. Aber erst im Jahrhundert der Mobilität kamen die Bilder der Bahnhöfe, der Straßenschluchten und der bewegten Massen in der Vorstellung der modernen Stadt zur Deckung.

„I want to wake up in a city that never sleeps": Noch Frank Sinatras New-York-Hymne an die Stadt, die niemals schläft, setzte für Handel und Wandel zweierlei voraus: unendliche Kommunikation und grenzenlose Osmose der Stadtbewohner. Also geistige und räumliche Mobilität. Sowie ein entspanntes Verhältnis zum Auto, das – als Analogie zur Stadt – vor allem auch die Images von Individualität und Freiheit von A nach B transportiert.

Die Städte, die nun paradoxerweise gerade im Zuge ihrer „Renaissance" die Träume ihrer durchmotorisierten Osmose zu Grabe tragen, werden womöglich in ferner Zukunft vor einem ganz anderen Problem stehen: Was tun mit all den leeren Räumen, die vormals besetzt waren vom Blech auf vier Rädern? Städte mit Droschken, Hochrädern und Spazierstock-Flaneuren, wie sie der „New Urbanism" vorschlägt, sind nicht die Antwort. Vorher sollte man mal versuchen, U-Bahnen erträglich und schadstoffarme PKW-Motoren leise zu machen. Und dann reden wir über die Frage, ob Städte überhaupt so reibungsarm, sterbensstill und unbeweglich wie das Land sein sollen.

Eine schwarze Messe zu Ehren Velozifers
Was bleibt vom Geschwindigkeitsrausch der modernen Ästhetik, wenn uns die Kraftstoffe ausgehen?
SZ vom 11. Dezember 2006

Es stammt aus dem Jahr 1927 und ist eines der berühmtesten Bilder der Architekturgeschichte – und zugleich ist es ein Foto, auf dem die herausragende Bedeutung der Mobilität für die Kulturgeschichte des 20. Jahrhunderts auf Anhieb verständlich wird. Tatsächlich war das Bild das Ergebnis einer Werbeaktion. Heute ruht das Original im Archiv des DaimlerChrysler-Konzerns. Zu sehen ist darauf eine Frau mit Hut und sportlich-elegantem Kleid. Das rechte Bein hat sie burschikos auf das mächtig ausschwingende Trittbrett des offenen Wagens gesetzt. Im Hintergrund sieht man, hell und strahlend, das Doppelhaus, das sich Le Corbusier für die Stuttgarter Weißenhofsiedlung als Manifest des Neuen Bauens erdacht hat.
Auf diesem Foto stehen sich die Mobilität (Auto) und die keineswegs als Gegenstück gemeinte Immobilität (Haus) suggestiv nahe. Haus, Auto und eine junge, glamourös wirkende Frau verbinden sich hier zur perfekten Szenerie eines abfahrbereiten, in die Zukunft stürmenden Lebensstils. Selbst das Innere des Corbusier-Hauses fügt sich in diese emblematische Mobilität: Die Wohnungen waren ausdrücklich dem Interieur von Schlafwagen nachempfunden. Denn auch das Festgefügte und Festgemauerte sollte flexibel und wandlungsfähig sein – oder doch so aussehen. Ernst Bloch könnte in seiner Kritik über die Unbehaustheit des modernen Menschen auch dieses Haus gemeint haben, als er schrieb: „Heute sehen die Häuser wie reisefertig drein. Obwohl sie schmucklos sind oder eben deshalb, drückt sich in ihnen Abschied aus."
Abschied, Abfahrt, Aufbruch: Das sind Vokabeln einer Ära, die ihr Unterwegssein feiert. Moderne und Mobilität sind im 20. Jahrhundert nahezu austauschbare Begriffe. Das gilt für die „autogerechte Stadt", deren Funktionalität dem Verkehr geschuldet ist. Und auch ihre Ästhetik, amerikanischen Billboards an den Highways ähnlich, sollte sich, wie der Architekt und Theoretiker Robert Venturi meinte, dem vorbeirasenden Autoinsassen erschließen. Oder das beliebte „Dampfermotiv" in der Architektur

der zwanziger und dreißiger Jahre: Ein Haus sollte keine Treppe, sondern ein Fallreep, keine Brüstung, sondern eine Reling, und keine Terrasse, sondern ein Oberdeck besitzen: Es sollte aussehen, als gehe es auf große Fahrt.

Ein anderes Beispiel stellen die „Heckflossen" der Autos aus den fünfziger Jahren dar. Sie erinnern an Raketentriebwerke und an die Möglichkeit, sich mit ein paar PS mehr womöglich auch das Universum zu erobern. Und die Stromlinienform hat ein Designer wie Raymond Loewy, der sonst aus Dampflokomotiven muskulöse Objekte der Ballistik modellierte, auch noch für das immobilste Tischfeuerzeug vorgesehen, um es als Vehikel der dynamistischen Neuzeit auszuweisen. „Dynamismus": Das ist auch der Begriff, mit dem man beispielsweise Zaha Hadids fließende Raumfiguren beschreibt.

Von Loewy stammt der Satz „Häßlichkeit verkauft sich schlecht" – und häßlich ist in diesem Sinn alles, was unbeweglich ist. Das gilt für Architektur und Design. Aber auch fürs Kino und den Pop, ja sogar für die Literatur, die eine Blüte der Reiseschriftsteller und die Zeitmontagen des Alfred Döblin kennt – und eine Poesie, in der Paul Valéry die Schönheit des Unterwegsseins rühmt. Das entspricht der Ästhetik der Road Movies, den Gemälden von Fernand Léger, dem es um „die Abbildung von Bewegung und Simultaneität" ging – oder auch nur jenen Songs, die „On The Road Again" raunten. Nomaden und Forschungsreisende inspirierten schließlich sogar die Mode, deren Bildträger in der Werbung spätestens seit den achtziger Jahren ohne Rekurs auf die Mobilität undenkbar sind: „Hamburg, 8.30 Uhr, wieder mal Regen. Perfekter Halt fürs Haar. Zwischenstopp München, es ist windig. Perfekter Sitz. Weiterflug nach Rom, die Sonne brennt. Perfekter Schutz." Das ist das Leben der Drei-Wetter-Taft-Frau. Bezogen auf ihre Chiffren hört sich die Kulturgeschichte der Moderne an wie ein ungeduldig aufheulender Motor. Der Mensch ist darin ein Held des Steigflugs, der Gas gibt. „Ich geb' Gas, ich will Spaß" – Das sagte die Neue Deutsche Welle dazu.

Die Neue Zeit ist bis auf den heutigen Tag immer auch eine schwarze Messe zu Ehren Velozifers. Aber das könnte sich ändern. Die Grünen, zum Beispiel, erhoffen sich einen politischen Umkehrschub zu Lasten uneingeschränkter Mobilität, dessen popkulturelle und ästhetische Dimensionen erheblich sein könnten.

Auf ihrem Parteitag in Köln haben die Grünen neulich ein Programm für mehr Klimaschutz beschlossen, in dem natürlich auch die Begriffe Photovoltaik, alternative Energiegewinnung oder Bioenergie auftauchen. Aber bezeichnenderweise haben vor allem diese drei Forderungen der Grünen für öffentliche Resonanz gesorgt: City-Maut, Kerosinsteuer und Tempolimit auf Autobahnen. Das ist kein Zufall. Der freie Zugang zur Stadt, das Fliegen als Möglichkeit, auch die fernsten Orte zu erobern, sowie das Tempo als Erbe des Futurismus: Das alles gehört zu den Grundvoraussetzungen der Moderne. Filippo Tommaso Marinetti, der das *Futuristische Manifest* 1909 im *Figaro* veröffentlichte, verfügt darin unter Punkt 4: „Wir erklären, daß sich die Herrlichkeit der Welt um eine neue Schönheit bereichert hat: die Schönheit der Geschwindigkeit. Ein Rennwagen [...] ist schöner als die Nike von Samothrake."

Was aber geschieht mit dieser Schönheit als Errungenschaft der Neuzeit, wenn uns im Zuge schwindender Ressourcen die Kraftstoffe zu ihrem Unterhalt und Fortkommen allmählich abhanden kommen? Was wird – da uns im Zeichen des Klimawandels und der Ressourcenverknappung womöglich eine Renaissance der Begrenztheit und die Entdeckung der Langsamkeit bevorsteht – aus einer Ästhetik, die ein Jahrhundert lang von der Idee der Bewegung gelebt hat? „Wir machen den Weg frei" – Solche Slogans könnten so unglaubwürdig wie ganze Philosophien werden, die behaupten, daß der Weg das Ziel sei.

Was passiert mit einer Welt, die sich an die Geschwindigkeit – Paul Virilio und anderen Kritikern des „rasenden Stillstandes" zum Trotz – längst gewöhnt hat, wenn sie irgendwann abrupt entschleunigt wird? Wer den aktuellen Studien glaubt, könnte vermuten, daß unsere Ära der transformatorischen Zwischenräume zu Ende geht. Eine Zeit, die Airportcities und Schreibtische oder Obstschalen mit Rollen hervorgebracht hat, „Rollotels" und Vielfliegerprogramme, aufblasbare Kirchen, Pendlerpauschalen und den Plan, New York mit London durch eine U-Bahn unter dem Meer zu verbinden. Die Fahrzeit betrüge eine Stunde.

Jenseits dieser Träume könnte es aber wieder Leute geben, die mit einem Picknickkorb und einem der selten gewordenen Automobile von München aufbrechen, um am Starnberger See ein Picknick zu machen. Wir werden sie Dandys nennen. Oder Irre. Früher, werden wir erzählen, als die Grünen das Kerosin noch nicht besteuert haben, gab es Leute, die mal eben zu einer Party nach Paris fliegen konnten. Das war in jener Zeit, in der es auf dem Land wohnten, obwohl sie in der Stadt arbeiteten. Unglaubliche Zeiten. Lange her.

Es wird also nicht nur zu einer Umwidmung der Ästhetik kommen, die sich gelegentlich schon andeutet – etwa im Gewand des aktuellen „New Urbanism", der uns natursteinschwere Sockelgeschosse, unwandelbare

Stadtplätze und starre Achsen bringt. Oder in Form des „Cocooning", in dessen Namen all die Rollmöbel wieder zurückverwandelt werden in Einbauschränke. Es kommt vor allem auch zu einer neuen sozialen Schichtung, die gleichfalls immer weniger Osmose kennt: Es wird wieder Bewegliche und Unbewegliche geben. Wenige reiche Mobile und viele arme Immobile. Der Grenzübertritt wird – wie zu Zeiten der Stadttore und Zollstationen – eine Frage des Preises sein. Es wird Reisebeschränkungen geben, als lebte man hinter den Mauern einer gigantischen DDR.

In einer Welt, die ihre fossilen Kraftstoffe auch unter dem Leitbild steter Beschleunigung auf denkbar närrische Weise verschleudert hat, wird man sich an einen Satz Martin Luthers erinnern: „Hier stehe ich, ich kann nicht anders". Wir werden ihn beim Wort nehmen – denn wir stehen dann vor Tankstellen oder Stadtmautstationen, die wir uns nicht mehr leisten können. Erst vor ein paar Tagen wurde eine satirische Aktion des britischen Designers Edd China publik. Der hat – weil er im Londoner Berufsverkehr so oft im Stau steckt – einen fahrbaren Schreibtisch ersonnen. „Mein Hotdesk", sagt er, „ist ein umgebauter Rover, die Büroutensilien auf der Schreibtischplatte sind natürlich alle fixiert. Man kann bei mir auch fahrbare Himmelbetten oder Sofas mieten, aber der Schreibtisch ist mit 140 Stundenkilometern am schnellsten." Edd China markiert das vorläufige Ende jener Entwicklung, die einst mit der eleganten jungen Dame vor der Stuttgarter Weißenhofsiedlung Fahrt aufnahm.

Die Dame hieß Elsbeth Böklen, war Tänzerin und starb 1984. Auf dem Foto war sie 22 Jahre alt. Was kaum jemand weiß über diese Ikone des automobilen Aufbruchs in eine Welt ästhetischer Raserei: Elsbeth Böklen hat nie den Führerschein gemacht.

Auto, Motor und Gott
„Carchitecture" ohne Ende: In Leipzig wurde ein Porsche-Werk eröffnet – womit wir wieder ein Walhall der Auto-Anbetung bekommen
SZ vom 21. August 2002

Wovon träumt der U-Bahn-Schaffner im Untergrund? Er träumt davon Jetpilot zu sein, um sich die Wolken von oben anschauen zu können. Wovon träumt der Jetpilot, wenn der Flugzeugträger so schlingert, daß ihm schlecht wird? Er träumt davon Architekt zu sein, weil er sich dann endlich in einer sicheren Welt der Bewegungslosigkeit befindet.

Und wovon träumt der Architekt? Wonach sehnt er sich, wenn er wieder einmal ein Haus errichten muß, das noch in Jahrmillionen am immergleichen Ort von seiner Kunst der unkaputtbaren Sichtbetonmauer kündet? Er träumt von Autos. Er träumt davon, mobil zu sein. Denn in Wirklichkeit haßt er Immobilien. Er haßt Häuser, Blockrandbebauungen, Altbaumodernisierungen, Statiker und Stadtgestaltungskommissionen. Er will lieber Häuser bauen, die Räder an den Seiten und vorn ein Lenkrad haben. Er möchte auf und davon, er will Gas geben – statt dessen muß er nach den Regeln der Baukunst standfeste Häuser für die Ewigkeit bauen. Ganz so, als wäre er Petrus, der Fels. Er will aber lieber sein wie Schumi – wie Schumi, der Bolide.

So könnte man erklären, warum Architekten als Experten der Immobilität, also der zu Stein, Stahl und Glas geronnenen Unbeweglichkeit (lat. immobilis – „unbeweglich"), warum Architekten derzeit eine so staunenswert ausgeprägte Affinität zur Auto-Mobilität aufweisen, zu Tempo und Raserei, zu Ortswechsel, Aufbruch und Wandel. Über die Architekten kann man – gerade in Deutschland und gerade jetzt – sagen: Nichts bewegt sie wie ein Citroën. Beziehungsweise: wie ein Audi-BMW-Mercedes-VW.

Es sieht ganz danach aus, als ob sich die Architekten nach ruhigen Jahrzehnten voller Wohnbauten, Büroeinhausungen, Schulen, Museen, Kirchen, Stadien (in dieser Reihenfolge), nun endlich am rasend erreichten Ende eines interessanten baukulturellen Entwicklungsromans befänden. Sie sind am Ziel. Das aber ist bekanntlich ein Weg – und zwar jener, auf dem sich Mensch und Maschine begegnen, um zusammen endgültig in den „heiligen Hain der Automobile" einzugehen (Martin Mosebach). Gemeint ist damit jener Ort, an dem sich „pantheistische Naturverehrung und Auto-Anbetung harmonisch verbinden". Man kann dies alles aber auch „BMW- Erlebnis- und Auslieferungszentrum" (in München), „Gläserne VW-Manufaktur" (in Dresden), „VW-Autostadt" (in Wolfsburg), „Audi-Forum" (in Ingolstadt) oder „Mercedes-Museum" (in Stuttgart) nennen. Oder einfach „Kundenzentrum von Porsche" – das eben erst in Leipzig eröffnet wurde.

In einer Indizienreihe ist dieses neue Montagewerk samt „Kundenzentrum" (Entwurf: von Gerkan, Marg+Partner, gmp, Hamburg) lediglich der jüngste Beleg für die ausufernde Existenz jenes Phänomens, das als „Carchitecture" bekannt ist: als innige Fusion von Auto-Industrie und Architektur-Branche. Wobei der Betriebszweck sowohl auf die automobile Apotheose der Menschen in ihren liegenden Kästen (Ausstellungshallen, Eventbereiche, Restaurants) als auch auf die architektonische Vergöttlichung der Menschen in ihren rasenden Kisten (Autos, Autos, Autos) zielt.

Natürlich war es Gerhard Schröder, der Bundes- und auch Auto-Kanzler, der das Porsche-Werk gestern Mittag zwar nicht geflutet, aber doch eröffnet hat. Hier wird demnächst der „Cayenne" als erster Porsche-Geländewagen gefertigt, bis zu 450 PS stark und bis zu 110 000 Euro teuer. Der „Neubeginn des Aufbaus Ost", von dem Schröder in Leipzig sprach, scheint sich auf schwierigem Terrain zu ereignen – unvorstellbar ohne Permanenz- Allradantrieb, Sechsstufenautomatik und „porschetypischer Agilität" (Auto, Motor und Sport).

127 Millionen Mark hat Porsche in dieses Werk investiert. Vom Herbst an sollen jährlich mindestens 25 000 Wagen, wie sagt man, „vom Band rollen". Aber nein: Die Autos sollen gleiten, schweben und dann auffahren in den Himmel der Automobilisten – worunter man sich vermutlich eine blümchenreich tapezierte Stuttgarter Garage vorstellen kann.

Und was war nun die Aufgabe der Architekten gmp aus Hamburg? Sie sollten im Mittelpunkt des neuen Werkes, zwischen Teststrecke und Produktion (entworfen von verschiedenen anderen Architekturbüros), das Kundenzentrum als Präsentationsplattform, Ausstellungshülle und „Eventebene" errichten – „basierend auf der weltweit gültigen Corporate Identity des Sportwagenherstellers". Sie sollten also einen signifikanten Schrein erbauen, einen Tempel – eine Kathedrale, die vom Jenseits ungeahnter Beschleunigungsmomente schon im Diesseits der Kfz-Steuer erzählt. Die Architekten wählten die Form einer Kanzel: Auf einem massiven Sockel aus Sichtbeton erhebt sich ein kreiselförmiger und mit Metallpaneelen verkleideter Turm. Mehr ist zur Architektur kaum zu sagen. Schwer zu sagen, ob dieser Glaube-Liebe-Hoffnung-Kreisel Frank Lloyd Wright gefallen hätte. Wrights urbanistische Fieberträume der dreißiger Jahre, wie etwa das Projekt „Broadacre City" als ballungsraumfreie, dafür mit wunderbar ausgebauten Highways durchzogene Agrarlandschaft, zählen zu den Gründungsurkunden der mobilen Gesellschaft.

Oder Le Corbusier, der schon 1927 so etwas wie das Hochzeitsfoto der mobilen Moderne in Auftrag gegeben hat: Auf dem Bild ist, im Hintergrund, sein architektonisch strahlender Beitrag für die Weißenhofsiedlung in Stuttgart zu sehen – im Vordergrund jedoch ein Mercedes mit offenem Verdeck. Wenn es überhaupt ein Bild gibt, welches den Traum der Moderne zu einer einzigen grandiosen Metapher zusammenfaßt, bestehend aus Zukunftslust und Aufbruchsstimmung, dann ist es dieses Foto.

Inzwischen ist jedoch aus dem Traum ein Boom und aus der Architektur eine Marke geworden. Zu vermelden ist ein geradezu hysterischer Rekurs auf das Bilder-Arsenal ursprungsmoderner Auto-Immobilität. Nicht zufällig ist „Carchitecture" auch der Titel einer Studie von Jonathan Bell. Darin geht es nicht allein um die Dauerkollision zwischen dem Weichbild der Stadt und der asphaltharten Autogerechtigkeit all der Stadtautobahnen oder Schallschutzmauern – sondern es geht vor allem auch um den zunehmenden Einsatz der Architektur im Dienste des Automobils. Wobei man sich eingestehen muß: Es sind nicht die Architekten, die das Auto neu entdecken – sondern es sind die Autohersteller, welche die Architekten neu entdecken.

Vorzugsweise dienen die Architekten in diesem Zusammenhang – von Coop Himmelb(l)au über Zaha Hadid und Morphosis bis zum niederländischen UN Studio – als Lifestyle-Garanten, als Logo-Fachleute oder als Branding-Experten. Als Bühnenarchitekten also, die den jeweiligen Aufführungen der Häuser BMW, VW, Daimler-Chrysler zum verkaufsfördernden dreidimensionalen Glamour-Image verhelfen sollen: zum „Smart-Tower" oder zur „Autovision-World".

Wenn es stimmt, daß das Auto die „einzig wahre Reliquie unserer Zeit" ist (Mosebach), dann sind die Architekten dazu bestimmt, dieser Reliquie einen hübschen Schrein zu errichten. Es ist also kein Wunder, wenn man angesichts all der projektierten oder – wie eben erst in Leipzig – realisierten Carchitecture-Synergien das Gefühl nicht los wird, daß es wieder aufwärts geht mit dem Sakralbau in Deutschland. Natürlich müßte Bayern in diesem Zusammenhang eine besondere Rolle zukommen – man denke nur an BMW in München oder an Audi in Ingolstadt.

Hinter den üblichen Showroom-Kulissen allüberall könnte es aber durchaus auch um die Versöhnung von Mensch und benzingefüllter Maschine gehen – und zwar in einem Raum, der die Menschen schon deshalb etwas angeht, weil es jener der Stadt ist. Explizit gilt das für Dresden, wo das Münchner Architektur-Büro Henn die „Gläserne Manufaktur" als innovatives VW-Werk errichtet hat – und zwar nicht nur als Ort, an dem die profane Auto-Übergabe zur Eucharistie umgewidmet wird, sondern als richtige, hochmoderne Fabrik – mit Montageband, Hebekränen und Hochregallager. Diese Fabrik aber hat man in Dresden nicht irgendwo an der Stadtperipherie versteckt, sondern man hat die Manufaktur dem Stadtleib förmlich implantiert – mitten in Dresden, im barocken „Großen Garten" gelegen, lediglich ein paar Fußminuten entfernt vom Altmark. Mit dem Werk in Dresden dürfte sich das Büro von Gunter Henn endgültig an die architektonische Spitze der immobilen Bewegung gesetzt haben. Schon zuvor hatte sein Team für VW die erste deutsche „Autostadt", Wolfsburg, auch als ersten Auto-Themenpark, architektonisch, ja nahezu urbanistisch als Idealstadt für jährlich bis zu 1,2 Millionen erhoffte Besucher inszeniert. In Deutschland war die Autostadt so etwas wie ein Fanal.

Inzwischen entsteht in Stuttgart für 60 Millionen Mark ein Mercedes-Museum (Architektur: UN Studio) – und in München (Coop Himmelb(l)au) soll bis zum Jahr 2003 auch BMW über neuere Schau-Architektur verfügen: in Form einer „Wolkenlandschaft". Die Wertschätzung der Wolkenbauer für „alles, was brennt" ist bekannt – nun können sich auch jene auf diese Formel einigen, die sich als Energiequelle des Daseins bislang nur einen Verbrennungsmotor vorstellen konnten.

Wir Kellerkinder vom Bahnhof der Zukunft
Der Mensch strebt nach Tiefe – die Planer machen's möglich.
Über die unterirdischen Bahnhöfe, die überall entworfen werden
SZ vom 15. Juli 1996

Ilsa würde Rick nicht noch einmal den Laufpaß geben. Nicht am Münchner Hauptbahnhof. Nicht, wenn es hier in zehn, zwanzig Jahren den ‚Bahnhof des 21. Jahrhunderts' gibt. Dann wird er sie an die Hand nehmen und mit ihr in 35 Meter Tiefe und gläsern überwölbt durch die sechs unterirdischen Etagen der glitzernden „Erlebniswelt mit Gleisanschluß" spazieren. Es wird nicht regnen. Vielleicht nehmen sie einen Drink und besuchen ein internationales Symposion. Oder sie flanieren die „Kulturmeile" entlang, wandeln durch das „Einkaufsparadies" und gucken sich im bahnhofseigenen Cineastentempel einen alten Film an. Casablanca zum Beispiel.

So ähnlich muß sich Bahnchef Heinz Dürr den großen Bahnhof der Rendite wohl vorstellen. In München, Frankfurt und Stuttgart. Für Neu-Ulm, Nürnberg, Saarbrücken, Leipzig. Umstrukturierung und Facelifting von insgesamt 25 Bahnhöfen stehen bevor. Der Mythos „Bahnhof" wird ausverkauft, unter die Erde gebracht. Zeit zum Träumen, architektonisch, stadträumlich, betriebswirtschaftlich. Überall tauchen derzeit aktuelle „Machbarkeitsstudien" auf oder werden aus der Bahn-Fundgrube herausgeholt und zurechtfrisiert. Denn die Pläne sind nicht neu. Den Frankfurtern kommt seit 1984 praktisch jedes Jahr die gleiche Idee. Und in München haben sogar schon die größenwahnsinnigen Nazis an einen unterirdischen Bahnhof gedacht. Die verkehrstechnisch vorsintflutlichen Kopf- oder Sackbahnhöfe sollen einmal mehr beerdigt werden und unterirdisch als baukünstlerisch zeitgemäße Durchgangsbahnhöfe auferstehen und dadurch „wertvolle" ICE-Minuten einsparen helfen. Neu daran: Zugleich sollen die alten Schmuddel-Stationen mit dem Geruch nach Pommes und Tristesse zu klinisch reinen „Zentren für Kommerz, Kultur und Kongressen" mutieren. Wie eine häßliche Raupe, die sich in der Erdhöhle zum Schmetterling entpuppt.

Es geht um Milliarden. Für Stuttgart allein sind beispielsweise knapp fünf davon zu investieren. Aber das, was die Eisenbahner in der Erde an Geldern verbuddeln, das wollen sie oben wieder ernten: durch den Verkauf der dann überflüssigen Schienenstränge, Containerbahnhöfe und Empfangshallen. 150 000 Hektar Liegenschaften gehören der Bahn insgesamt in Deutschland. Eine Fläche, dreimal so groß wie der Bodensee. Und die innerstädtischen Bahnhofsareale sind begehrt auf dem Immobilienmarkt. So wird alles, was der Bahnhof von jeher war, noch einmal neu und viel, viel schöner erfunden: Stadtmitte, Ankommen, Abfahren, Einkaufen, Begegnen. Und das alles in Zukunft unterirdisch.

Bahnhöfe müssen den Kopf nicht immer oben haben. In New York liegt die Park Avenue über den Gleisen der Grand Central Station. Madison Square Garden erhebt sich über Pennsylvania Station. Der Bahnhof in Washington ist ebenso im Keller wie der Trambahnhof in Straßburg. Dagegen hockt in London „Charing Cross", eine öde bunte Büro-Burg mit Gleisen statt Burggraben, wie ein riesenhafter Krebs an der Themse. In London wurde das Leben in der Untergrundbahn vor einhundert Jahren erfunden. Aber gerade dort, unter dem geduckten, teppichbodenweichen Charing Cross, sehnt man sich nach dem lichten lauten Gedröhn, nach Wasserdampf und Dieselöl, nach einem Gewirr aus Stahlträgern und Nieten und Glas und Oberleitungen; nach King's Cross, Saint Pancras, Paddington. Oder nach dem Gare du Nord in Paris. Oder eben nach Leipzig, wo demnächst ein Parkdeck in den bedeutendsten Kopfbahnhof Europas einziehen soll. Diese Bahnhöfe sind verschwenderisch, prunksüchtig, dominant, schmutzig, lebendig. Sie sind einfach überirdisch. Das Leben spielt sich nicht im Untergrund ab. Die Halbwelt ist ein einsamer Ort.

Oder ist es doch so, daß der Mensch zunehmend nach Tieferem strebt? Das könnte sein. Noch vor dreißig Jahren, mitten in der Hochkonjunktur der Architektur-Phantasien und Städtebau-Utopien haben sich die Visio-

näre eher selten zum Mittelpunkt der Erde begeben wollen. Sie strebten nach Höherem. So wie Iannis Xenakis, 1964: „Das Raum- und Kosmoszeitalter hat begonnen, und die Stadt wird sich zum Kosmos wenden statt sich weiter auf dem Erdboden hinzuschlängeln." Er hatte recht. Jetzt schlängeln sich die Städte bereits in die Erde hinein. Zum Beispiel in jener norwegischen Kleinstadt, die zur Winterolympiade vor zwei Jahren eine Eishockeyhalle errichten hat. Aus Prestigegründen 70 Meter tief, begraben von 42 Meter dickem Gestein. Sicherheitshalber haben die Norweger dort zugleich eine Forschungsstelle eingerichtet. Um die „psychologische Wirkung unterirdischer Räume auf Menschenmengen" zu untersuchen. Vorläufiges Ergebnis: „Das Dunkel stresst." Das hätten die Kohle-Kumpel in den Zechen vermutlich auch gewußt. Aber das Dunkel scheint auch anzuregen. Das hat letztes Jahr in München die Ausstellung über die „unbekannten Kathedralen" bewiesen. Per Diashow konnte man da eintauchen in unheimliche Abwasserrückhaltebecken und andere Geheimnisse der Münchner Eingeweide. Dreimal ist die Ausstellung verlängert worden. „Wegen der Nachfrage", wie es heißt. Oder Paris: Da ist unter dem Louvre ein gewaltiger „Erlebnisraum" geschaffen worden, inklusive Museumszugang und Autovermietung. Dagegen toben die Techno-Kids in den echten Pariser Katakomben.
Überall ist der Kaufhaus-Keller zum ‚Basement' geworden. Die neuen Friedrichstadt-Passagen in Berlin: unterirdisch zu einem einzigen Tunnel verbunden, vollgestopft mit Edelkram. Tunnel überall. Fußgänger verzichten meist schon freiwillig darauf, eine Straßenkreuzung aufrecht zu überqueren – dafür sprechen all die Unterführungen in unseren Städten. München ist da vorneweg. Nach dem „Tunnelbegehren" dürfen selbst die Autos in die Erde. Der Untergrund ist erobert: durch Läden, Fitness- Studios, Kirchen. Raum ist in der kleinsten Höhle. Auch Architekturstudenten sind mittlerweile der Halbwelt zuzurechnen. Die Technische Universität Braunschweig stellte jüngst eine Diplomandin vor, die eine ganze Schule umstandslos vergraben hat. Ohne Licht, ohne Fenster, ohne ausreichende Belüftung. Note: „gut".
Jetzt sind die Bahnhöfe dran. „Deutschland", so ein Bahnsprecher, „bekommt die modernsten Bahnhöfe der Welt. Das ist eine Chance für die Städte." Und eine Gefahr. Beispiel Stuttgart. Kritiker und Experten mahnen seit Jahren ein umfassendes stadträumliches, stadtökologisches und soziales Konzept an. Ungehört. Die Schwaben, die in dieser Woche schon die ersten konkreten Plangutachten für den innerstädtischen Totalumbau (es geht um 40 Prozent der City) erhalten sollen, scheinen von

der geschmeidigen Computersimulation, die derzeit im alten Hauptbahnhof zu sehen ist, geblendet zu sein. Noch gibt es kein wirklich überzeugendes Konzept für die Stadtentwicklung – aber das fehlende Konzept soll dafür „so schnell wie möglich" umgesetzt werden. Solange die Kassen noch nicht klingeln, könnte es sich lohnen, in die Stille hinein über das Leben im Untergrund nachzudenken. Und über den Bahnhof, den letzten wundersamen Ort in unseren Städten. Keine Oase der Stille, sondern eine laute Stadt in den immer leiser werdenden Städten. Nicht immer ein schöner Ort, sondern nur so schön wie die Menschen darin. In Wahrheit der einzige Ort, der noch so etwas wie ein sozialer Schmelztiegel ist. Man kann sich nicht in die VIP-Lounge retten, wenn samstags die Fußball-Rowdies anreisen. Das Gucci-Köfferchen steht am Bahnsteig neben der Aldi-Tüte.

Der Bahnhof ist nicht nur Ort in der Stadt; er ist Mitte, Topos, Inspirationsquelle. Immer wieder hat Max Beckmann den Frankfurter Bahnhof gemalt. Claude Monet hat dem „Bahnhof St. Lazare" ein grandioses Denkmal gesetzt. *La Vie Parisienne* (Jacques Offenbach) spielt in einem Bahnhof. Walter Benjamin hat den Großstadtflaneur in den Bahnhof geschickt – als Voyeur. Der Bahnhof: gebaut wie eine Kirche und profan wie ein Markt. Errichtet einst als Götze der Technik und der Mobilität und heute als städtisches Ökosiegel vermarktbar. Die Umgebung: manchmal rotlichtig, mal aufregend, mal nur schäbig und trostlos. Immer: städtisch. Und die nutzlosen Gleisanlagen sind zugleich der letzte große Luxus für die Stadt – und als Brache letzte Zuflucht für manche, die am Luxus nicht teilhaben. Tucholsky: „Niemand steigt aus. Niemand steigt ein. Aber hier ist: Aufenthalt."

Bahnhof verstehen
Eine Mission: Warum wir die dunklen Seiten der Stadtgesellschaft nicht aussperren können
SZ vom 18. November 2001

Vielleicht kommt man mit der Bahn aus Budapest, vielleicht mit dem „EN 268 Kalman Imre"; oder man kommt aus Treuchtlingen, mit dem „ICE Münchner Kindl". Egal. Man kommt jedenfalls am Münchner Hauptbahnhof an, steht am Bahnsteig und liest jene Fahrpläne, von denen Hans Magnus Enzensberger sagte: „Lies keine Oden, mein Sohn, lies die Fahrpläne: sie sind genauer!"

Wenn man aber den Blick über die gelben und weißen Fahrpläne hinaushebt, hinaus über das Tucholsky-Raunen jenseits von Abfahrt und Ankunft („Niemand steigt aus. Niemand steigt ein. Aber hier ist: Aufenthalt"), wenn man also aufschaut und in das merkwürdig zwiespältige Gesicht dieser Münchner Bahnhofshalle blickt, hinüber zu den schon sanierten Sehnsuchts-Shops auf der einen Seite, hinüber zu der noch existenten Schmuddel-Tristesse auf der anderen Seite – dann wird einem bewußt, daß Enzensbergers nachkriegsmodern und hell klingender Abgesang auf den dunklen Mythos vom Bahnhof auch selbst ein bißchen dunkel bleibt.

Denn der Bahnhof – in München und anderswo: Das ist mehr als ein Fahr-, Raum- und Renditeplan. Nicht allein der Ratio einer gut funktionierenden Verkehrs- und Geschäfts-Architektur ist dieser Ort gewidmet, sondern der zivilisatorischen Urbanität, der „Kultur des Unterschieds" (Richard Sennett), den Emotionen, den Geschichten, den Menschen. Der Bahnhof ist durchaus eine Ode, ein Gesangsstück also in jener Tragödie, die auch von der Stadtgesellschaft und ihren unlösbaren Problemen handelt, von Arm und Reich, von gut und böse. Leider ist es so, daß der Bahnchef Hartmut Mehdorn aus dieser zutiefst urbanen Tragödie gerade eine Komödie macht.

Der *Bild am Sonntag* hatte er offenbar angedeutet, daß er die Mission der mehr als einhundert deutschen Bahnhofsmissionen im Grunde eher als eine Art „Mission: Impossible" betrachte. Daraufhin war allerorten zu lesen, daß die Bahn nicht nur die Bahnhofsmissionen, sondern auch die dort vermuteten Obdachlosen und Junkies loswerden wolle – wenn nicht gleich jene drei Millionen Menschen, die jedes Jahr eine mehr als einhundert Jahre alte Institution namens „Bahnhofsmission" nutzen. Dumm nur, daß es im Jahr 1939 ausgerechnet die Nazis waren, welche die Missionen geschlossen haben.

Wie auch immer: Das Entsetzen war jedenfalls groß. Die Bundesgeschäftsführerin der katholischen Bahnhofsmission sagte, daß Obdachlose „kein Säuberungspotential" seien – und aus dem Diakonischen Werk der Evangelischen Kirche war zu hören, daß es keine „unwürdigen Arme" gebe. Seither sind von Mehdorn nur noch Dementis zu hören.

Nein, Obdachlose seien natürlich keine „bösartigen Leute". Ja, die Leute von der Bahnhofsmission seien „barmherzige und liebe Menschen". Nein, nicht um die Schließung der Missionen gehe es – man wolle nur die Suppenküchen weghaben. Und zwar im Zuge jenes Bahnslogans, der auf die Heilsversprechen der – im übrigen: maroden – Bahn zielt, also auf Service, Sicherheit, Sauberkeit. Nein, nicht um Bedürftige gehe es – sondern um Leute, die „dort sonst nicht wären". Typen also, an die sich beispielsweise dieses Plakat im Münchner Hauptbahnhof richtet: „Ein paar klärende Worte an alle, denen Worte nie deutlich genug sein können ...“ Klärender- und auch deutlicherweise muß man vielleicht hinzufügen, daß die Bahn tatsächlich nichts zu tun hat mit jenen eher national als sozial bis sozialistisch denkenden Leuten, die schon einmal die Missionen in Frage gestellt haben; die sich schon einmal an Existenzen gestört haben, gleich, ob fraglich oder gescheitert, welche auch heute noch weder der Norm noch dem Ideal des Bahn- und Vermögensbildungsreisenden entsprechen. Man muß freilich auch hinzufügen, daß die Bahnhöfe nicht nur öffentliche Orte sind – daß sich also eine privatisierte Bahn, wie das oben erwähnte Plakat zeigt, auch einen privaten Raum und folglich eine private Hausordnung geben darf, die sich gegen Bettler, Hunde und andere gefährliche Dinge richtet. Notfalls auch gegen jene zunehmende Armut in der Welt, die ja nicht von Hartmut Mehdorn zu verantworten ist. Und man muß auch sagen, daß es die Kriminalität gibt – sogar im Bahnhof. Sogar im so genannten Bahnhofsviertel. Man weiß schon, warum das so heißt – und was dort los ist. Auch der neue starke Mann in Hamburg hat seinen politischen Erfolg ja vor allem einem einzigen ästhetischen und sozialen Unort zu verdanken: dem Bahnhof.

Nur läßt sich auch feststellen, daß es der Arme schon in der Bibel besser hat als im Bahnhof. Dort kommt er eher ins Himmelreich, schneller durch das Nadelöhr – und außerdem wird ihm das Diesseits im Jenseits gelohnt werden. Der Heilige Antonius sagt sogar: „Die Verachtung der Armen ist Mord.“ Ein Satz, der auch dann gilt, wenn man bereit ist, die potentielle Armut mit potentieller Kriminalität zu verwechseln. Wenn aber die Verachtung dem Mord entspricht, was ist dann von jenen gesellschaftlichen Bemühungen zu halten, die dem allgemeinen Ressentiment sowie der allgemeinen Indifferenz entspringen – und die auf Ausgrenzung und Absperrung zielen?

Schon länger machen Ordnungspolitiker und Geschäftsleute, dazu allerlei Oberbürgermeister, Planungsreferenten und jetzt auch der Bahnchef gemeinsame Sache, um Obdachlose und Arme aus den Innenstädten zu vertreiben. In Stuttgart warb einmal der Oberbürgermeister Wolfgang Schuster im Wahlkampf mit dem Slogan: „Dreckspatzen bedürfen der Erziehung.“ Und in Berlin war von Klaus-Rüdiger Landowsky zu hören: „Es ist nun einmal so, daß dort, wo Müll ist, Ratten sind, und daß dort, wo Verwahrlosung herrscht, Gesindel ist. Das muß in der Stadt beseitigt werden.“

Das ist allerdings nicht nur typisch deutsch-und-ordentlich gedacht: In seinem Buch *City of Quartz* erzählt der Historiker und Soziologe Mike Davis davon, wie man sich in Los Angeles eine „pennersichere" Sitzbank ausgedacht hat. Sie hat die Form eines schlanken Holzfasses – wer sich darauf ausstrecken will, gleitet unweigerlich nach unten und sinkt in den Dreck. Tiefer kann man dann nicht mehr sinken.

Längst schon bestehen all unsere Städte aus gut bewachten Shoppingmalls und Einkaufszentren, aus neuen „2-Minuten-Bahnhöfen" oder solchen, die gebaut sind als „Warenwelt mit Gleisanschluß". Es sind eben nicht nur die deutschen Bahnhöfe oder amerikanischen Bushaltestellen, welche „pennersicher" werden sollen – es ist die Welt der Metropolen und Megastädte, in der bis zum Jahr 2025 zwei Drittel der Weltbevölkerung vermutet werden. Darunter dürften dann nicht nur ein paar Kriminelle sein, sondern auch ein paar Arme. Lies keine Oden, lies die Fahrpläne der Welt: sie sind genauer.

Und außerdem ist es ja auch schon eine Weile her, daß Théophile Gautier die Bahnhöfe als „Kathedralen der neuen Humanität" feierte. Er dachte, die Welt würde sich dadurch endlich näher kommen.

4 Wohnen et cetera

In Pompeji war ich zum ersten Mal im Jahr 1999. Die Stadt am Golf von Neapel wurde am 24. August 79 nach Christi Geburt durch einen Ausbruch des Vesuvs ausgelöscht. Ich stieg in den Ruinen herum und kam aus dem Staunen kaum heraus. Die erhaltenen Wohngrundrisse: Bezeugen sie ein so sehr anderes Wohnen als jenes, das wir beinahe zweitausend Jahre später als „angesagt" kennen? Wer Jahr für Jahr die beiden großen Wohnmessen in Mailand und Köln besucht, wer Monat für Monat die neuesten „Wohntrends" in den einschlägigen Gazetten durchblättert und wer beinahe täglich über die allerneuesten Innovation im Reich der Wellnessbäder oder Statusküchen per Newsletter informiert wird: Der kommt kaum umhin, dies alles am antiken Lifestyle zu messen. Und ist beruhigt: Der Mensch wohnt, seit er Höhlen bewohnt, doch relativ statisch. Alles andere ist dem Gesumms der Möbelbranche und der Trendscouts geschuldet. Was nicht heißt, daß es irrelevant wäre, über das Verschwinden von Bücherregalen zu spekulieren – oder über die Bedeutung des Fensteraufmachens. Oder über die Frage, warum Richard Meier seiner Mutter wegen ästhetischer Differenzen einen Aschenbecher an den Kopf geworfen hat. Oder über das allerletzte Refugium des Mannes: den Gartenschuppen. Einen solchen, immerhin, konnte ich auch als Ruine nicht in Pompeji ausfindig machen. Was allerdings nichts heißen muß.

Bauherren am Gängelband
Die Furcht vor Geschmacksdiktatoren
SZ vom 26. April 2006

Im Streben nach vollendeter Wohnkultur geben Architekten häufig unerbittlich vor, was in den von ihnen gebauten Häusern erlaubt ist – bis hin zum Bild an der Wand.
Adolf Loos war nicht nur ein Meister des Hochbaus, sondern auch einer des Satzbaus. Die Polemiken des Wiener Architekten (1870–1933) sind berühmt. Eine dieser Schriften handelt „von einem armen, reichen Manne"

– und davon, wie dieser von seinem Architekten ins Unglück getrieben wird. Der Mann „hatte Geld, ein treues Weib, das ihm die Sorgen von der Stirne küßte, dazu Kinder". Eines hatte er nicht: ein prachtvolles, kunstsinniges Eigenheim. Also beauftragte er einen Architekten. Der „warf alle seine Möbel hinaus, ließ ein Heer von Parkettierern, Spalierern, Lakkierern, Maurern, Anstreichern, Tischlern, Installateuren, Töpfern, Teppichspannern, Malern und Bildhauern einziehen und hui, hast Du nicht gesehen, war die Kunst eingeschachtelt in den vier Pfählen des reichen Mannes".

Das Problem war nur: Alles war perfekt gestaltet und aufeinander abgestimmt. Vom Zigarrenabstreifer über Bestecke, Lichtschalter, Türlinken bis zu den Buchrücken: Alles war reine Architektur und vollendete Wohnkultur. Für jeden einzelnen Raum gab es eigens entworfene Hausschuhe. Das Wohnen gestaltete sich dementsprechend anstrengend. Einmal wollte der Hausherr ein Bild kaufen. Er durfte es nicht. Der Architekt herrschte ihn an: „Wie kommen Sie dazu, sich etwas zu kaufen? Sachen, die nicht von mir gezeichnet sind? Das fehlte noch. Nein, Sie dürfen nichts mehr kaufen. Sie sind komplett." Und so wurde aus dem reichen Mann ein armer Mann. Einer, der sich zwar alles kaufen konnte – aber es nicht mehr durfte. Er war das unglückliche Opfer eines gestaltungswütigen Architekten.

Die Loos-Polemik stammt aus dem Jahr 1900 – und liest sich doch erstaunlich aktuell. Jean Nouvel ließ sich erst vor einigen Jahren vertraglich zusichern, daß in den von ihm entworfenen Mietwohnungen keine Bilder angebracht werden dürfen. Ein Münchner Architekt verlangt von seinen Mietern sogar den Verzicht auf Vorhänge. Norman Foster schließlich, der den Reichstag in Berlin umbaute, wollte klagen: gegen jene Mitglieder des Deutschen Bundestages, welche die strengen Foster-Sessel gegen Polstergruppen eintauschten. Bis heute kennt die Baugeschichte etliche Erzählungen, in denen sich Architekten als Geschmacksdiktatoren entpuppen. Der Fabrikant Tugendhat, dem Mies van der Rohe in den zwanziger Jahren eine Villa errichtet hatte, vertraute seinem Tagebuch an, er habe „Angst" vor seinem Architekten. Mies dagegen schrieb seinerseits: „Bauherren sind wie Kinder. Man darf sie nicht ernst nehmen." Am liebsten hätte er Stühle, Sessel und Sofas am Boden festschrauben lassen.

Wenn es ums Wohnen geht, um private Lebensentwürfe, scheinen sich Architekten und Bauherren in einem denkwürdigen Antagonismus zu befinden: Offenbar sind sie sich spinnefeind. Es gibt Zahlen, die das erhellen: Nach Erhebungen der Architektenkammern werden nur fünf von 100 Einfamilienhäusern durch Architekten realisiert. Dagegen boomt das schlüsselfertige Bauen – und sogar die Fertighäuser behaupten sich immer besser am Markt. Gefragt sind Wohnformen von der Immobilienstange statt individuell zugeschnittene Raumlösungen aus Architektenhand. Wenn auf den Immobilienseiten der Tageszeitungen gelegentlich „Architektenhäuser" angeboten werden, als Distinktionsmerkmal, so kann man das nur als Bankrotterklärung der Baukultur im Bereich des Wohnens begreifen. Schließlich bieten uns die Bäckereien auch keine extra „Bäckersemmeln" an. Und die Schuster müssen nicht eigens ihre „Schusterschuhe" annoncieren.

Auf dem Terrain des privaten Wohnens sind die Architekten so selten geworden wie die Parkettierer, Spalierer oder Teppichspanner aus der Welt des Adolf Loos. Paradoxerweise wollten die Architekten der Moderne aber gerade dort, im Reich der eigenen vier Wände, der Menschheit dienlich sein. Von Le Corbusier gibt es eine Zeichnung, die das weltverbessernde Tun der Architektenschaft illustriert. Auf der einen Seite ist die Hinterhofsituation einer typischen Mietskaserne im Stil der vorigen Jahrhundertwende abgebildet: überfüllte Mülleimer, kleine Fensterhöhlen, dunkle Flure, lange Schatten und unterernährte Gestalten. Auf der anderen Seite das visionäre Versprechen einer baulichen Utopie: weiß strahlende Punkthäuser und Wohnscheiben, durchflutet von „Licht, Luft und Sonne". Bewohnt von glücklichen Menschen.

Irgendetwas ist schief gegangen bei der Umsetzung der Befreiungspläne. Die derzeit erlebbare Hinwendung zu Wohntraditionen, die man einst mit Begeisterung hinter sich lassen wollte, belegt dies. Ganz verschwunden ist etwa die „Frankfurter Küche". Das ist jene triste Küchen-Fabrik-Zeile in einem maximal acht Quadratmeter großen Raum (oft an der Nordseite der Häuser), die zu Beginn des vorigen Jahrhunderts von der Architektin Margarete Schütte-Lihotzky propagiert wurde. Die Architektin hatte – aus ehrenwerten Gründen – versucht, die Küche als eine Art Stoppuhr-Lebensraum zu rationalisieren, indem alle Küchenvorgänge auf kleinstem Raum zusammengepfercht wurden. Dadurch sollte die Frau freier werden. Das Gegenteil geschah: Nun konnte die Frau vom restlichen Leben weggeschlossen werden. Sie wurde unsichtbar in ihrer Mini-Küche. Wenn heute wieder riesenhafte Wohnküchen gefordert und vermarktet werden, deren Feuerstellen zeichenhaft die Mitte des Raumes besetzen, so ist das als Gegenreflex zu verstehen.

Ebenso verhält sich das mit den Bädern. Einst wurden sie zu rein funktionalen Hygiene-Produktionsstätten degradiert („Naß-Zelle") – heute denkt man wieder über regelrechte Naß-Wellness-Bereiche nach. Oder das Thema „Transparenz". Ganze Generationen von Architekten haben versucht, das Wohnen einsichtig, durchsichtig und überhaupt gläsern zu machen. Vergebens. Die Fenster wurden wieder mit Sprossen versehen. Uneinsehbare Rückzugsbereiche gelten als unabdingbar für moderne Wohnarchitekturen. Oder das Stichwort „Flexibilität". Die Möbelbranche hat viele Jahre lang nichts unversucht gelassen, um mit Hilfe von unterschiedlichsten Rollen eine Art rasendes Mobiliar herzustellen, das dem modernen Nomaden angenehm sein sollte. Nun zeigt sich auf den Möbelmessen immer öfter das Gegenteil: die Sehnsucht nach statischer Saturiertheit. Über viele Architektenträume ist die Baugeschichte zu Recht hinweggegangen. Das wäre eigentlich die perfekte Gelegenheit, Architekten und Wohnmenschen miteinander zu versöhnen. Sonst müssen wir, nach dem Scheitern aller Wohnutopien, irgendwann wieder in steinig-dunklen Höhlen leben. Dann ist die Architektenhöhle vielleicht doch die bessere Alternative.

Das Gemütchen kühlen
In der Möbelbranche wird wieder gekitscht. Wir zeigen Ihnen die Alternativen.
SZ vom 16. April 2005

Baue nicht malerisch! Das hat einmal der unsterbliche (und dann leider doch 1933 gestorbene) Architekt Adolf Loos gefordert. Vor einem Jahrhundert schrieb er: „Baue nicht malerisch. Überlasse solche Wirkung den Mauern, den Bergen und der Sonne. Der Mensch, der sich malerisch kleidet, ist nicht malerisch, sondern ein Hanswurst."
Mauern. Berge. Sonne. Hanswurst. Ach, tut das gut.
Am besten wäre es, man würde diese Mahnformel gegen das wuchernde Hanswurstiadentum in gigantische Betonmauern gießen. Dann rüber über die Berge und hinein in die Sonne Mailands gestellt, wo an diesem Wochenende der „Salone Internazionale del Mobile 2005" zu bestaunen und auch zu befürchten ist: die Mailänder Möbelmesse.
Auf der Messe wird (einmal mehr und natürlich „u. a.") die „neue Romantik" ausgerufen. Dazu vermutlich auch die „neue Plüschigkeit", der „neue Nippes", das „neue Ornament", die „neue Gemütlichkeit", das „neue Bie-

dermeier", die „neue Eleganz" und überhaupt das ganze retro-hanswurstige Dekor-und-Kuschel-Elend, das derzeit auf dem Terrain der Gestaltung gefeiert wird. Es ist, als mutierte dieser Tage die ganze Welt in einen riesenhaften Flokati-Teppich vor einem gespenstisch illuminierten Kamin, auf dessen Sims eine Truppe Porzellanschwäne zur gefühlten Machtübernahme angetreten ist.

Mal firmiert das ubiquitäre Zurück-zu-den-Wurzeln-Phänomen als edles „Cocooning", mal als simple „Häuslichkeit", mal geht es um die Sehnsucht nach „neuen Schmuckformen", mal um die „Wiederentdeckung des Schönen" in der Welt. Kurz: Architektur und Design (aber auch Kunst, Literatur, Theater, Pop ...) haben das „Malerische" wiederentdeckt. Die überbordende Ästhetik der Gegenwart hat einen Namen: Man liebt sie „pittoresk". Und das Beste: An diesem Wahnsinn sollen, das sagen die Trendforscher und Lifestyle-Bediensteten in den Schöner-Klonen-Gazetten, daran sollen die Taliban oder Hartz IV schuld sein. Oder beides. Der dumpfe Romantik-Terror und das närrische Sehnsuchts-Geblöke sollen sich also dem Krieg und der Armut verdanken. Kein Wunder, daß sich eine Spielart der neuen Romantik unter dem Begriff „neuer Luxus" vorstellt. Der Glamour ist immer dann am frechsten, wenn er vor dem Hintergrund des Elends posieren darf.

Adolf Loos' Text zum überzeitlichen Thema Hanswurst stammt übrigens aus dem Jahr 1913 – und korrekterweise ist noch hinzuzufügen, daß er diese herrlichste aller herrlichen „Romantik"-Definitionen vor dem Hintergrund „alpiner Architektur" verfaßt hat. Er suchte, ganz konkret, eigentlich nur nach „Regeln für den, der in den Bergen baut". Aber es geht auch abseits des Alpenglühens darum, daß man die Romantik der Natur nicht nachäffen soll. Und umgekehrt: Auch die Natur der Romantik soll man nicht nachbasteln. Das eine ist eine Tatsache, das andere im besten Fall ein Gefühl, im schlechtesten aber eine Täuschung. Und auch als arithmetisches Mittel springt auf dem Weg zum Malerischen (Romantischen, Gemütlichen, Sinnlichen, Lustvollen ...) eher eine Ästhetik der Idiotie und der Unsinnigkeit als eine der Sinnlichkeit heraus.

Loos hat in diesem Zusammenhang eine Weltformel entdeckt, die ein für alle Mal die Frage beantwortet, was die neue Romantik zum alten Kitsch macht: „Der Bauer kleidet sich nicht malerisch. Aber er ist es." Alles andere ist – auch für den Bauern – einfach nur zum Heulen.

So wie all die umgebauten Bauernhöfe zum Heulen sind. Oder die Draperien in den „Salons". Die Troddeln verzweifelt ersehnter und grotesk mißverstandener Großbürgerlichkeit. Die Öl-Porträts. Der große Roman. Das feine Tuch. Die antikischen Eisenbänke. Die „Dessins aus früheren Jahrzehnten". Die Forderung nach „Elite" und „Benimm", nach Schuluniform und Hausmannskost, nach „klassischer Villen-Architektur" und „echtem Theater". Mehr Pathos! Mehr Ehrfurcht! Mehr ist mehr! Gottbewahre. Baue nicht malerisch!, möchte man beispielsweise der Redaktion von *Architectural Digest* zurufen, die in der März-Ausgabe die „moderne Romantik – Opulenz ohne Kitsch-Alarm" predigt, um sogleich dem Kitsch der Opulenz beziehungsweise der Opulenz des Kitsches zu huldigen: mit „märchenhaftem Stil-Shopping", mit dem „Traumschloß eines modernen Ästheten", mit einem „märchenhaften Cottage", mit einem „zeitgemäßen Arkadien" ... Hoffentlich sprengt mal jemand in der AD-Redaktion das Wort „märchenhaft", dann fällt das ganze romantische Cottage-Arkadien des vermaledeiten Zeitgemäßseins unter ebenso großem Wort- wie Style-Getöse in sich zusammen. Andererseits: Auch dann bleibt uns immer noch das liebenswerte *SZ-Magazin* erhalten, dessen aktuelles Designheft „Lust auf Kitsch – Deutschland dekoriert wieder seine Wohnzimmer" betitelt ist. Aber man kann all das ja praktisch überall nachlesen. Die Moderne ist tot, heißt es dort im jeweiligen Subtext. Das puristische Less-is-more-Leben in einer sinnlich komatösen Moderne, welche lediglich die Anmutung einer „Insektizidsiedelei" besitze (Tom Wolfe), sei ein für alle Mal passé. Und die neue Sachlichkeit, anti-historisierendes Revolutionsgeschöpf der klassischen Moderne, sei ein alter Hut. Oder ein alter Stuhl. Aber ein Stuhl, der ein Stuhl und keine gescheiterte Sehnsucht ist – ist ein guter Stuhl.

So einen verkauft – so erfolgreich wie erfreulich – ein Unternehmen namens „e 15", das 1995 in London von dem Architekten Philipp Mainzer und dem Designer Florian Asche gegründet wurde und heute in der Nähe von Frankfurt am Main ansässig ist. In Mailand ist „e 15" gottlob auch vertreten, wobei man sich deren Tische, Betten, Stühle, Regale, Hocker oder Bänke wie die allerletzten Hüter einer fast vergessenen Wahrheit um Form und Inhalt vorstellen kann. Als Ururururenkel einer großen, wahrhaft luxuriösen Kunst: der des Weglassens. Denn in den scheinbar schlichten Objekten steckt zugleich Raffinesse.

„ e 15" baut sinnvolle und stille Möbel – die sinnlich und stilvoll sind. Der größte Trost aber: Sie sind garantiert nicht malerisch. Sondern nur sehr schön. Guckt genau hin, Hanswurste!

Adolf Loos hat ein für alle Mal die Frage beantwortet, wie sich die neue Romantik zum alten Kitsch verhält: „Der Bauer kleidet sich nicht malerisch. Aber er ist es."

Nachruf auf das Auge
Erst gab es Fenster, dann Energiesparfenster, dann verschimmelten die Wohnungen – und jetzt sollen Maschinen das Lüften übernehmen. Wie traurig.
SZ vom 20. Februar 2010

Nehmen wir *Das Fenster zum Hof* von Alfred Hitchcock. Der Film stammt aus den fünfziger Jahren, weshalb man vermuten darf, daß das Fenster eine absolute Katastrophe ist – unter Energieeffizienz-Aspekten. Die Experten, die sich auf den „Rosenheimer Fenstertagen" zuletzt dem Thema „Energieeffizienz und Wohnkomfort als Konjunkturpaket 2010" widmeten, könnten das Hitchcock-Fenster wegen Verstoßes gegen die Energieeinsparverordnung vom Fleck weg verhaften lassen. Fenster müssen heutzutage aus mindestens drei, wenn nicht gleich vier Scheiben Isolier- oder Wärmeschutzglas bestehen, aus Edelgasfüllung, Metallbedampfung und einem möglichst grandiosen bis sensationellen Wärmedurchgangskoeffizienten. Fenster müssen Wände sein.

Früher hieß es mal, das Auge sei das Fenster zur Seele. Das ist natürlich schon deshalb so schön, weil es für das Fenster erstaunlicherweise kaum Synonyme in unserer Sprache gibt. Öffnung ist eines (ein schlechtes), Auge das andere (bessere). Fenster sind demnach zwar nicht die Augen der Seelen, aber doch die unserer Häuser. Die Häuser der Zukunft muß man sich daher wie kahle Piratenschädel mit nicht nur einer, sondern mindestens zwei Augenklappen vorstellen. Die Welt erblindet, weil die Fenster immer dichter, immer ökologischer und immer weniger fensterhaft werden. Vielleicht ist es ja gut und schön, daß die Fenster aus Gründen der Wärmedämmung immer bessere Gläser, Dreh- und Kippverschlüsse sowie Rahmen aus Kunststoff in Holzästhetik bekommen (was womöglich schon wieder nicht so schön ist): Aber bald soll man die Fenster auch nicht mehr auf- und zumachen können. Das wäre eine Folge des Energiespardeliriums, das aus hübschen Fenstern böse Wärmedurchgangsstationen gemacht hat, die man mit scheußlichen Thermographie-Enthüllungen drangsaliert.

Fenster werden deshalb schon bald das Schicksal der Glühbirne teilen. Die wurde wegen ihrer unmodernen Gesinnung verboten. Das nächste Opfer der Energieeffizienzdiktatur ist das mit Muskelkraft zu öffnende Fenster, ohne das es kein Fensterln und keine Omis gäbe, die im Sommer quasi auf der Fensterbank leben, auf einem Kissen, das das Ausspähen der Nachbarschaft gemütlich macht – und überhaupt wird es keine Bewohner mehr des Zwischenraums geben, keine Betten, die auszulüften sind, keine Katzen, die ein und aus gehen, nichts.

All das hat mit dem Schimmel zu tun. Und der wiederum mit der Öko-Raserei. Dann spielen auch die Sehnsucht nach sogenannten intelligenten Häusern und die große Langeweile der Fensterindustrie sowie die Innovationssucht ihre Rollen. Nicht zuletzt die Tatsache, daß die Menschen lieber die Welt retten und die Grünen wählen, statt sich im Winter zu Hause einen Pullover anzuziehen, obwohl das mitunter das kleinere Übel wäre. Es ist nämlich so: Deutschland hatte, wie der Rest der Welt, erst schlechte Gläser in den Fenstern. Die wurden immer besser, dichter, energieeffizienter. Nur leider waren die Menschen auch immer seltener zu Hause. Deshalb wurde immer seltener gelüftet und die natürliche Belüftung durch undichte Fenster entfiel komplett. Die Folge ist: Deutschland verschimmelt, als ob Hundertwassers *Verschimmelungsmanifest* wahr geworden wäre. In etlichen hochdichten Wohnungen und Häusern leben nun außer einem grünen Gewissen auch die Fungi imperfecti als Schimmelpilze in ihrer bläulich-grünen oder flockig-gelblichen Gestalt. Deshalb entwickelt die Industrie gerade Fenster, die nur noch automatisch und nach festgelegtem Zeitplan auf- und zugehen. Die Häuser links von der Straße werden von neun Uhr fünfzehn bis neun Uhr fünfundzwanzig belüftet, die Häuser rechts davon zehn Minuten später. In jeder zweiten Woche wird getauscht. Ist das nicht unfaßbar? Die automatisierte Fensterlüftung ist die Antwort auf die Herausforderungen der Zukunft. Die Fenster werden klüger und freier sein als die Menschen, die durch sie traurig hindurchsehen und darauf warten, daß sie sich mal wieder öffnen.

So was von Regal
Ikeas „Billy" ist das bekannteste Möbelstück der Welt und ein großes Kunstwerk der Moderne. Jetzt wird es 30 Jahre alt – und muß vielleicht bald in Rente gehen.
SZ vom 10. Oktober 2009

Wer erstmals Billy beim Namen genannt hat, ist nicht mehr zu klären. Auch bei Ikea in Schweden nicht. Dort heißt es, daß der Name „vermutlich" auf den Slogan bättre möbler billigare zurückgehe, der schon einen der ersten Ikea-Kataloge (1953) geziert habe. Auf Deutsch: Bessere Möbel zum günstigeren Preis. Billy käme demnach einfach von billiger. Es ist wie die Steigerung der Steigerung: billig – billiger – Billy.

Das bis heute erfolgreichste Wohnding der Welt, 41 Millionen mal verkauft in den 30 Jahren seit seiner Erfindung durch den Gestalter Gillis Lundgren, hat seine Verkäufer wenigstens zu Billyonären gemacht. Das ist eine Pointe der Designgeschichte, die jenen Menschen Trost spenden könnte, die mit einem eher unglamourösen, vielleicht sogar etwas billig wirkenden Vornamen durch die Welt gehen müssen. Andererseits: Auch aus einem gewissen Clinton und einem gewissen Gates konnte ja durchaus noch etwas werden.

Jedenfalls: Wer hätte damals, im Oktober 1979, als Gillis Lundgren ein an Simplizität kaum mehr überbietbares Regal in die Welt setzte, daran gedacht, daß die Nachgeborenen Billy zum Inbegriff der 68er-Revolte erklären würden? Wer konnte vermuten, daß sich einmal Helmut Schmidt für die Wiederaufnahme der vorübergehend eingestellten Billy-Produktion bei der Ikea-Konzernführung einsetzen würde („Ohne Billy bleibt ihr auf eurem Kiefernplunder sitzen")? Wer hätte vorausgesehen, daß es einmal Wettbewerbe im Billy-Schnellaufbau geben würde (aktueller Rekord: 4,21 Minuten)? Das eben zeichnet Phänomene aus: Sie sind nicht vorhersehbar, sie ereignen sich mit Naturgewalt. Und sei es als Folge des erfolgreichsten Plagiats aller Zeiten.

Denn Billy fiel seinem geistigen Ursprung nach keineswegs vom schwedischen Himmel, sondern ist – vielleicht noch vor dem Bauhaus – das populärste, zugleich wirkmächtigste Kind einer Moderne, die zwar nur international begreifbar ist, aber auch deutsche Quellen kennt.

Schon vom Berliner Architekten Bruno Paul (1874–1968), der als „Wegbereiter der modernen Zweckarchitektur" bekannt wurde, ist ein „Systemmöbel" überliefert (Entwurf um 1900), das die Billy-Prinzipien vorwegnimmt: strenge Orthogonalität, versetzbare Einlegeböden, keinerlei Ornament oder gar repräsentative Ansprüche – und dazu billigste Materialien. Pauls Systemmöbel war gedacht für ein Massenpublikum. Von 41 Millionen verkauften Regalen konnte er allerdings nur träumen. Ikea war es, das heißt: der Begründer Ingvar Kamprad, wohnhaft auf Elmtaryd in Agunnaryd (I-K-E-A), der die Grundsätze der zunächst nur theoretisch glanzvollen Moderne in die auch finanziell glänzende Realität umsetzte. Kamprad aber kämpfte nicht gegen das Zuviel des Ornaments aus ästhetischer oder klassenkämpferischer Perspektive, sondern er kämpfte nur für weniger Material und weniger Konstruktionsaufwand, um billiger, letztlich also erfolgreicher und umsatzstärker sein zu können. Kamprad hat die Ästhetik-Moderne eines Bruno Paul (Gropius, Corbusier, van der Rohe …) mit der Fließband-Moderne des

Rationalismus eines Henry Ford schlicht kurzgeschlossen. Allerdings fehlte noch eine Kleinigkeit zum vollendeten Phänomen: ein Lebensgefühl. Hier kamen Kamprad und auch Billy die Sixties zugute: der Style der 68er, der sich ja erst ein Jahrzehnt nach 1968 als ästhetische Globalwährung etablieren konnte.

Billy wird in genau diesem Sinn etwa von Cherno Jobatey im Buch „Democratic Design" leicht verklärt: „Billy war die Antithese zur buddenbrookhaften Bleiernheit. Was hatten denn die Leute an Büchern in ihren Billys stehen? Den Brockhaus in Schweinsleder gebunden mit Goldschnitt? Sicher nicht! Schon eher das rote dtv-Lexikon und natürlich Aufwühlbücher: Bukowski, Kerouac, Handke, Adorno ..." Und dann kommt Jobatey auch noch auf die Pink-Floyd-Platten zu sprechen. Billy sei daher der „Tod des Wohnkonservatismus" gewesen.

Das ist wahr und falsch zugleich. Natürlich läßt sich Billy rückblickend einordnen in die Beat-Generation. Aber schon die Vorstellung der Pink-Floyd-Platten macht deutlich, an welche Grenzen diese Zuschreibung mittlerweile stößt: Heute müßte man jungen Menschen – auch sie sind potentielle Billy-Käufer – erst mal vorsichtig erklären, wer oder was Pink Floyd ist und wer oder was Platten sind. Deshalb ist es gerade der im 68er-Bild gefrorene Wohnkonservatismus angeblicher Progressivität, der Billy das Gnadenbrot schenkt. Denn auch Billy, der Millionenseller der Dingwelt, ist vom Vorruhestand bedroht: Regale voller Bücher und Platten gehören zu den womöglich aussterbenden Daseinsformen.

Wer sich in den Wohntrends umsieht und die einschlägigen Zeitschriften studiert, der stößt immer seltener auf ein Regal – sei es Billy oder ein Exemplar der weitverbreiteten Verwandtschaft. Regale bedeuten Verwurzelung und Zeitaufwand, Regale bedeuten Materialität. All das also, was nicht zu den vordringlichsten Anliegen der Gegenwart zählt. Das Buchregal könnte daher den Weg der Fernsehtruhe und der Stereoanlage gehen: ins Abseits einer Wissensgesellschaft, die nicht vom Papier, sondern von der Information lebt (ob aber vom Wissen?) und die kein Regal und keine Einlegeböden benötigt, sondern Rechner und Highspeed-Anschluß. Wer also Billy begegnet, der sollte sich glücklich schätzen, wenn darin noch eine verstaubte buddenbrookhafte Bleiernheit lebt – neben den verstaubten Aufwühlbüchern. Im treuen Gedenken an eine aufregend gestrige Moderne, die schon bald nichts weniger sein wird als modern.

Tintentod
Die Wissensgesellschaft träumt von leeren Zimmern mit Highspeed-Anschluß – ein Nachruf auf das Buchregal

SZ vom 5. Juni 2009

„Die Regale, in denen die Bücher standen, dufteten nach frisch geschlagenem Holz. Sie reichten bis hinauf zu einer himmelblauen Decke, von der winzige Lampen wie angebundene Sterne hingen. Schmale Holztreppen, versehen mit Rollen, standen vor den Regalen, bereit, jeden begierigen Leser hinauf zu den oberen Borden zu tragen." Die Bibliothek, die hier beschrieben ist, breitet sich über ein ganzes Haus aus. Die Zimmer darin scheinen nicht aus Wänden, sondern aus reich bestückten Buchregalen zu bestehen. Aber all das ist lediglich ein Ort der Phantasie. Ein literarisches Utopia, niedergeschrieben in einem Buch, das sich bevorzugt an Jugendliche wendet. Das Buchregal wird in Cornelia Funkes Romanerfolg *Tintenherz* zum Katalysator kindlichen Staunens: „Meggie hatte immer geglaubt, daß Mo viele Bücher besaß. Nachdem sie Elinors Haus betreten hatte, glaubte sie das nie wieder."

Bei Harry Potter sind es norwegische Stachelbuckel, ein Muggelabwehrzauber, fahlgraue, drei Meter große Trolle und andere Exotismen, die als Transportmittel der Phantasie dienen. In „Tintenherz" ist es ein Buchregal. Der Verdacht bietet sich an, daß ein Möbelstück, das so simpel ist wie Ikeas „Billy", bereits in der Lage sein könnte, als durch und durch fremd zu erscheinen. Als Ort der Rätsel und der Geheimnisse.

Natürlich gibt es sie, wie Elinor, immer noch, die besessenen Liebhaber von Büchern, deren Leidenschaft nur eine bedeutende Architektur kennt: das Buchregal. Aber wer aufmerksam die Möbelmessen besucht, wer Design- und Wohntrends studiert und sich durch hochglänzende Zeitschriften blättert, der kommt kaum umhin, dem Buchregal einen Nachruf zu widmen. Erst sind die Bücher aus den Wohnungen verschwunden, dann wurden die leeren Buchregale umfunktioniert: Nun boten sie auch den buchrückenartigen, im Format den Büchern ähnlichen, dabei schon wieder aussterbenden VHS-Kassetten Platz, links und rechts neben dem TV-Möbel. Sie wurden mit Nippes bestückt – und sogar Billy, das millionenfach verkaufte Globalmöbel, wird inzwischen mit Glastüren oder in der Kombination mit einem DVD-Turm angeboten. Aus Billy, dem Regal, wurde Benno, der Turm. Die Wände, die oft nur danach bemessen wurden, wie viele Buchregalmeter sie aufzunehmen in der Lage wären, lösen sich auf. Das Buchregal stirbt aus – noch bevor die E-Books in unserem Leben eine massentaugliche Rolle spielen, die keine Regale mehr benötigen, sondern nur den großen Speicher des Internet. Das in aller Regel hölzerne Medium „Buchregal" verflüchtigt sich – lange bevor sein Daseinszweck, das bislang papierene (also auch hölzerne) Medium „Buch" aufhört zu sein. (Welch ungeheure Regeneration dies für die Wälder bedeuten kann, die nicht mehr Kultur sein müssen, sondern wieder Natur sein dürfen, ist gar nicht vorstellbar.)

Fünfzehn Jahre ist es jetzt her, daß der britisch-israelische Designer Ron Arad ein sich wie eine Schlange windendes Buchregal namens „Bookworm" aus thermoplastischem PVC vorgestellt hat. Dieses Regal läßt sich in nahezu jeder beliebigen Kurvenform installieren und taugt sehr wohl als Ornament, indem es jedoch die Funktion des Büchertragens im selben Verhältnis radikal einbüßt. Der Bücherwurm wollte als Möbelstück ein ironisches Zitat des Bildungsbürgertums sein; tatsächlich hat er das Verschwinden der Bücher und die Verformung ihrer Regale bis zur Dysfunktionalität nur spielerisch vorweggenommen.

Letztlich erfüllt sich nun auf dem Terrain eines Möbels, was seit der Moderne architekturprogrammatisch angelegt ist: die radikale Abkehr vom allseitig umschlossenen Raum, als dessen konzentrierteste Form nicht etwa die Kathedrale, sondern die Bibliothek gelten müßte. „Wir brauchen heute ein Haus", schreibt Sigfried Giedion als wichtigster Theoretiker der klassischen Moderne, „das sich in seiner ganzen Struktur im Gleichklang mit einem durch Sport, Gymnastik, sinngemäße Lebensweise befreiten Körpergefühl befindet: leicht, lichtdurchlassend, beweglich. Es ist nur eine selbstverständliche Folge, daß dieses geöffnete Haus auch eine Widerspiegelung des heutigen seelischen Zustandes bedeutet: Es gibt keine isolierten Angelegenheiten mehr." Die Folge: „Die Wand wird transparent." Der transluzente Beton, der seit einigen Jahren als Baustoff der Zukunft entwickelt wird, ist ein spätes Erbe dieses Gedankens. Die Wand wird zu Lichtquelle – weshalb man sie nicht mehr verstellen darf, etwa mit einem Buchregal, das wie kein anderes Möbelstück die von Giedion scharf gegeißelte isolierte Angelegenheit repräsentiert: das Lesen.

In Giedions Gymnastik-Theorie des modernen Bauens ist schon angelegt, was sich heute erst so augenscheinlich erfüllt: beispielsweise die Mobilität temporärer Lebenshaltungen, denen nichts so sehr (und auch so schwer) im Wege steht wie eine mit Büchern vollgeladene Umzugskiste. Oder die Erkenntnis, daß Buchregale absolut Feng-Shui-untauglich sind, also die modische, allerneueste „sinngemäße Lebensweise" ausschließen, weil sie nun mal die Eigenart haben, einen Raum abzuschließen, zu begrenzen, also die Energie- und Raumflüsse empfindlich zu stören.

Im Reich des Mobiliars gibt es eigentlich nur noch zwei Schicksalsgenossen des Buchregals: Das Weinregal und die Stereoanlage. Das Weinregal ist, in nennenswertem Umfang jedenfalls im privaten Raum, schon deshalb aus der Mode gekommen (zu schweigen vom Weinkeller), weil es Mühe macht, lagerfähige Weine auszuwählen und im richtigen Moment (das kann ein Jahr oder ein Jahrzehnt sein) zu genießen. Weine werden inzwischen mehrheitlich als Just-in-time-Produkte konsumiert. Die Bewirtschaftung eines Buchregals ist ebenfalls mit hohem Aufwand verbunden. Wenn aber schon die Zeit fehlt, eine Zeitung zu lesen, wie soll man dann eine Bibliothek pflegen? Oder eine Schallplattensammlung?

Die Wohnzeitschriften zeigen uns deshalb seit Jahren nur noch leere Räume. Auch die Statusmerkmale, die Distinktionskennzeichen im privaten Rückzugsraum haben sich verändert: Küche und Bad, ausgebaut zum Wellness- oder Private-Spa-Paradies beziehungsweise zum Kulinarikum rund um jene Eiche-geölt-Eßtische, die indirekt proportional zur Abnahme der Mehrpersonenhaushalte ins Gigantische wachsen, haben das Wohnzimmer verdrängt. Zu schweigen vom Salon in großbürgerlichen Kreisen oder von der kleinbürgerlichen Entsprechung, der „guten Stube".

Das Buchregal war auch in diesen soziokulturellen Wohnprogrammen nie dazu da, Bildung lediglich zu organisieren. Es diente immer schon dazu, Bildung zu dokumentieren, zu zeigen. Daß nun auch auf jene Meterware verzichtet wird, die man früher en gros kaufen konnte, um leeren Buchregalen den Anschein von Kultiviertheit zu geben, ist deshalb nur konsequent. Die Wissens- und Informationsgesellschaft benötigt ein Glasfaserkabel, kein Buchregal. Die „intelligenten Häuser", auch bekannt als „smart houses", die das Verfallsdatum des Joghurts im Kühlschrank mit aller Akribie beobachten, haben das Buchregal auch deshalb nicht mehr nötig, weil es in ihnen vornehmlich ums Wissen, nicht aber ums Verstehen gehen muß.

Vor einigen Jahren wurde in München die Thomas-Mann-Villa im Herzogpark äußerlich renoviert. Innerlich aber als moderne Form augenscheinlich großbürgerlicher Wohnkultur für einen zu Geld und Ansehen gekommenen Vertreter des Investmentbankings umgebaut. Dort, wo Thomas Mann den *Zauberberg* verfaßt hat, wo er auch den Literaturnobelpreis in Empfang genommen hat, wo Kindergelärm und das streng verschattete berühmte Arbeitszimmer, die Bibliothek, sich einander je nach Tageszeit ausgeschlossen haben, dort gibt es nun eine gigantische Küche, staunenswerte Bäder, riesige Kleiderkammern – aber, zum Zeitpunkt des fertiggestellten Umbaus jedenfalls, nicht ein einziges Buchregal. Das ist oder war konsequent. Wer heute noch ein schäbiges, zusammengetackertes Billy-Regal besitzt, der sollte deshalb gut darauf aufpassen. In einigen Jahren wird es zu den begehrtesten Antiquitäten gehören, die von einer untergegangenen Epoche künden.

Schicke Kiste
Sie lieben Wohnfachmagazine? Dann ziehen Sie doch in eines ein.
Über das neue Schöner-Wohnen-Haus
SZ vom 27./28. November 2010

Der Architekt war nicht glücklich über den Werbespot, der seinerzeit im Fernsehen lief. Obwohl: So schlimm war das ja nun auch wieder nicht, was da zu sehen und zu hören war.

Es ist beinahe Nacht, das Tageslicht verglimmt am Horizont – und das Haus, ohja, das Haus erscheint in der Szenerie. Scharfkantig wie ein Schattenriß. Selbstbewußt. Elegant. Mondän. Dann zerknirscht ein Sportwagen die gekurvte Kiesauffahrt unter dem mächtig ausgreifenden, brückenartigen Vordach, der Wagenschlag öffnet sich, ein Mann entsteigt dem veloziferischen Furor auf vier Reifen und blickt zum Haus empor. Dort oben dann: die Frau. Die Mähne. Das Kleid. Das Lächeln. Partylaune. Festlichkeit. Schnitt, Ende, und dann irgendwas: Werbung für Rotkäppchen-Sekt vielleicht oder für Dunlop-Reifen. Ist nicht wichtig. Unvergessen aber: die Villa der Smarten und Schönen, ein Haus voller Glamour, Leben und guter Laune.

Blöd nur, daß diese Villa in Wahrheit eine Aussegnungshalle ist. Sie steht in München-Riem und wurde vor zehn Jahren erbaut. Im angrenzenden Friedhof wohnen die Toten. Relativ RotkäppchenSekt-frei, wie man annehmen darf.

Die Werbewirtschaft hat schon vor längerer Zeit erkannt, daß Häuser mitunter das Zeug zur Location haben, daß manche Fassade sich eben auch dazu eignet: Fassade zu sein. Kulisse. Imagination und Image. Daß die Architektursprache bisweilen etwas zu erzählen hat, was über die eigentliche Bedeutung hinausgeht. In diesem Sinn bieten Häuser nicht nur das, was Ernst Bloch so gerne einforderte (,Heimat' nämlich), sondern: Identität. Das ist der Rohstoff des 21. Jahrhunderts. Und deshalb ist die Wirtschaft hellwach und mittlerweile der allerbeste Freund ambitionierter, ostentativ zeitgenössischer Architektur. Mag der BMWVWAUDI-Manager privat auch seine Sprossenfenster aus pflegeleichtem Kunststoffholzimitat mit Schwarzwald-plus-Optik im Baumarkt billig erstehen – als Vorstandsvorsitzender gibt er sich zeitgemäß und kauft Corporate Architecture ein. Gerne teuer. Der Imagegewinn macht sich immer bezahlt. Was natürlich auch gegen die Architektur verwendet werden kann. Im legendären McDonald's-Spot zeigte einst ein topfhaarschnitthafter Architekt der jungen Bauherrin das Ergebnis seines gestalterischen Genies: ein fensterloses Wohnzimmer, bestehend aus weißen Fliesen am Boden, an der Decke und an den Wänden. „Wirkt das nicht ein wenig kühl?", will die Frau eingeschüchtert wissen. Darauf der Architekt beleidigt: „Wenn Sie was Warmes wollen, gehen Sie doch lieber gleich zu McDonald's." Aber das ist nur Werbung.

Komisch eigentlich, daß der Fastfood-Hersteller noch nicht auf die Idee gekommen ist, Schnellhäuser aufzuwärmen. Die nette Frau an der Kasse würde dann am Samstag nach dem Kino im Drive-In vernuschelt ins Mikro rufen: „Zweimal Big Tasty mit Balkon und einen McCarport bitte." Gibt's eigentlich noch die ‚Monopoly-Wochen' bei McDonald's?

Andere Fabrikanten, die auch nicht als architekturaffin gelten müssen, haben das Produkt ‚Haus' schon länger im Sortiment. Es gibt (oder gab) das Tchibo-Haus, dem die Verbraucherzentrale Bremen billigste Kiefernholz-Treppen und im Keller ungenügend isolierte Elektroleitungen attestierte. Es gibt (oder soll hierzulande geben) das Ikea-Haus ‚Bo Klok' (wohn klug), dem die Stiftung Warentest schlechte Noten gegeben hat, weshalb sich die Nachfrage noch so anhört, als schlurfe sie leicht hinkend übers Laminat: bo-klok-bo-klok-bo-klok.

Die ersten Häuser in Deutschland sollen erst demnächst produziert werden. Man wartet noch auf bessere Noten. Eine Sprecherin der Firma, die in anderen Ländern schon viele Wohnklug-Waben verkaufen konnte, meinte jüngst etwas erstaunt, daß das Wohnen in Deutschland wohl eine ernste Sache sei.

Das mußte vor einigen Jahren auch die Telekom feststellen, die das Telekom-Haus in Berlin als Wohnstatt der Zukunft vermarkten wollte. Das Haus, in dem sich der Kühlschrank selbst den Himbeer-Joghurt via Internet nachbestellen konnte, war ultramodern gedacht. Leider sah es so trübsinnig aus wie ein vergammelter Himbeer-Joghurt, der nach Jahren hinter dem Essiggurkenglas entdeckt wird. Das Telekom-Haus konnte sich nicht durchsetzen. Ebenso wie die Neckermann- oder Quelle-Häuser, die es seit der Nachkriegszeit gab. Die sind bald wieder aus dem Sortiment verschwunden. Und Quelle dann ja auch.

Angesichts dieses kleinen (übrigens nicht vollständigen) historischen Abrisses fragt man sich natürlich, wann es das erste Danone-Haus gibt, das erste Apple-Haus und das erste Google-Haus, das sich beim Anblick sofort selbst verpixeln müßte. Man fürchtet sich allerdings auch vor all diesen Häusern, die meist auf der Welle des Architektur-Booms surfen – ohne daß sie Substantielles zum Thema Wohnen oder Haus anzubieten hätten.

Das *Schöner-Wohnen*-Haus der Fachzeitschrift für mindestens besseres Wohnen – aus Hamburg – kann man deshalb vorerst nur aufatmend zur Kenntnis nehmen. Auch deshalb, weil es zu unserem großen Erstaunen ohne Corbu-Liege ausgeliefert wird, der man in den normalstarken Heften durchschnittlich fünfundneunzigmal begegnet. Im Dezemberheft nun wird das *Schöner-Wohnen*-Haus vorgestellt. Entstanden ist es in Zusammenarbeit mit Schwörer-Haus und nach den Plänen von Lohmann Architekten.

Das Haus, der *Schöner-Wohnen*-Chefredakteur verrät es uns, bietet „Sicherheit für den Bauherrn, Rücksicht in Sachen Umwelt sowie eine Ästhetik, die gleichermaßen zeitlos, vielseitig und elegant ist". Anders formuliert: Die Architektur des Hauses ist die einer schicken Kiste, was einerseits und angesichts des üblichen Walmdachterrors in Suburbia ein Kompliment – und andererseits eben etwas schickkistenhaft ist. Wäre man böse, würde man vielleicht schreiben, daß man schon schickere Aussegnungshallen gesehen hat.

Uneingeschränktes Lob aber gebührt dem 148 Quadratmeter großen Haus, weil es ein Plus-Energiehaus ist, also weniger Energie verbraucht, als es selbst erzeugt. Das Basishaus, ein Holz-Fertigbau, kostet 240 000 Euro. Das ist nicht gerade extrem billig derzeit. Sobald Gas oder Öl nur noch zu Parfum-Fläschchen-Preisen und in ebensolchen Mengen gehandelt werden, sieht die Rechnung schon wieder anders aus.

Richtig ökologisch wird aber auch dieses Haus erst dann, wenn man etwa 150 davon kauft und sie in der Mitte einer großen Stadt aufeinanderstapelt. Einfamilienhäuser, die in irgendwelchen Vororten weit weg von Arbeitsplätzen und öffentlichem Verkehr mit eingebauter Pendlerpauschale erbaut werden, können noch so tolle Energieausweise haben. Zukunftsfähig sind sie nur als selbstversorgende Biofarmen. Bis dahin können Architektur und Marketing ihre Zuneigung ja noch mal überdenken.

Die Pappe ist Programm
Nachrichten wollen sein wie Gott, Quiz-Kandidaten blicken ins gläserne Nichts: Über die Gestaltung von Fernsehstudios

SZ vom 13. Januar 2001

Nur ein höheres Wesen kann jenen Ort erschaffen haben, an dem sie sich zum ersten Male trafen, und dieser Gott muß ein Gigant des Glücks gewesen sein, ein Titan der Träume – womöglich sogar ein Regisseur des Fernsehens. Jemand also, der sich mit den Konstruktionsplänen eines Parallel-Universums auskennt.

Es war demnach eine ungeheure Macht, welche der Sonne vor anderthalb Wochen befahl, am Horizont der RTL-Show *Ich heirate einen Millionär* zu verglühen. In Demut vor dem historischen Abend einerseits – und andererseits, damit im Bühnen-Hintergrund ein plakatives Oval entstehe, vor dem man sich küssen kann im Augenblick der ersten Liebe. Gerti und Thomas, Thomas und Gerti: das war schön. Leider hieß es schon am nächsten Tag, in der Show seien die 45 Kandidatinnen vorgeführt worden „wie Vieh". Und einen weiteren Tag später erzählte man sich, daß der Millionär gar keiner sei. Schlimmer noch: daß sich das Paar schon vor der Show gekannt habe. Daß also die Liebe im Fernsehen nur ein Wort gewesen sei, und zwar dieses: Betrug.

Und? Hätte man das nicht wissen können? Hat sich denn keiner was dabei gedacht, daß die verglühende Sonne in Wahrheit aussah wie ein zerdeppertes Ei, das jemand aus dem Himmel in eine Pfanne hat fallen lassen? So ungefähr muß man sich ja auch die Anatomie eines gebrochenen Herzens vorstellen.

Das RTL-Quetschherz war natürlich ein Zeichen. Und jeder Mensch, der in der Lage ist, die Inhalte auf ihre Formen zu beziehen, jeder Mensch, der weiß, daß man auch das Innere der Dinge an ihren Oberflächen erkennt – dem blieb dieses Zeichen nicht verborgen. Die Sache konnte gar nicht gut gehen. Nicht in einer Szenerie, die sich Kulissenschieber, Set-Designer, Studioarchitekten, Image-Producer oder Format-Gestalter ausgedacht haben. Das sind die Angehörigen jenes großen Parallel-Universums, die immer öfter mit ihren immer merkwürdigeren Pappmaché-Werken auffallen. Zuletzt anläßlich der RTL-Show, wo der Liebe eine Bühne entworfen wurde, die eher der gewalthaften Kopulation zweier Aliens als den zarten Gefühlen zweier Norddeutscher dienlich gewesen wäre: Da senkte sich aus dem Hallengewölk ein riesenhafter Kronleuchter zur Bühne hinab, in der Form einer Champagnerschale, rot leuchtend, wie angefüllt mit der

Glut der Gefühle; um diesen bizarren Lichtdom herum hatte man eine wagnerianische Grals-Landschaft arrangiert, bestehend aus Säulenstümpfen, Brückenruinen und verwitterten Hinkelsteinen; und vom Nachtdunkel herab schien es Diamanten zu regnen. Vielleicht waren das aber auch nur die Tränen des Schöpfers.

Was auch immer draufsteht auf den Planrollen der RTL-Architekten – die richtige Bezeichnung dafür ist „Genesis". Was man nämlich beobachten kann im Fernsehen, das ist die Neuerschaffung der Welt aus einem Geist, der die Nähe des Wohnzimmers sehnsuchtsvoll überwinden möchte.

Es gibt übrigens nichts, was einen so sehr verrät wie die eigene Wohnung. Man betritt ja auch nicht lediglich fremde Wohnungen – man entdeckt darin mit einem Blick das Wesen der Bewohner. In zivilen Kreisen ist die Kleidung halbwegs normiert, die Posen sind eingeübt, die Zähne reguliert, und die Sprache ist zweckdienlich. All das ist jedenfalls nach außen gerichtet. Worin man aber wirklich lesen kann wie in einem psychologischen Gutachten, das ist die Wohnung – und zwar deshalb, weil das, worin man sich vor der Welt versteckt, auch das ist, was man vor der Welt verborgen hält: die Hülle jenes Egos, welches einem unmöblierten Zimmer hilflos ausgeliefert ist. Ein „Ich", das sich einrichtet im Drei-Zimmer-Küche-Bad-Universum der Sehnsüchte und Utopien, ein Ich, das Sofas rückt und Billy-Regale zusammenschraubt, dieses Ich entlarvt sein Wesen irgendwo auf dem Weg von der Eingangstür zum Kühlschrank-Aufkleber.

Wenn ein Mann sich beim ersten privaten Abendessen plötzlich Hut und Mantel greift, hastig am Türschloß rüttelt und auf der Treppe nach unten vier Stufen auf einmal nimmt – dann hat er vermutlich den Porzellan-Schwan im Badezimmer entdeckt. Oder das Stones-Poster im Schlafzimmer. Oder auch nur die hängenden Gärten als Korb-Bastelei in der Küche, wo jemand ein paar Orangen verwesen läßt. Es gilt in jedem Fall: Sage mir, was du übers Sofa hängst – und ich sage dir, wer du bist. Wenn Bloch sagt, die Architektur diene dazu, so etwas wie Heimat herzustellen, dann hat Chandler auch Recht, dann verrät einem ein eingerichtetes Zimmer, wo einer herkommt, hinwill, ob einer ein Mörder ist oder ein Engel. Oder einfach jemand, der absolut keinen Geschmack hat.

Womit man wieder beim Fernsehen ist. Seit uns nämlich Peter Frankenfeld oder Werner Höfer begegneten in großen Karos und dunkelschweren Brillen, seit Irene Koss, bekleidet hauptsächlich mit einer riesigen Schleife, im frühen Ansage-Studio erschien zwischen Hutablage, Häkeldecke und Hirschgeweih – seither begegnen wir uns nicht mehr selbst im Fernsehen. Sondern wir betrachten tatsächlich die Ferne einer möglichen Zukunft, die so absurd aussieht, daß man ihr lieber nicht begegnen möchte in der Gegenwart. Die aber trotzdem jenen Weg markiert, den alle Architektur und Innenraumgestaltung nimmt: den Weg in die Kulisse. Im Fernsehen ist sie schon die Botschaft – und der Hintergrund ist ganz nach vorne an die Rampe gekommen, wo er die Showmaster und Moderatoren, die Nachrichtensprecher und Assistentinnen aus dem Zentrum des Geschehens ins randlose Nichts gewälzt hat. Manchmal sieht man sie schon gar nicht mehr. Dafür schreit die Pappe den Zuschauer an: Ich bin ein Image! Ich bin Programm!

Die Nachrichten-Sendungen, zum Beispiel, wollen sein wie Gott. Jedenfalls tun die Studios so, als seien sie die Hausherren des Weltalls, als seien sie Wesen, deren Augen und Ohren, Mikrofone und Kameras überall und zu allen Zeiten sind. Im Fernsehen kann man kaum etwas über BSE-Fälle, USA-Wahlen, BMW-Kurse oder SPD-Krisen hören, ohne daß irgendwelche Atlanten erschienen: Titanen, die sich aufbauen vor der Weltkugel, die sie kreiseln lassen, als wäre die Erde eine hübsche Murmel.

Weltkugel und Weltkarte sind nicht wegzudenken als Design-Signale aus dem Reich der Alles- und Besserwisser, der Nachrichten und Meinungen. Die Kugel behauptet: Peking und Mietraching sind nur einen Dreh voneinander entfernt. Und die Karte sagt: Was dort los ist – das können wir eben mal nachschlagen. Im ZDF-*Heute-Journal* kreiselt der Ball eingangs um den Betrachter, bei Sabine Christiansen steigt man bereits selbst ein in die Kugel, wo man sich mit Blick auf die Ruine der Gedächtniskirche vermutlich fühlt wie in einem Golfball kurz vor dem Abschlag. Und in den Pro Sieben-Nachrichten umtänzelt die Moderatorin eine gigantische Weltkugel auf so anmutige Art, wie das einst Chaplin im *Großen Diktator* vormachte. Nur, um sich schließlich – nachdenklich geworden – an eine Art Bar zu stellen, die aussieht, als hätte man an eine abgesägte Litfaßsäule zwei halbe Surfbretter genagelt. Dagegen wirkt das ZDF-Nachrichten-Podest wie ein Barock-Tempelchen: Sanft schwingt sich so etwas wie ein Horizontal-Fragezeichen dem Moderator entgegen – und in der Mitte entspringt eine kleine Pfütze in Blau. Ganz anders: die Nachrichten-Theke der ARD. Das ist eigentlich eine profane Werkbank, zu deren Schmuck die Köpfe der Nachrichtensprecher herangezogen werden. Folglich wirken die hinter den segmentartigen Tischen wie Kirschen auf der Torte. Überhaupt: Tische und Theken stellen die Set-Designer offenbar vor unlösbare Probleme. Bei den österreichischen Nachrichten hat man das Gefühl, als säßen die Sprecher am Rande eines gigantischen Pools, von dem aus Nebelschwaden und Kommentare in den Nachthimmel sickern;

bei tm3 hat man dem Tisch die Form eines überdimensionalen Schokoladen-Kekses gegeben; und Waldemar Hartmann sitzt im *Blickpunkt Sport* des Bayerischen Fernsehens an einem Schichtpudding in den Farben des Regenbogens – auf seinem Barhocker davor sieht er dann manchmal so verloren aus, als wollte er einem anderen traurigen Gast gleich sein Leben erzählen.

Da tut es natürlich gut, wenn sich das Interieur bereits auflöst in Richtung Digitalisierung und Virtualität. Der Mann, der einem den *Kulturweltspiegel* vorhalten soll, erledigt das beispielsweise in einer Art Raum gewordenem Feuilleton, in einem Rosa-und-Hellblau-Ambiente voller Spiegelschrift und offener Türen, in einer Szenerie voller doppelter Böden und in einem dunklen Rolli, den er zum haltlos besorgten Gesicht trägt. Natürlich weiß man in solchen Räumen nicht, wo oben und unten ist – im Gegensatz zu jenen Quiz-Shows, die ihre Kandidaten auf einen gläsernen Boden bitten, wo sie dann kuppel-überwölbt zur Frage nach dem Vaterunser ins fassungslose Nichts unter sich blicken können.

Wenn aber eine Borghese oder eine Thurn-und-Taxis bei Biolek zu Gast sind, vor sich das Wasserglas, wenn sie durch die Tür übers Parkett knarzen, wenn man die vertrauten Lichtschalter sieht, die Sockelleiste, den Heizkörper und die Sprossen, die den Blick auf ein nettes Städtchen in saubere Quadrate teilen; oder wenn man bei Beckmann am Plexiglas-Tischchen der achtziger Jahre hockt und sich das Backstein-Fachwerk-Loft und die seltsamen Amphoren betrachtet, die zufällig herumliegen: dann weiß man, daß das Fernsehen zwar kein Fenster mehr ist in die Vergangenheit der Architektur – aber erst recht auch keines in die Zukunft. Es ist vielleicht einfach nur das Fenster zum Hof, wo die Kulissen liegen.

Wo die wilden Kerle wohnen
Die Garage ist zum Carport verkommen, und aus der Bar wurde eine Lounge. Den Männern bleibt ein letzter Rückzugsraum:
der Schuppen.
SZ vom 3. April 2010

Nach zwanzig Jahren Ehe bleibt einem Mann nur noch das Leben in der Garage. Diese Sentenz wird Raymond Chandler zugeschrieben. Kann sein. Hört sich so larmoyant wie chauvinistisch an, typisch Marlowe also. Das ist die Lieblingsfigur des großen Poeten Chandler. Man kann sich gut vorstellen, wie Marlowe das in einer dunklen Bar zu seinem Drink sagt.

Es ist folglich ein großer Satz, wie geschaffen dafür, falsch zu sein. So ist es auch. Denn die dunklen Bars sind ebenso vom Aussterben bedroht wie die dunklen Garagen.

Die Garage wurde nämlich vom Carport abgelöst, außerdem soll man gar kein Auto fahren – und wenn doch, dann nur einen Elektromini oder höchstens einen Eco-Twingo mit traurigem Dackelblick. Für verräterische Ölspuren unter ausladend gekurvten Blechhüften und zeichenhafte Kratzer auf gigantischen Chrombrüsten ist in den modernen Mobilitätsaufbewahranstalten neben der Steckdose kein Platz mehr. Im Kofferraum liegen ja auch keine Leichen, sondern Batterien und eine Anleitung für spritsparende Fahrweise. Schön für die Umwelt, schlecht für dunkle Gedanken. Und die Bar? Aus ihr wurde ein Ort, in dem es Whisky gibt, der nicht mehr John oder Jack oder Jim heißt. Man kann ihn nur noch tröpfchenweise bezahlen, weil er eintausend Jahre lang von zahlosen schottischen Greisen in Vollmondnächten gestreichelt werden mußte. Oder aus der Bar wurde gleich eine Lounge, in der junge Menschen auf ihr Facebook-Profil starren und nebenher grünen Tee trinken. Oder eine Cola mit Green-Tea-Aroma. Nein, die Bars und die Garagen scheiden als letzte Refugien der Männer aus.

Natürlich tummelt sich die Gattung noch in sämtlichen Vorstandsetagen. Dort werden die nachrückenden Frauen abgewehrt, als müßte man die Büroburg gegen anrennende Horden von Cimbern und Teutonen mit heißem Pech verteidigen. Diese letzte Schlacht ist hoffentlich bald vorbei. Und überhaupt – nichts gegen die Frauenbewegung. Nur: Männer brauchen auch mal einen Ort, an dem man sich davor drücken kann, der Bewegung beim Bewegtsein zuzuschauen. So toll das auch ist oder sein könnte. Ab und an braucht man mehr Pleistozän und weniger Moderne, ab und zu müssen sich Männer verstecken und ausruhen.

In einem wunderbaren Buch von James B. Twitchell, es heißt „Where Men Hide", werden als letzte Reservate des Mannseins in einer an X-Chromosomen bald übermächtigen Welt außer Bar und Garage noch das Jagdrevier, der Boxring, das Stadion, der Rotlichtbezirk und der Werkzeugschuppen genannt. Das war einmal.

Die Jagd wird bald von den eh viel erfolgreicheren Biathletinnen dominiert werden, das Rotlichtviertel heißt jetzt Adult Entertainment und findet im Internet statt, wo auch die publikumslosen Stadien der Zukunft entstehen. Und das Million-Dollar-Baby heißt Maggie und zeigt Clint Eastwood im gleichnamigen Million-Dollar-Film, wie großartig Frauen boxen. Es bleiben allein: Werkzeugschuppen und/oder Gartenhaus. Der

Werkzeugschuppen ist für die aussterbenden Männer das, was Grönland für die Eisbären im Klimawandel ist: ein zwar abschmelzendes, aber doch noch vorhandenes Territorium, das unter Naturschutz stehen sollte. Es ist eine letzte Hoffnung, ein letztes Reich. Fragt sich nur, wie lange noch. In den Wohnzeitschriften, in denen übrigens, dies nur nebenher, auffallend viele Frauen zu Werke gehen, wird einem immer wieder mal verraten, wie man aus dem alten, runtergekommenen, mit blinden Staubscheiben und rostendem Werkzeug ausgestatteten, mit vergessenen Felljacken, einer zahnlosen Säge, leeren Blumentöpfen und einem knarzenden, kippligen Holzstuhl versehenen Schuppen – ja, wie man daraus ein „Kleinod im Garten" respektive eine „Oase der Ruhe" machen könnte. Nichts wäre schlimmer als das. Alle Ruhe wäre in einer solchen Ruheoase dahin – jedenfalls aus männlicher Sicht, in der Chaos, Rost und Staub wichtige Funktionen innehaben. Männer! Bewahrt euch eure Hütten, Werkzeugschuppen und blockhausähnliche Instant-Hideaways aus dem Baumarkt zum Selberschrauben. Legt nicht Hand an Peterssons Gammelbude hinter dem Haupthaus. Macht euch die wilden Mucklas darin zu Freunden – und nicht die Ordnungsliebe der Frauen.

Schon der Garten ist das ultimative Reich der Frauen und der Göttin Gaia. Inmitten dieser Urerde voller Vernunft und Schönheit aber muß es einen Hort des Wahnsinns geben, damit man nicht verrückt wird: ein Häuschen mit Teerpappe darüber, in welchem der Werkzeugkasten und die Modelleisenbahn, alte Harley-Ersatzteile, ein von der Nato verbotenes Insektenvernichtungsmittel, anrüchige Zeitschriftenbildchen, eine stolze Schraubenziehersammlung, Pattex pur und Winterreifen ohne jedes Profil, dazu alte Fensterrahmen, unerledigte Reparaturarbeiten, unerledigte Manuskripte in kaputten Steinzeit-PCs sowie unerledigte Lebensträume und unerledigte Sehnsüchte in friedlicher Koexistenz dahinvegetieren. Das Gartenhaus ist die Utopie des Unfertigen. Ein magischer Raum, eine Wunderkammer.

Schon Goethes Gartenhaus in Weimar, obschon es die Dimensionen eines mittleren Landsitzes hatte, war dem Dichter lieber als der Hauptwohnsitz am Frauenplan. Noch das einfachste Gartenhaus der Neuzeit ist den längst in Frauenhand befindlichen Hauptheimen vorzuziehen – sei es das vielseitige Modell „Karibu" (Otto-Versand), das stramme „Blockbohlenhaus Münster" (Obi) oder ein mit dem Westfalia-Gartenhaus-Konfigurator nach je eigenem Ermessen konfiguriertes Westfalia-Wunder.

Es ist auch kein Zufall, daß Gartenhäuser und Schuppen immer ein wenig so aussehen, als befänden sie sich am Clondyke-Paß und nicht in München-Germering. Als würde man darin nicht nur unbeschreibliche Unordnung, tote Mäuse und Fahrradpumpen, sondern auch Schneeschuhe, einen Sack Bohnen und Bärenfallen vorfinden. Die Gartendependancen des Lebens müssen geradezu archaisch, grotesk, windschief, selbstgebastelt und vor allem männlich aussehen: Sonst wäre es ja keine Denkwürdigkeit, kein Drinnen im Draußen.

Vorsicht ist auch geboten, wenn die Schuppen umgebaut werden sollen in Wellness-Tempel, wenn für die moderne Sauna plötzlich elegante Spa-Umbaupläne zur Diskussion stehen. Das alles sind Eingriffe in bislang intakte Schutzräume der männlichen Natur. Vorsicht!

Bauwelt Fundamente
(lieferbare Titel)

1   Ulrich Conrads (Hg.), Programme und Manifeste zur Architektur des
20. Jahrhunderts
2   Le Corbusier, 1922 – Ausblick auf eine Architektur
12   Le Corbusier, 1929 – Feststellungen
16   Kevin Lynch, Das Bild der Stadt
50   Robert Venturi, Komplexität und Widerspruch in der Architektur
53   Robert Venturi/Denise Scott Brown/Steven Izenour,
Lernen von Las Vegas
56   Thilo Hilpert (Hg.), Le Corbusiers „Charta von Athen".
Texte und Dokumente. Kritische Neuausgabe
86   Christian Kühn, Das Schöne, das Wahre und das Richtige.
Adolf Loos und das Haus Müller in Prag
118   Thomas Sieverts, Zwischenstadt – zwischen Ort und Welt,
Raum und Zeit, Stadt und Land
123   André Corboz, Die Kunst, Stadt und Land zum Sprechen zu bringen
125   Ulrich Conrads (Hg.), Die Städte himmeloffen. Reden und Reflexionen über den
Wiederaufbau des Untergegangenen und die Rückkehr des Neuen Bauens (1948/49)
126   Werner Sewing, Bildregie. Architektur zwischen Retrodesign und Eventkultur
128   Elisabeth Blum, Schöne neue Stadt. Wie der Sicherheitswahn
die urbane Welt diszipliniert
129   Hermann Sturm, Alltag & Kult. Gottfried Semper, Richard Wagner, Friedrich
Theodor Vischer, Gottfried Keller
130   Elisabeth Blum/Peter Neitzke (Hg.), FavelaMetropolis.
Berichte und Projekte aus Rio de Janeiro und São Paulo
131   Angelus Eisinger, Die Stadt der Architekten
132   Karin Wilhelm/Detlef Jessen-Klingenberg (Hg.),
Formationen der Stadt. Camillo Sitte weitergelesen
133   Michael Müller/Franz Dröge, Die ausgestellte Stadt
134   Loïc Wacquant, Das Janusgesicht des Ghettos und andere Essays
135   Florian Rötzer, Vom Wildwerden der Städte
136   Ulrich Conrads, Zeit des Labyrinths
137   Friedrich Naumann, Ausstellungsbriefe Berlin, Paris, Dresden,
Düsseldorf 1896–1906. Anhang: Theodor Heuss – Was ist Qualität? (1951)
138   Undine Giseke/Erika Spiegel (Hg.), Stadtlichtungen.
Irritationen, Perspektiven, Strategien
140   Erol Yildiz/Birgit Mattausch (Hg.), Urban Recycling.
Migration als Großstadt-Ressource
141   Günther Fischer, Vitruv NEU oder Was ist Architektur?
142   Dieter Hassenpflug, Der urbane Code Chinas
143   Elisabeth Blum/Peter Neitzke (Hg.), Dubai. Stadt aus dem Nichts
144   Michael Wilkens, Architektur als Komposition. Zehn Lektionen zum Entwerfen
146   Adrian von Buttlar et al., Denkmalpflege statt Attrappenkult